中国艺术研究院基本科研业务费资助项目

新时期戏剧观念与小剧场戏剧发展研究

毛夫国　著

北京时代华文书局

图书在版编目（CIP）数据

新时期戏剧观念与小剧场戏剧发展研究 / 毛夫国著 . — 北京 ： 北京时代华文书局，2020.10

ISBN 978-7-5699-3508-0

Ⅰ．①新… Ⅱ．①毛… Ⅲ．①戏剧艺术－发展－研究－中国－现代 Ⅳ．① J82

中国版本图书馆 CIP 数据核字（2020）第 009137 号

新时期戏剧观念与小剧场戏剧发展研究

XINSHIQI XIJU GUANNIAN YU XIAOJUCHANG XIJU FAZHAN YANJIU

著　　者 | 毛夫国

出 版 人 | 陈　涛
选题策划 | 周海燕
责任编辑 | 徐敏峰　陈冬梅
责任校对 | 张彦翔
封面设计 | 迟　稳
版式设计 | 赵芝英
责任印制 | 訾　敬

出版发行 | 北京时代华文书局 http://www.bjsdsj.com.cn
　　　　　北京市东城区安定门外大街 138 号皇城国际大厦 A 座 8 楼
　　　　　邮编：100011　电话：010 - 64267955　64267677

印　　刷 | 三河市嘉科万达彩色印刷有限公司　0316 - 3156777
　　　　　（如发现印装质量问题，请与印刷厂联系调换）

开　　本 | 710mm×1000mm　1/16　　印　张 | 15　　字　数 | 230 千字
版　　次 | 2021 年 12 月第 1 版　　印　次 | 2021 年 12 月第 1 次印刷
书　　号 | ISBN 978-7-5699-3508-0
定　　价 | 68.00 元

目录 CONTENTS

绪论

一、相关概念界定 / 4

二、研究内容和研究综述 / 27

第一章　新时期小剧场戏剧的兴起

第一节　新时期小剧场戏剧的发端 / 51

一、话剧《绝对信号》的演出 / 51

二、《绝对信号》的演出背景及演出情况 / 52

第二节　新时期小剧场戏剧产生的背景 / 56

一、西方戏现代派理论的影响 / 56

二、戏剧自身发展的需要 / 62

三、高行健的戏剧理论与实践推动 / 65

四、对戏剧危机的焦虑 / 73

第三节　新时期小剧场戏剧的发展 / 93

第二章　新时期戏剧观论争

第一节　戏剧观论争的缘起 / 101

一、"戏剧观"概念的提出 / 101

二、《漫谈"戏剧观"》：戏剧观念的改变 / 109

三、新时期重提"戏剧观"概念 / 114

四、"写意戏剧观"的由来及实践 / 124

第二节　戏剧观论争过程 / 128

　　一、戏剧观论争 / 128

　　二、戏剧观论争中的栏目开设 / 132

第三节　戏剧观论争内容 / 152

　　一、关于"戏剧观""写意戏剧观"的论争 / 152

　　二、戏剧理论的总体研究 / 166

　　三、假定性 / 174

　　四、剧场性 / 183

　　五、动作性 / 184

　　六、戏剧危机及其他 / 187

第三章　小剧场戏剧的发展与讨论

第一节　南京小剧场戏剧节 / 205

第二节　九十年代小剧场戏剧的发展与探讨 / 213

第三节　广州小剧场戏剧研讨 / 219

结语 / 224

参考文献 / 229

后记 / 233

绪 论

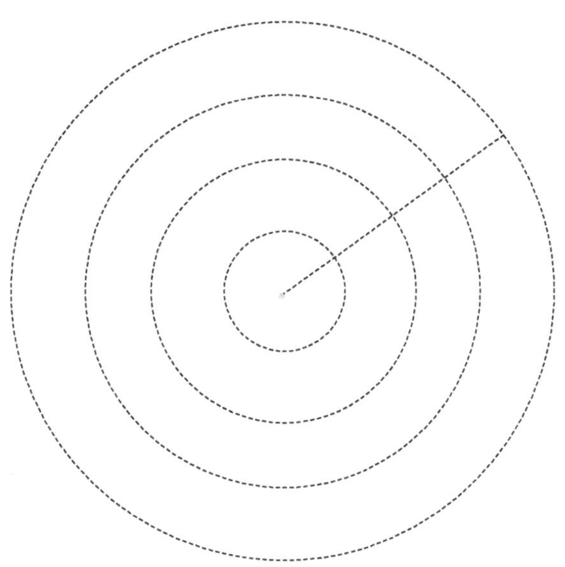

新时期之初，戏剧从禁锢中解放出来，戏剧艺术开始复苏，走在了各艺术门类的前列。国内戏剧舞台上首先出现的是控诉"四人帮"的戏剧，如1977年中国话剧团演出的《枫叶红了的时候》[1]（编剧金振家、王景愚，导演杨宗镜、文兴宇）、1978年北京人民艺术剧院演出的《丹心谱》[2]（编剧苏叔阳，导演梅阡、林兆华）等，随后是社会问题剧的兴起。许多剧作都在内容和艺术形式上进行了一定程度的探索，有些戏剧在表现手法上有所创新，如1980年的《屋外有热流》（编剧马中骏、贾鸿源、瞿新华）、《我为什么死了》（编剧谢民，导演张应湘）等剧。

20世纪80年代初，众多西方文艺理论纷纷涌入国内，西方现代派文学、质朴戏剧、残酷戏剧、荒诞派戏剧等被译介到国内，戏剧观念发生了很大的变化。加之新时期戏剧危机开始出现，在此背景下，国内小剧场戏剧重新兴起。戏剧观念的转变必然带来创作手法上的变化，小剧场戏剧开始走上舞台并逐渐繁荣，中国戏剧进入了一个新的发展时期。一般认为，1982年9月在北京人民艺术剧院上演的话剧《绝对信号》（编剧高行健，导演林兆华），是

------

[1]　剧本发表于《人民戏剧》1977年第6期。《枫叶红了的时候》的演出受到群众的欢迎，一年后全国有200多个专业剧团演出此剧（见育生：《霜叶红于二月花——从〈枫叶红了的时候〉的讨论得到的启示》，《人民戏剧》1978年第9期）。

[2]　剧本发表于《人民戏剧》1978年第5期。

新时期真正的小剧场戏剧。以此算来，小剧场戏剧至今已走过了近 40 年的历程。

小剧场戏剧的出现，使我国的戏剧一改斯坦尼斯拉夫斯基现实主义传统话剧一统天下的格局，迎来了多姿多彩的发展时期。戏剧观念的变化促生了小剧场戏剧，而小剧场戏剧的发展也使国内的戏剧观念发生了很大变化，新时期戏剧论争和三次关于小剧场戏剧的研讨，都深化了戏剧理论。如今，时间已进入了 21 世纪，新时期戏剧论争的硝烟已散，当我们隔开一定的时空回望，或许更容易把握新时期小剧场戏剧的特质及其流变、探讨新时期戏剧观念变化与小剧场戏剧发展之间的关联。

一、相关概念界定

明晰的基本概念是学科理论体系大厦的基石，没有准确的概念，明晰的思想和文字也就无从谈起。人文社会科学研究中的概念虽然远不如自然科学研究中的概念清晰、明确，但必要的概念界定必不可少。因此，在探讨新时期戏剧观念变化与小剧场戏剧发展之前，需要先对"小剧场戏剧""新时期"等概念进行梳理、辨析和界定。

（一）小剧场戏剧

新时期以来，小剧场戏剧得到蓬勃发展。然而何谓小剧场戏剧，学界目前尚无统一的概念。但一般都认为，中国的小剧场戏剧深受西方影响，源自西方。

小剧场戏剧的概念与其起源有密切关系，因此，需要对西方小剧场戏剧（Experimental Theatre）的起源和我国新时期之前的小剧场戏剧做一梳理。

关于西方小剧场戏剧的起源，学界也是说法不一。一般都认为小剧场戏剧产生于 19 世纪末，以 1887 年法国安图昂（Andre Antoine）为代表的戏剧改革家在巴黎的"自由剧院"（Theatre Libre）演出的剧目为标志。安图昂既反对盛行于当时欧美大剧院陈旧保守、脱离生活的古典主义戏剧和浪漫主义戏剧，也反对庸俗的商业演出戏剧，他大胆进行戏剧改革，在艺术上高扬自然主义和现实主义的大旗。因此，在自由剧院演出的戏剧一般都带有一定的先锋性和实验性，强调戏剧探索和戏剧实验。安图昂和艺术观念相近的一些人在剧院演出了俄国托尔斯泰的《黑暗的势力》、挪威易卜生的《群鬼》、瑞典斯特林堡的《朱丽小姐》等戏剧，这些剧作直面现实人生，以自然、质朴的表演形式，为沉寂的西方戏剧舞台带来一股清新的活力。

当时的欧洲戏剧存在思想僵化、表演形式固化、经营上日益商业化的倾向，戏剧内容多是对现实的矫饰。而小剧场戏剧具有强烈的批判精神，注重对人物内心世界的剖析，因而其出现一扫当时戏剧人物平面化、剧情公式化的弊病，吸引了大量观众。一般戏剧史家将安图昂自由剧场的演出当作西方小剧场戏剧运动的开始。

这种实验性的、不以营利为目的的小剧场戏剧震动了西方剧坛，其自由活泼的演出形式，在欧洲迅速流传开来，传至德国、英国、挪威、俄国、美国和日本等。德国的"自由戏院"、英格兰的"独立戏院"、爱尔兰的"阿贝剧院"、俄国的"莫斯科艺术剧院小剧场"、美国的"普罗文斯敦剧团"、瑞典的"英蒂玛剧团"、挪威的卑尔根和奥斯陆剧院、日本的"筑地小剧场"等，都成为当时小剧场戏剧的积极实践场地。[①] 英国、德国、俄国、美国和日本等，都掀起了一场轰轰烈烈的小剧场运动。于是，在 19 世纪末 20 世纪初，形成了一个世界性的小剧场运动。西方小剧场运动在这种背景下开始兴起，它是作为一场实验新型戏剧理念和样式的艺术革新运动出现于西方戏剧史上的。

19 世纪末到 20 世纪初的一大批著名剧作家和导演，如易卜生、左拉、

---

① 这些剧院的介绍较早见于宋春舫，他曾介绍说小剧场剧院有俄国斯坦尼斯拉夫斯基1890年创设于莫斯科的"艺术戏院"，英国格林1891年创设于伦敦的"独立戏院"，德国来因哈脱在柏林创办的小戏院，富克斯在密兴创办的艺术戏院等。见宋春舫：《小戏院的意义由来及现状》，《宋春舫论剧》（一），中华书局1923年版。

霍普特曼、萧伯纳、契诃夫、斯坦尼斯拉夫斯基、梅耶荷德、阿尔托、布莱希特等，都与小剧场运动有着密切的关联，在小剧场戏剧运动的理论和实践上都做出了一定的贡献。20 世纪以来，小剧场中产生了许多代表性的戏剧实践家和理论家，如阿尔托的"残酷戏剧"、布莱希特的"叙述体戏剧"、格罗托夫斯基的"贫困剧场"、理查德·谢克纳的"环境戏剧"等。

中国的早期戏剧理论家和戏剧家，注意到了西方的小剧场戏剧运动。早在 1919 年，戏剧理论家、翻译家宋春舫撰写[①]了《小戏院的意义由来及现状》一文，率先向中国剧坛介绍了西方的小剧场戏剧，对小戏院的特色、历史进行了阐述，强调了对中国现代戏剧改革的借鉴意义："在近代戏院的历史里面，最有趣味，最有意义，而且同时对于我们讲改良中国戏剧的时候，最有研究的价值的，就是这个小戏院运动。"宋氏首先认为小戏院运动对改良中国戏剧最有意义，他认为小戏院有四个特点：一是"小戏院是一个容不得很多座位的戏院"，因而"小戏院的开办，比较的是很容易"，也"不一定要特式的建筑，随便什么合宜的地方，譬如一个大厅，或是一个大讲堂，都可以改成功一个小戏院"。因而小戏院很经济，不需要大资本。二是"小戏院里大都盛行预约的方法"，这样没有"金钱主义的压迫"，也避免了检查，观众少，因而一般具有"戏剧的智识，与评判力"。三是"小戏院的组织，完全是一种美术家的集合（A guild of artists），不是一个营业的团体。因为这样，所以他们所用的剧本，以及布景、化装，都带着一种试验的精神"。四是"小戏院里面，常常排演独幕剧"。[②]宋春舫对小戏院戏剧的特色进行了归纳，并认为它很适合目前中国的国情："小戏院实在是近代戏院历史里面一种最有意义的运动。它的特色，就是——（一）反对营利主义提高戏剧的位置。（二）重实验的精神，使戏剧可以容易进步。（三）容易举办，不比得大戏院要费很大的工程，及资

---

① 此处使用"撰写"二字。目前文献所见，此文发表于《东方杂志》1920年第17卷第8号，后收入《宋春舫论剧》（一），文后注明"一九十九年十月北京"（"一九十九"应为"一九一九"——笔者注）。

② 宋春舫：《小戏院的意义由来及现状》，《宋春舫论剧》（一），中华书局1923年版，第57—60页。

本。我们现在讲改良中国戏剧，这一种小戏院，是最可以做的事情，（一）是因为容易举办，（二）是因为假使我们要改良中国戏剧，这一种实验的与同反对营业主义的精神，也断断是少不来的。"①

宋氏此文作为中国小剧场戏剧研究的一份重要文献，在中国小剧场戏剧研究史上具有重要意义。首先，宋氏在此文中提到小戏院的历史，即1887年"法国的盎多安（Antoine）在巴黎建设他的'自由戏院'（Theatre Libre），这是小戏院的第一个急先锋"，后来学者在追溯西方小剧场戏剧运动时，虽有不同意见，但多从此说。其次，宋氏将西方的Experimental Theatre译为"小戏剧"，国内理论界后来将它译为"小剧场"，应该与宋氏不无关系。宋氏之后，除陈西滢译作"小戏院"②之外，汪仲贤、顾仲彝、陈治策等人均译作"小剧场"③。另外，赵越称之为"小剧院"是因为他要提倡剧院建设。④在西方没有小剧场戏剧的称谓，他们一般称为实验戏剧（Experimental Theatre）。宋氏这一翻译，使国内小剧场戏剧的含义更趋复杂，国内一些文章对于"小剧场戏剧"和"实验戏剧"的概念大多是混用的。再次，宋氏概括的小戏院戏剧特点，其中"小"和"实验"性质，对于国内小剧场戏剧的内涵起了重要作用。宋氏早年留学欧洲，精通英语、德语、拉丁语等多种语言，搜集了许多英、德、法文版戏剧图书，他对西方小剧场戏剧是非常熟悉的。

在宋春舫对小剧场戏剧介绍不久，1920年10月，汪仲贤、汪优游等在上海新舞台演出萧伯纳的名剧《华伦夫人之职业》，尽管演出宗旨和演出态度严肃，但是演出的效果却很不理想。为此，汪仲贤从看客、演剧者、剧本、批评等诸方面都进行了深刻反省，提出组建"非营业性质的独立剧团"，主张：

---

① 宋春舫：《小戏院的意义由来及现状》，《宋春舫论剧》（一），中华书局1923年版，第64页。

② 见陈西滢：《小戏院的试验》，《现代评论》1925年第1卷第13期。

③ 见[美]爱登著，汪仲贤译：《美国最近组织的小剧场》，《戏剧》1921年5月第1卷第1号；顾仲彝：《小剧场运动的起源》，《矛盾月刊·戏剧专号》1933年8月第2卷第5、6期合刊；陈治策：《欧美各国的近代小剧场》，《戏剧岗位》1940年5月第1卷第5、6期合刊。

④ 见赵越：《我们为什么要发动小剧院运动》，《戏剧岗位》1940年5月第1卷第5、6期合刊。

"脱离资本家的束缚，召集几个有志研究戏剧的人，再在各剧团中抽几个头脑稍清、有舞台经验的人，仿西洋的 Amateur、东洋的'素人话剧'的法子组织一个非营业性质的独立剧团。"① 这便是其理论主张"爱美剧"的萌芽。

1921 年 5 月，由汪仲贤倡议，汪优游、沈雁冰、柯一芩、郑振铎、陈大悲、欧阳予倩、徐半梅、熊佛西等 13 人，在上海组织了民众戏剧社，开始演出小剧场戏剧。这是五四新文化运动和戏剧改良运动后出现的第一个戏剧团体，其名称由沈雁冰提出，源于罗曼·罗兰在法国倡导的"民众戏院"。民众戏剧社明确提出"以非营业的性质，提倡艺术的新剧为宗旨"，强调戏剧的社会功能与价值，倡导"艺术上的功利主义"和"写实的社会剧"，成立时明确提出："我们的责任有两重：一重是改造戏剧，一重是改造社会。"② 《民众戏剧社宣言》称：

> 萧伯纳曾说："戏剧是宣传主义的地方"，这句话虽然不能一定是，但我们至少可以说一句：当看戏是消闲的时代现在已经过去了。戏院在现代社会中确是占着重要的地位，是推动社会前进的一个轮子，又是搜寻社会病根的 X 光镜；他又是一块正直无私的反射镜；一国人民程度的高低，也赤裸裸地在这面大镜子里反照出来，不得一毫遁形。③

同年 5 月 31 日，该社在上海创办《戏剧》月刊，这是"'五四'以后第一个专门讨论'新戏'运动的月刊"④，先由中华书局发行，16 开本。1922 年 1 月第 2 卷改由"新中华戏剧协社"编辑，北京《晨报》社发行，1922 年 4 月 30 日出版至第 2 卷第 4 号终刊，共出版 10 期。民众戏剧社也因《戏剧》

---

① 汪仲贤：《营业性质的剧团为什么不能创造真的新剧》，《时事新报》1921年1月26日。
② 参见《戏剧》1921年5月第1卷第1号。
③ 《民众戏剧社宣言》，《戏剧》1921年5月第1卷第1号。
④ 茅盾：《我走过的道路》（上），人民文学出版社1981年版，第204页。

停刊而自然解散。其存在时间虽然短暂，但对此后戏剧运动的影响却很大。其成员陆续另行组建或参加其他戏剧社团，在理论和实践上，均直接或间接地继承和推动了民众戏剧社所倡导的爱美剧运动。

面对当时的"文明新戏"和传统戏剧，民众戏剧社反抗资本介入艺术，倡导非职业、非营利的戏剧演出，此即为"爱美的戏剧"（Amateur Theatre），或简称"爱美剧"。痛感于早期文明新戏的堕落，汪仲贤和陈大悲等人发起了爱美剧运动，他们不约而同地将目光投向了西方的小剧场运动，以西方小剧场戏剧为武器对抗当时的商业戏剧。汪仲贤提出学习欧美和日本小剧场的做法，开展业余的但很严肃的戏剧改革运动，他翻译了美国爱登的《美国最近组织的小剧场》一书，介绍了美国小剧场运动，及其在艺术上反对商业化、进行艺术实验和探索的情况。民众戏剧社另一个重要成员徐半梅，发表《无形剧场》《德国的自由剧场》等文章，介绍英国、德国和日本等国的小剧场运动，为民众戏剧社的戏剧实践提供理论支持和相关借鉴。郑振铎也对小剧场的爱美剧寄予无限期望："我们的光明运动的开始，必定是——也许光明运动的终点也必是——爱美的戏剧运动；我们所创造的光明亦必是爱美的戏剧。"[1]

1921年，陈大悲写成《爱美的戏剧》一书，开始于《晨报副镌》连载。他认为"春柳""进化"等社最初不以营利为目的，后来"文明新戏"为恶势力所迫竟变为职业的，针对国内剧坛的戏剧现状，他抨击了职业文明新戏所带来的弊病，明确提出了建设"爱美的"戏剧的主张，对"爱美的"戏剧的性质、起因以及剧本选择、剧社组织、戏剧排演、舞台布景等各个方面都进行了系统介绍；同时参照欧洲小剧场戏剧的理论和实践经验，对中国话剧的建设提出了许多积极的主张，如：强调剧本选择及其标准的重要性；剧社组织中的舞台监督及演员的选择与分配；戏剧排演的准备及实施；演剧人所必备的训练及化妆；舞台的布景、服装、灯光等。陈大悲把小剧场运动看成是"戏

---

① 冰血（郑振铎）：《光明运动的开始》，《戏剧》1921年7月第1卷第3号。

剧艺术从娱人的阶段前进到自娱的阶段时必然的产物"①，他所倡导的"爱美剧"，对于戏剧文化在中国的普及和观众的培养等方面，都产生了深远的影响。在汪、陈等人的积极倡导下，全国各地涌现出许多演出小剧场戏剧的剧团，如洪深领导的上海戏剧协社、田汉的南国社和朱穰丞的辛酉剧社等，大都采用小剧场形式进行演出。

为在戏剧实践上进一步推进爱美剧运动，1921 年冬，由蒲伯英和陈大悲发起，以陈大悲、李健吾等 19 人为骨干的北京实验剧社成立。剧社"以实验的精神，提倡现代的戏剧"② 为宗旨，开展演出活动。这对北京地区学校的爱美剧运动起到了积极的推动作用。

与此同时，一些戏剧人才的培训学校也纷纷建立起来。由于当时社会爱美剧团因业余性质多随演随散的状态，1922 年，蒲伯英和陈大悲在北京创办了人艺戏剧专门学校，由蒲伯英任校长、陈大悲任教务长，专门招收青年学生，实施戏剧教育，倡导爱美剧运动，这是中国第一所试用西方戏剧理论培养专业话剧人才的学校。1923 年，蒲伯英出资在北京前门外香厂路建立起一座新型的西式大剧场，取名"新明剧场"，并按欧美剧场文明管理办法予以革新，专供"人艺剧专"学生演戏实习之用。1923 年 5 月，北京人艺戏剧专门学校在剧场首次公演时，陈大悲写了《要求今晚新明剧场观众的三件事》，要求观众演剧时不要鼓掌、不要说话，演出后请提批评文字。③ 从 1923 年 5 月到 11 月底，人艺戏剧专门学校以新明剧场为演出阵地，每到周末即有演出。在半年多的时间里，先后举行 17 次公演，演出 30 多个剧目，胡适的《终身大事》、熊佛西的《新闻记者》、蒲伯英的《道义之交》、汪仲贤的《好儿子》、欧阳予倩的《泼妇》等剧作，都被搬到舞台上演出。

20 世纪 20 年代中期，余上沅、熊佛西、闻一多、徐志摩、林徽因等一

---

① 陈大悲：《戏剧ABC》，世界书局1931年版，第9页。

② 陈大悲：《介绍一个长命的爱美的剧社》，《晨报副镌》1921年11月26日。

③ 陈大悲：《要求今晚新明剧场观众的三件事》，《晨报副镌》1923年5月19日。

批留美学生，在美国成立了中华戏剧改进社。他们以爱尔兰"阿贝剧院"和美国小剧场戏剧作为榜样，主张吸纳我国民族戏曲的文化资源，结合现代的艺术观念，发起"国剧运动"，想以戏剧形式改革中华文化。1925 年，他们建立了国立北京艺术专门学校，设有专门的戏剧系，由余上沅和赵太侔主持，后来熊佛西也加入进来。1926 年 6 月 5 日，北京艺术专门学校的师生在本校礼堂举行了第一次公演，演出了余上沅导演的田汉的剧本《获虎之夜》、丁西林的剧本《一只马蜂》《压迫》等。这些早期戏剧专科学校的演出，促进了小剧场戏剧的发展。1929 年 10 月，余上沅、熊佛西等拟定的《北平小剧院简则》公布，模仿美国的"协会小剧院"形式，对外招收赞助会员，以此推进小剧场运动。1930 年 5 月，北平小剧院召开成立大会，当时北京大学、燕京大学、清华大学等校的一些教授也有加入或赞助。

1927 年冬，田汉和其领导的南国社，进行了一次名为"艺术鱼龙会"的小剧场戏剧演出活动。在上海的一所洋房里，南国社演出的剧目有 7 个：《父归》《未完成的杰作》《潘金莲》《名优之死》《生之意志》《苏州夜话》《江村小景》。据陈白尘回忆，当时的演出场所相当普通："楼下有个至多可以坐五六十人的大客厅，摆上椅子，这就是鱼龙会的剧场了。和客厅相邻的是一间较小的饭厅，堵着饭厅的门搭了一尺多高的平台，饭厅的门框便形成一个小小的镜框式台口，整个平台面积大概不超过 15 平方公尺，这恐怕是世界上最小的舞台了。"①

1928 年 1 月，田汉在上海法租界西爱斯路创办了南国艺术学院，对他前一阶段的戏剧运动进行了反思，认为戏剧运动不能流于个人兴趣，而应成为时代的潮流，提出要把戏剧归还给民众的主张。南国艺术学院设文学、戏剧、绘画和音乐四科，田汉为文学科主任，欧阳予倩为戏剧科主任，学院设置了能容纳 50 余名观众的小剧场，以方便学生进行演出。学院自筹经费，主张"切

---

①　这是陈白尘1957年的回忆，见陈白尘：《从鱼龙会到南国艺术学院》，《中国话剧运动五十年史料集》（第二辑），中国戏剧出版社1959年版，第12—13页。

实地训练演员",坚持艺术的非营业性的演出。对于当时演出的困难,洪深后来曾这样评价田汉:"但是我们有五重困难,我们缺少了五样紧要东西:一没有剧本,二没有演员,三没有金钱,四没有剧场,五没有观众。幸而田汉是个跌不怕、打不怕、骂不怕、穷不怕的硬汉。没有剧本么?他自己来翻译,自己来创作;没有演员么?寻几个同志,组织一个南国社,刻苦地练习起来;没有金钱么?索性不希望国家的津贴、有钱人的资助,自己负了债来穷干;没有剧场么?先寻一个小剧场,或者借人家的剧场;观众不来么?我们自己走到观众那里去,拿出些好东西给他们看看,再对他们说,还有比这个更好的东西藏在家里呢,慢慢地引观众走入我们门里来。"①

这一时期,除了小剧场戏剧演出实践外,对于西方的小剧场戏剧介绍和译介工作也全面展开。其中民众戏剧社的刊物《戏剧》发表了多篇文章,主要有:1921年5月第1卷第1号刊载的沈泽民的《民众戏院的意义与目的》、滕若渠的《最近剧界的趋势》、徐半梅的《无形剧场》《古拉英的独立剧场》《演剧协会》、汪仲贤编译的《西洋的剧场轶闻》②、周学溥译的《英国近代剧之消长》(〔日〕舟桥雄著)等,6月第1卷第2号的文章有徐半梅译的《一封谈"无形剧场"的信》(〔日〕小山内薰著)、汪仲贤译的《美国最近组织的小剧场》(〔美〕爱登著)、陈大悲的《爱美的戏剧》(即《非职业的戏剧》)等,7月第1卷第3号的文章有郑振铎的《光明运动的开始》,8月第1卷第4号的文章有徐半梅的《德国的自由剧场》等,9月第1卷第5号的文章有徐半梅译的《日本自由剧场第一次试演谈》(〔日〕小山内薰著);1922年2月第2卷第2号的文章有周建侯译的《近代剧和世界思潮》(〔日〕宫森麻太郎著)。由此可见《戏剧》杂志在中国戏剧史上的重要作用。除《戏剧》杂志,其他杂志、报纸上的文章有余上沅的《莫斯科艺术剧院》(《晨报副镌》1924年5月19日)、陈西滢的《小戏院的试验》(《现代评论》1925年第1卷第13期)、袁昌英的《法

---

① 洪深:《南国社与田汉先生》,阎折梧编:《南国的戏剧》,上海萌芽书店1929年版,第2—3页。

② 此文连载于《戏剧》1921年5月第1卷第1号至第5号。

国近十年的戏剧新运动》（1928 年 6 月 16 日《现代评论》周刊第三周年增刊）、陈治策译的《小戏院公演预算》（〔美〕威廉姆斯著，《戏剧与文艺》1930 年 9 月第 1 卷第 12 期）、赵如琳译的《舞台艺术论》（〔英〕戈登·克雷著，《戏剧》1930 年 10 月第 2 卷第 2 号）和《美国小剧场史》（〔美〕莫西斯著，《戏剧与文艺》1930 年 12 月第 2 卷第 1、2 期）、赵如琳译介的《史丹尼司拉夫斯基的剧场》（《戏剧》1931 年 6 月第 2 卷第 6 号）、顾仲彝的《小剧场运动的起源》（《矛盾月刊·戏剧专号》1933 年 8 月第 2 卷第 5、6 期合刊），以及陈治策的《欧美各国的近代小剧场》和赵越的《我们为什么要发动小剧院运动》，最后两篇文章均载于《戏剧岗位》1940 年 5 月第 1 卷第 5、6 期合刊，都对小剧场戏剧运动进行了翻译和介绍。

1925 年，陈西滢在《小戏院的试验》一文中，也谈到欧美小剧场戏剧的历史和试验性质："小戏院的历史虽然不过四十年，在欧美的成绩已经很可观。……因为戏院小，所以用不着大注的基金和常年费；因为戏院小，所以只须得有限的观众，观众既然有了看到他们爱看的剧本的机会，革新的、别开生面的剧曲家、排演家也有了让他们的艺术实现于舞台上的愉快。所以对于戏剧有热情的人，不论他是剧曲家也罢，排演者也罢，表演者也罢，还是仅仅的观剧者也罢，小戏剧院是他们的最方便、最合用的试验室。"他希望我国也能有小剧场戏剧演出："所以我们现在如有一班剧曲家、排演家等等联合起来，组织一种小戏院的运动，实在可以代中国的戏剧开辟一条新路，非但爱好艺术者有了赏鉴欧美名作和国内作家的作品的机会，并且可以襄助种种的艺术的试验。"[1] 文末还提到了 1925 年 2 月 24 日英美人的小戏院团体在六国饭店举行成立仪式并演出，陈西滢希望"小戏院积极地进行，不久便有更大的成功"[2]。

南国社成立后，小剧场运动成为更加自觉地理论倡导和身体力行的戏剧

---

[1]　陈西滢：《小戏院的试验》，《现代评论》1925年第1卷第13期。

[2]　陈西滢：《小戏院的试验》，《现代评论》1925年第1卷第13期。

实践。阎折梧撰写的《我们的小剧场运动发端》，在介绍法国"自由剧场"精神的同时，明确指出："它是很可注意而我们很有关系的"，"很有提倡的必要。"他说："因之，在这时代，我们的小剧场运动，不是单纯为艺术的，也不是单纯为革命的，它是基于'艺术的革命'与'革命的艺术'二者交错之一种新的运动之建设的信念上的。"①

顾仲彝在《小剧场运动的起源》一文中，介绍了欧美小剧场运动的起源，尤其是美国的小剧场戏剧运动，他提到小剧场运动又名艺术剧场运动（Art Theatre Movement），又称为实验剧场运动（Practical Theatre Movement）②。顾氏在此文中，提到了西方小剧场运动起源的另一种看法："小剧场运动最先发轫于爱尔兰（Ireband），它是爱尔兰独立运动的一支流，富有爱国和革命精神。它的主要领袖为 George Synge 与 Lady Gregory 等。他们的剧场名'Abbey theatre of Dublin'。"③顾氏也对中国的小剧场戏剧提出了展望："中国要提倡戏剧运动，非从小剧场入手不可。……我们应该提倡小规模的以兴趣结合的、适合时代的、为大众的小剧场运动。我们也应该联合全国的戏剧人才来提倡这个急不待缓的小剧场运动。"④

20世纪20年代以来的我国小剧场运动的第一次浪潮，是在批判文明戏的基础上，国内戏剧界在西方小剧场运动的影响下产生的。新中国成立后，戏剧与其他文学、艺术形式一样，在内容上多配合文艺政策，艺术手法上采用肯定、歌颂的方式，均为大剧场演出，小剧场戏剧灵活多变的演出方式开始消失。

20世纪五六十年代，西方小剧场戏剧出现了第二次浪潮。1950年，在巴黎一家小剧场上演了"反戏剧"荒诞剧——《秃头歌女》；1959年，波兰格

---

①　阎折梧：《我们的小剧场运动发端》，《南国的戏剧》，上海萌芽书店1929年版，第21页。
②　顾仲彝：《小剧场运动的起源》，《矛盾月刊·戏剧专号》1933年8月第2卷第5、6期合刊。
③　顾仲彝：《小剧场运动的起源》，《矛盾月刊·戏剧专号》1933年8月第2卷第5、6期合刊。
④　顾仲彝：《小剧场运动的起源》，《矛盾月刊·戏剧专号》1933年8月第2卷第5、6期合刊。

罗托夫斯基在其担任经理和导演的"十三排剧院"进行"贫困戏剧"的实验，开始对戏剧进行大量的探索，演出了大量的实验性戏剧，突破了传统的戏剧观念和演出方式。有学者称本时期才是"真正现代小剧场"的开端，其依据是与第一次小剧场戏剧运动相比较，这一次戏剧改革更加彻底，以现代主义艺术思想为理论武器，对通俗文化和商业文化提出了挑战，显示出很强的先锋意识和实验精神。许多小剧场戏剧淡化观众、剧本、情节，几乎所有的小剧场戏剧都提出和传统戏剧决裂。这次小剧场戏剧运动在 20 世纪六七十年代达到高峰，英国、法国、美国、苏联、日本等国都再次兴起了颇具规模的小剧场戏剧运动。

这一次世界范围内的小剧场戏剧运动，恰恰在我国新时期以来戏剧开始复苏时产生影响，于是国内小剧场戏剧开始出现。1982 年，北京人民艺术剧院推出了高行健、刘会远编剧，林兆华导演的话剧《绝对信号》，剧作对观演关系进行了调整，将假定性运用于舞美设计，运用灯光音响的变化揭示人物的心态变化，对舞台表演的空间和时间等均进行了有益的探索，展现了剧作的实验性和先锋性。当时戏剧界对于此剧所进行的探索表述为："对构成话剧的基本因素和表现方式做了调整和变异，把构成剧情的中心事件的描述降到次要的地位，让起辅助作用的灯光、音响、道具等直接参与角色活动，在揭示人物内心世界，促进人物关系变化中起到被称为'第六角色'的作用。《绝对信号》以小剧场的演出方式、制作结构和舞台语汇、别具匠心的样式创新而引人注目。"[1]《绝对信号》在小剧场戏剧史上具有重要地位，宋宝珍给予此剧极高的评价："1982 年 9 月 19 日，在北京人艺一楼排练室，由高行健、刘会远编剧，林兆华导演的《绝对信号》以其别开生面的演出，开启了新时期小剧场戏剧运动的先河。"[2]

此后至 1993 年，小剧场戏剧在中国缓慢发展。1993 年后，我国市场经

---

① 　《剧本》编辑部：《关于几个话剧的争鸣》，《剧本》1985年第2期。

② 　宋宝珍：《小剧场戏剧的源流与嬗变》，《艺术评论》2012年第12期。

济开始活跃，小剧场戏剧演出的商业化明显，小剧场戏剧得到快速发展。

新时期以来，随着当代小剧场戏剧实践的丰富与发展，小剧场戏剧概念也一直处于国内学界的争议之中。当代中国小剧场戏剧已经走过了近40年的时间，小剧场戏剧概念为戏剧理论界和实践界所广泛使用，这一概念在中国当代戏剧理论界引发了多次争论和研讨。主要来自三次小剧场戏剧节之后的理论研讨，分别是1989年、1993年和2000年。虽然戏剧理论界对小剧场戏剧概念进行了三次厘清与辨析，但学界并未形成一个统一的概念。

宋宝珍在《小剧场戏剧的源流与嬗变》一文中，对小剧场和小剧场戏剧进行了界定："小剧场是相对于传统的拥有镜框式舞台的大剧场而言的剧场建构。小剧场戏剧，顾名思义，首先是剧场物理空间的相对小型化，一般可容纳的观众席位在500座以下，二三百甚至几十座位亦属正常；其次是指上演的剧目篇幅较短，一般在60—90分钟之间，投资规模较小，剧中人物有限，一般不涉及宏大场面；再者是指观演关系的灵活多变，打破大剧场之中第四堵墙的观念，破除舞台与观众席的界限，让观众与表演贴近，直接进行情绪交流，甚至可以根据剧情需要，自由设置演区和观众席。"[1]从剧场观众容纳、演出内容、观演关系等方面进行了界定。

白莲对"小剧场戏剧"概念进行了综合，给出了一个较长的定义，认为其大致边界如下：

相较传统镜框式大剧场，小剧场是小型的戏剧演出场所，包括正规和非正规的小剧场两种。正规的是指室内演出场所，比如各剧院的黑匣子，规模、座席、舞台较之大剧场都要小得多，没有台口、脚灯、乐池等舞台物质手段对观演分区的划分，观众席和舞台位置相对固定；非正规小剧场，大多是排练厅、空房子、车库乃至咖啡厅、舞厅，甚至是户

---

① 宋宝珍：《小剧场戏剧的源流与嬗变》，《艺术评论》2012年第12期。

外空地。

就外部特征而言，小剧场戏剧演出的剧场物理空间是小而空的，舞台装置少，演出角色少，演出成本低，规模小、观众少。然而，仅凭外部特征显然无法识别小剧场戏剧与小戏、小品之间的区别，为此，还要对小剧场戏剧的内部特性加以探究。

小剧场在物理空间上的特点为舞美设计提供了最大的开放度，从而为小剧场在建构戏剧空间方面提供灵活性，在缩短观众与演员的心理距离的同时，引发演员的表演状态、观众的观剧心理，以及创作者的戏剧观念、剧本创作、舞台时空等戏剧要素的一系列变革。这些都使小剧场戏剧具有大剧场戏剧不具备的内部特性，在此，我们统称之为小剧场意识。小剧场意识建立在小剧场戏剧的外部特征基础之上，却并不局限于外部特征。正是这些内在特质使得一些戏剧虽然在大剧场演出，但是因创作者是以小剧场意识进行创作的，因此，仍然属于小剧场戏剧。

中国当代小剧场戏剧历经数次展演，已经从最初的探索戏剧的先锋到适应市场经济，逐渐走向大众。独特的生存语境，促使小剧场戏剧在中国具有不同于外国小剧场戏剧的意义与功能：由于我国小剧场戏剧的出发点并非反传统、反体制，使得小剧场戏剧具有极大包容性，既可以进行戏剧艺术的普及与提高，又可以进行经济救度，更可以成为戏剧艺术者的生存手段。就戏剧本质来说，小剧场戏剧属于贫困戏剧，大制作的剧目显然不属于小剧场戏剧。[①]

这个界定涉及小剧场的内部特征和外部特征，还有小剧场戏剧的特性。

不少学者主张中国的小剧场戏剧具有其自身的特点，田本相认为："西方的小剧场戏剧观念，传入中国后，适应着中国文化的戏剧情势，不断调整其

---

① 白莲：《论中国当代"小剧场戏剧"本土特质的生成》，《中国文艺评论》2016年第9期。

内涵，而逐渐形成中国自己的小剧场观念和特色。"①白莲也提出："随着当代中国小剧场戏剧实践的不断丰富，戏剧理论界多次围绕小剧场戏剧展开理论研讨，中国本土'小剧场戏剧'概念也在不断辨析、正名中得以构建生成。"②从西方小剧场戏剧的反商业性来看，新时期国内的小剧场戏剧并不是西方真正意义的"小剧场戏剧"，的确有中国自己的特色。

小剧场在不同国家名称不一。欧美国家普遍译为 Experimental Theatre，即实验性的剧场，这是因为欧美小剧场的演出剧目多是带有反传统、反主流的叛逆精神的先锋派戏剧。日本的小剧场戏剧概念则有所不同，其戏剧运动对我国产生了深远影响，且不说 20 世纪初留日学生的话剧演出，小剧场戏剧也是如此。日本的小剧场戏剧与先锋戏剧有着密切关联，其先锋戏剧在 20 世纪 60 年代末至 70 年代迎来繁荣发展期，日语称之为"アングラ戏剧"，直译即"地下（underground）戏剧"之意，大笹吉雄曾在一篇文章中提到，小剧场戏剧在日本称为地下戏剧。③这类戏剧大多隐含了"反叛"的色彩，又因其表演场地多在相对狭小的空间，所以又有"小剧场戏剧"之称。西村博子把这类戏剧称为"小剧场戏剧"，"应该归咎于戏剧研究者、评论家们未能根据内容、形式特点而给这种新形态的戏剧取一个贴切的称呼"。④西村博子同时也注意到了小剧场戏剧概念在日本随时代而有所变化的特点："所谓'小剧场戏剧'的戏剧理论（dramaturgie），因时代、作家与团体而异，各自具有不同的特色。"⑤

------

①　田本相：《近十年来的中国小剧场戏剧运动》，王正、田本相主编：《小剧场戏剧论集》，中国戏剧出版社2002年版，第7页。

②　白莲：《论中国当代"小剧场戏剧"本土特质的生成》，《中国文艺评论》2016年第9期。

③　[日]大笹吉雄著，李颖译：《日本现代小剧场戏剧的变迁》，《中国话剧研究》（第9辑），文化艺术出版社1996年版，第211页。

④　[日]西村博子著，王志强译：《日本的小剧场戏剧——以"梦"剧构造为中心》，《戏剧艺术》1996年第2期。

⑤　[日]西村博子著，王志强译：《日本的小剧场戏剧——以"梦"剧构造为中心》，《戏剧艺术》1996年第2期。

在我国，小剧场戏剧的概念兼而有之，从演出空间来看，小剧场戏剧是指在一个相对狭小的场所里演出的戏剧；从演出内容来看，指保持了反传统、反主流的带有实验性的戏剧，演出剧目人物关系相对简单。"小剧场戏剧"概念由两个关键词构成："小剧场"和"戏剧"，但其概念并非由"小剧场"加"戏剧"简单构成。小剧场的"小"表明其物理空间的特征：空间小、座位少，这些特点与大剧场相对。小剧场相对于正式的演出场所，也可以在"非常规"的演出场所演出，包括排练场、剧场休息室、舞台附台、饭店、教室等，甚至在废弃的车间、仓库等也可以进行演出。而物理空间上的"小"决定了小剧场戏剧的特点，它改变了演员的表演尺度，引起观演关系的变化，并且可以使导演进行艺术形式上的创新，具有更强的应变能力和开放性，因而小剧场戏剧与实验性、先锋性有关联。在小剧场戏剧诞生之初，其鲜明的特点在于反主流，注重艺术的先锋性与实验性，这不仅表现为戏剧思想的前瞻性，而且表现为艺术手法的新锐性。

小剧场戏剧是相对传统的镜框舞台戏剧而言的一种小型室内剧场。严格说来，小剧场戏剧包括小剧场话剧和小剧场戏曲，本书所言小剧场戏剧主要指小剧场话剧。

还需注意小剧场戏剧的概念与"先锋戏剧""实验戏剧""探索戏剧"之间的区别和联系。

先来看"先锋戏剧"。"先锋"一词最早出现于 18 世纪的西方，在法语中为"Avant-garde"，最初为军事用语，原意是"作战或行军时的先头部队"，其意义包含前沿性、冒险性、艰巨性等几个层面。后来，其意义开始转用到文学和艺术领域。到了 19 世纪后半叶，"先锋"的概念开始与文学艺术产生联系，主要指内容、形式与同时代截然不同、具有许多新的特质的作品。于是，文学、艺术上的先锋派词语开始出现，用来泛指所有背离传统、标新立异的带有实验性的艺术形式和流派。

在西方，先锋戏剧作为现代戏剧的流派之一，最初是指 20 世纪 20 年代法国以贝梯、杜林、日瓦特和彼艾夫等为代表的戏剧运动。他们有各自的剧团，演出的戏剧在当时巴黎戏剧界占主导地位，力图改变第一次世界大战后法国剧坛的状况。由于"先锋"一词的特点，20世纪初很多戏剧团体和流派在形成和流行的时候也被称为"先锋派"，如以科克托为代表的超现实主义戏剧、阿尔托的残酷戏剧、贝克特等人的荒诞戏剧等。后来，先锋艺术在20世纪达到高潮，尤其在戏剧领域方面出现了象征主义戏剧、未来主义戏剧、表现主义戏剧、叙述体戏剧、存在主义戏剧、荒诞派戏剧、残酷戏剧等。这些戏剧流派都在某些方面对传统戏剧进行了反叛和颠覆，提出了鲜明的戏剧理论主张，并创造出具有自己的特征的戏剧。这些戏剧家强调发挥剧作家和导演的想象力以吸引观众，有意识地培养了一批新型的与剧院有密切关联的观众。

但在我国，"先锋戏剧"是一个具有中国特色的称谓，它是相对于传统戏剧而言的，指的是在20世纪80年代出现的、在戏剧结构和表现方法区别于斯坦尼斯拉夫斯基戏剧体系的戏剧。小剧场戏剧和先锋戏剧既有联系，又有区别。先锋戏剧不一定都是小剧场戏剧，小剧场戏剧也不一定都是先锋戏剧。

再来看看"实验戏剧"。在我国，传统的现实主义戏剧占据舞台，新时期开始后，一些戏剧在形式和内容上进行探索，因而打着"实验戏剧"的旗号，后来才有了"先锋戏剧"这一称谓。20世纪90年代末期以前，从媒体到创作者，更多使用实验戏剧这一称谓，后来则称为先锋戏剧。1982年高行健创作的《绝对信号》在人艺演出，被公认为我国实验戏剧开始的真正标志。《绝对信号》打破了传统的相对封闭的时空结构，心理变化也被呈现在舞台上，而且它与现实时空一起成为构成全剧的要素。

先锋和实验的含义不同，周文对先锋戏剧和实验戏剧做了区分："先锋指走在时代前列，实验则是摸索、尝试、发现。先锋已经是地位、价值的结论性评语，实验则还在运动、过程中，结果尚不得而知。先锋表明其形式新颖、特立独行，思想内容深刻、前卫，实验似乎更多指舞台形式多样性的探索。先锋一定有过实验，实验则不一定都会成为先锋。"[1]

---

[1]　周文:《中国先锋戏剧批评》，中国广播电视出版社2009年版，第3页。

（二）新时期

"新时期"这一概念，本是一个政治历史概念，这一概念具有明显的预设性质。1976 年 10 月粉碎"四人帮"后，宣告了长达十年之久的"无产阶级文化大革命"的终结，中国当代社会历史翻开了新的一页。人们把"文革"结束后开始的这一历史时期称为"新时期"，包含着对未来的预期和希冀。文学艺术的分期与政治有着密切关联，"新时期"是一个广泛使用的概念，因为"文革"结束后，社会的政治、经济领域发生了很大变化，也使文学艺术领域进入了一个新的发展时期。当然，政治上的新时期并不一定就是文学艺术上的新时期，因为当政治生活因某一重大事件而立即进入一个新的历史时期之后，文学艺术不一定能够立即呈现出新的面貌。政治概念上的"新时期"和文学艺术上的"新时期"并不一致，因而需要考察文学艺术视野中的"新时期"，考虑到文学和艺术的关联，在考察"新时期"概念时，会从文学角度进行辨析。

1978 年 5 月 11 日发表在《光明日报》上的《实践是检验真理的唯一标准》，第一次正式提出这一说法："党的十一大和五届人大，确定了全党和全国人民在社会主义革命和社会主义建设新的发展时期的总任务。"[①] 这充分表明了与"文革"时期的断裂，"新的发展时期"成为一个普及性的名词，被转喻为各种意义上的与新的意识形态相关的概念。文艺界充分体现了其敏感度，"新时期文学"在这种历史语境中被提出来，1979 年 11 月，周扬在第四次文代会上做了《继往开来，繁荣社会主义新时期的文艺》的主题报告，"至此，周扬以官方权威发言人的身份，正式确认了'新时期'的提法，'新时期'成为一个崭新的文学史分期概念"[②]。周扬在报告中对"新时期文学"进行了六大方面的阐释，而在邓小平的"祝辞"中，也对"新时期文学"的评价标准和写作

---

① 　《实践是检验真理的唯一标准》，《光明日报》1978年5月11日。

② 　丁帆、朱丽丽：《新时期文学》，《南方文坛》1999年第4期。

任务做了规定。①

关于"新时期文学"的起点，一般认为是指"'文化大革命'十年动乱之后，特别是党的十一届三中全会以来，这一时期的文学"②。关于新时期文学具体始于何时何处，则说法不一。因为在文学史分期中，前后两段的交界是模糊不清的，没有绝对泾渭分明的界限。对此，丁柏铨认为："'新时期'，这是中国大陆上的一个特定的历史概念。按通常理解，它以 1976 年 10 月粉碎'四人帮'为起始，并正在不断地向后延伸。"③ 目前达成共识的新时期始于 1978 年前后，当代文学空间发生了某种意义重大的变化，带动了整个文学格局的转变。

1999 年《南方文坛》曾进行过"当代文学关键词"的梳理，第 4 期主持人语："'新时期'是 1978 年之后使用频率最高的概念之一，各个领域对这一概念的广泛认同，大概还没有出其右者。文学自然也不能例外，在各种理论、批评著作中，'新时期文学'作为一个普遍使用的概念，已不仅仅是一个文学时段的称谓，它同时也隐含了对文学性质、突变、肯定并无限延宕的复杂内容，它的合法性依据几乎是毋庸置疑的。也正因为如此，使用这一概念的人几乎都可以不假思索，它是近 20 多年来很少受到挑战和怀疑的当代中国文学的核心概念之一。不仅如此，在 90 年初期，还有学者提出了'后新时期'的概念，它虽然没有被普遍接受，但它与'新时期'的历史联系则是十分清楚的。"④

"新时期"概念的提出，宣告了旧时期的终结。"新时期文学"是一个"预设性"的概念和"演绎性"的概念，是外在于"新时期文学"的实际历史

---

① 邓小平：《在中国文学艺术工作者第四次代表大会的祝辞》，《文学评论》1979年第6期；周扬：《继往开来，繁荣社会主义新时期的文艺——在中国文学艺术工作者第四次代表大会上的报告》，《文艺报》1979年第11、12期。

② 黄政枢：《新时期小说的美学特征·序》，南京大学出版社1991年版，第2页。

③ 丁柏铨：《中国新时期文学词典·凡例》，南京大学出版社1991年版。

④ 孟繁华：《主持人语》，《南方文坛》1999年第4期。

的①，正因预设，其"内涵便自动地随着当下文学的进展而不断延异"，其下限无具体时间点，当代文学史概念尤其是文学史分期概念"往往是紧跟政治语境的变迁而变迁的"。②有学者认为"新时期文学"存在名不符实的情况："如果说'伤痕文学''反思文学''改革文学'等还在'新时期文学'演绎的范围之内，那么，以'寻根文学'和'先锋文学'为代表的文学现象和思潮就彻底突破了'新时期文学'的概念预设，甚至是走到了它的反面，而大众文学和通俗文学在1985年后的兴起更是严重偏离了'新时期文学'的预定轨道。"③这种概念反思与"新时期文学"概念内涵的不确定性有关。

在20世纪80年代，"新时期文学"这个概念使用频率较高，如《新时期文学六年》（1985年）、《当代中国文学概观》（1986年）、《中国当代文学思潮史》（1987年）。到了90年代，鉴于时代所发生的变化，一些学者又提出了"后新时期"概念，同时关于"新时期文学终结"的观点也开始出现，"新时期文学"概念使用开始减少。"后新时期文学"概念也影响到戏剧界，丁罗男曾在一篇文章中说："文学理论界有一种说法，把80年代末以来的文学创作称为'后新时期'，认为它与新时期（通常指70年代末到80年代末）有诸多不同的特点。"④

"后新时期"这个用于中国当代文学史分期的术语自1992年9月首次见诸《文学自由谈》，最早提出的是谢冕。1992年8月12日，北大语言文学研究所与《作家报》共同主办了名为"后新时期：走出八十年代的中国文学"的学术研讨会，这标志着"后新时期文学"这一概念正式进入学术视野。谢冕的论文《新时期文学的转型——关于"后新时期文学"》⑤第一次深入阐释了

---

① 杨庆祥：《如何理解"80年代文学"》，程光炜编：《文学史的多重面孔——八十年代文学事件再讨论》，北京大学出版社2009年版，第5页。

② 丁帆、朱丽丽：《新时期文学》，《南方文坛》1999年第4期。

③ 王正、田本相主编：《小剧场戏剧论集》，中国戏剧出版社2002年版，第223页。

④ 丁罗男：《"后新时期"和小剧场戏剧》，《戏剧艺术》1999年第1期。

⑤ 谢冕：《新时期文学的转型——关于"后新时期文学"》，《文学自由谈》1992年第4期。

这一术语。不久之后冯骥才、王宁、张颐武和陈晓明等批评家的相关文章陆续发表，其中冯骥才对"新时期文学"的质疑最为彻底：

> 不知不觉，"新时期文学"这个概念在我们心中愈来愈淡薄。那个曾经惊涛骇浪的文学大潮，那景象、劲势、气概、精髓，都已经无影无踪，魂儿没了，连那种"感觉"也找不到了。何必硬说"后新时期"，应当明白地说：这一时代已然结束，化为一种凝固的、定形的、该盖棺而论的历史形态了。
>
> 我说这时代结束，缘故有四：
>
> 一、"新时期文学"是在"文革"结束后，拨乱反正和第三次思想解放运动中应运而生的。它与"文革"为代表的被扭曲的畸形文学相对抗，有其特定的内涵与使命。首先是冲破各种思想禁区，其中最关键的是挣脱"文艺为政治服务"的束缚。十年来，从以往的"政治评判文学"到现在的"文学评价社会"，走过一条坎坎坷坷、不平静的道路。任何时代的使命都是阶段性的，从这一意义上说，"新时期文学"已经完成它非凡的一段历程。
>
> 二、"新时期文学"的另一使命，是使文学回归自身。由于长久以来对文学的非文学需要，文学发生异化，因此作家与评论家对这一使命看得无比神圣。十年来，对形式感的探讨，对文本的提出与重视，对文学各种可能性争先恐后、不怕惨败的尝试，致使文学不但回归本身，并以其本身大放光彩。这一使命也已完成。
>
> 三、"新时期文学"以它强大的思想冲击力和艺术魅力（包括众多作家个性与才华的魅力），吸引了成千上万读者。从伤痕文学、反思文学，与作家一同思考，到寻根文学、实验文学，与作家一同审美与审丑。"新时期文学"拥有属于它的雄厚的读者群。每一文学运动都离不开信徒般的读者推波助澜，每一时代的读者都有着特定的阅读兴趣与审美内涵。如今，"新时期文学"的读者群已然涣散，星河渐隐月落西，失去读者拥

戴的"新时期文学"无疾而终。

　　四、一年来，市场经济劲猛冲击中国社会。社会问题性质、社会心理、价值观念等等变化剧烈，改变着读者，也改变着文学。文学的使命、功能、方式，都需要重新思考和确立，作家面临的压力也不同了。如果说"新时期文学"是奋力争夺自己，现在则是如何保存自己。一切都变了，时代也变了。①

冯骥才因而断言："'新时期文学'已经画上句号。"②

1995 年，谢冕、张颐武合著的《大转型——后新时期文化研究》一书由黑龙江教育出版社出版，"后新时期文学"这一术语逐渐合法化。但在"后新时期"的时间起点上，学界尚未达成共识。总的来看有三种说法：第一种说法是大多数学者同意将 1989 年作为"新时期"与"后新时期"的分界线。持这一观点的主要有谢冕、张颐武和王宁等。在他们看来，"新时期文学"终结于 1989 年，而"后新时期文学"则于 1990 年诞生。③第二种意见以陈晓明为代表，他多次提出将 1987 年作为"后新时期"的起点。陈晓明突出了作家马原的意义："马原的出现标志着'新时期'的终结，或者说进入'后新时期'。"④后来他在《表意的焦虑》一书中叙述八九十年代中国文学的转型时，再次提出："应该以文学自身的内部变化来把握文学史的转折，在我看来，应该以 1987 年为界。"⑤第三种意见以赵毅衡为代表，他将 1985 年作为"后新时期"的开端："大约从 1985 年新潮小说发端时就开始出现，而在 1987 年先锋小说

---

①　冯骥才：《一个时代结束了》，《文学自由谈》1993年第3期。

②　冯骥才：《一个时代结束了》，《文学自由谈》1993年第3期。

③　见张颐武《后新时期文学：新的文化空间》、王宁《继承与断裂：走向后新时期文学》，均载于《文艺争鸣》1992年第6期。

④　陈晓明：《解构的踪迹：历史、话语与主体》，中国社会科学出版社1994年版，第189页。

⑤　陈晓明：《表意的焦虑》，中央编译出版社2003年版，第1页。

成形时成形。"[1]

21 世纪以后，"后新时期"经过一段时间的喧嚣，随着"新世纪文学""民国文学"概念的出现渐趋沉寂。

鉴于学界对"新时期""后新时期"概念的质疑，有学者提出用"80 年代文学""90 年代文学"这样的表述，"80 年代文学""90 年代文学"是"后设的""归纳性"的概念，表述上更为中性。如洪子诚在《中国当代文学史》中用"思想解放"和"开放时期"的概念代替了"新时期"的概念，对其后的文学现象则称之为"80 年代文学""90 年代文学"等。孟繁华、程光炜的《中国当代文学发展史》也停止使用"新时期文学"这一概念，改用"80 年代""90 年代"等中性的时间概念来称呼这一时期的文学。

总之，"新时期"概念复杂多变，它是"与政治史分期达成某种共识后，再附加在文学史描述过程中的一种结果"[2]。作为学术研究来说，"新时期文学"应有其确定的内涵和外延，但"'新时期文学'并没有可以无限制延长、放大和扩张的权力。作为对一段历史状况的'文学性'表述，它应该有自己的话语方式和话语的限度，有自己比较清晰的思想范畴和能够划定的园地"[3]。就"新时期文学"的内涵和外延来说，"'新时期文学'其实是一个摇摆不定和不确定性的文学史概念"[4]。尽管如此，"'新时期文学'是在当前文学史研究和文学批评中认同度比较高的一个专属词。尽管大家对这个专属词不一定满意，认为它身上附着了太多的政治史色彩，一定程度上是社会思潮所支配的结果，没有顾及文学本身的复杂性，但也没办法"[5]。

本书之所以没有使用"当代"而使用"新时期"一词，也是因为"当代"是一个无限延伸的时间概念，其概念的内涵和外延极其复杂。

---

[1]　赵毅衡：《二种当代文学》，《文艺争鸣》1992年第6期。

[2]　程光炜：《文学讲稿："八十年代"作为方法》，北京大学出版社2009年版，第36页。

[3]　程光炜：《文学讲稿："八十年代"作为方法》，北京大学出版社2009年版，第46—47页。

[4]　程光炜：《文学讲稿："八十年代"作为方法》，北京大学出版社2009年版，第46页。

[5]　程光炜：《文学讲稿："八十年代"作为方法》，北京大学出版社2009年版，第28页。

综上所述，"新时期"是一个颇具争议的概念。一个时代的文学、艺术所反映的内容与形式无疑和政治有着密切的关联。本书所谓新时期指 1978 年 12 月十一届三中全会后，中国全面进入改革开放的这一时期。当然，作为文学、艺术的分期，并非如一个时间点那么精确，因此，大致来说，本书所言"新时期"，大约指 1978 年到 2000 年这一段时间，并无特殊的内涵界定。

二、研究内容和研究综述

（一）研究内容与研究方法

本书在系统梳理新时期戏剧观念、小剧场戏剧发展历史的基础上，采取宏观视野和微观研究相结合的方法，把戏剧观念与新时期戏剧发展、小剧场戏剧发展结合起来加以考察，既注重宏观视野的审视，从整体的联系和发展过程中把握小剧场戏剧的规律性，又注重分析小剧场戏剧的形式探讨与创新，探讨中国当代戏剧观念与小剧场戏剧发展之关联。

本书所言戏剧观念，主要体现在新时期话剧观念论争和三次小剧场戏剧讨论中所体现出来的戏剧观念。在中国小剧场戏剧发展史上，有一次论争和三次讨论与小剧场戏剧息息相关。一次论争是 20 世纪 80 年代中期的戏剧观念论争，此次论争涉及戏剧理论、演出的方方面面，而不仅仅局限于小剧场戏剧。三次讨论的内容主要涉及小剧场戏剧，第一次是 1989 年南京小戏剧节学术研讨会，讨论观点主要集中于 1991 年南京大学出版社出版的《小剧场戏剧研究》一书；第二次是 1993 年中国小剧场戏剧展暨国际研讨会，相关讨论集中于 1996 年文化艺术出版社出版的《中国话剧研究》（第 9 辑）；第三次是 2000 年国际小剧场戏剧节的讨论，文章见于 2002 年中国戏剧出版社出版的《小剧场戏剧论集》一书。

2003 年，《中国戏剧》展开了以"中国当代戏剧之命运"为题的为期两年的大讨论。"戏剧观"问题再一次被提了出来。到目前为止关于这次讨论的文章还有董健的《论中国当代戏剧精神的萎缩》（《中国戏剧》2005 年第 4 期）、季玢的《重提"戏剧观"的意义》(《四川戏剧》2008 年第 4 期)、沈炜元的《戏剧观论争及其评价》(《戏剧艺术》2011 年第 1 期)、徐震的《启蒙？抑或审美？——新时期戏剧发展道路之反思》(《戏剧》2012 年第 4 期)、徐震的《关于中国戏剧重新"定位"的再思考》(《戏剧》2013 年第 5 期) 等。

新时期戏剧观念与小剧场戏剧研究，重在史的梳理、辨析基础上，进行分析与研究。研究的主要方法是"历史化"，即重返戏剧历史现场，立足于对具体的文献资料的掌握与分析，结合当时的历史语境，辅之以后人的反思性文章以及其他文化领域的理论话语，把研究置于线性历史的纵向发展和跨界文化的横向延伸的经纬结构之内，为其寻找较为恰当的定位。

法国学者皮埃尔·布尔迪厄（Pierre Bourdieu）曾提出，为了破除那些普遍性的不言自明的理论预设，一个有效的方法就是历史化，即考察具体的历史情境。2000 年洪子诚的《中国当代文学史》出版，被认为是当代文学研究"历史化"的典范之作，出版后引发讨论的论题之一就是"历史化"的可能性与方法问题。对此，2007 年程光炜曾对当代文学学科研究提出要求，他认为在当代文学时间下限无限延伸的状态下，当代文学学科不应仅停留在"批评"状态，于是当代文学学科的"历史化"被提上日程，像诗歌研究一样，历史化是指"在拉开一段时间距离之后，用'历史性'眼光和方法，去研究和分析一些诗歌创作中的问题。正因为其是'历史性'的研究，所以研究对象已经包含了'历史感'的成分"[1]。他认识当代文学研究需要重视研究，不能永远停留在"批评化"，并提出了具体的研究路径："在当代文学学科的'历史化'过程中，'创作'和'评论'已经不再代表当代文学的主体性，它们与杂志、事件、论争、生产方式和文学制度等因素处在同一位置，已经沉淀为当代文学史的若干个'部分'，是平行但有关系的诸多组件之一。"[2] 程光炜提出在当代文学学科"历史化"研究中，需避免"将当代文学史研究再次'批评化'、

---

[1] 程光炜：《诗歌研究的"历史感"》，《渤海大学学报》2007年第5期。

[2] 程光炜：《当代文学学科的"历史化"》，《文艺研究》2008年第4期。

警觉认同式研究而强调有距离和有分寸的研究，应该审视本质论的历史叙述而提倡讨论式的研究"①。只有经过了"历史化"，才能够"在占有材料，充分理解现象背后所潜藏的各种问题的纠缠、矛盾和歧义之后"，"针对这些现象"做出"谨慎、稳妥和力求准确的论述"。②

韦勒克曾对文学理论、文学批评、文学史做过区分，也分析了三者之间的联系。③戏剧研究和戏剧批评同样重要，当代文学学科"历史化"的研究方法可以借鉴到戏剧研究中，在新时期戏剧观念与小剧场戏剧研究中，采用"历史化"的研究方法，梳理、辨析新时期戏剧观论争和三次小剧场戏剧讨论，进行有距离和有分寸的研究。

（二）研究综述

和新时期戏剧观念与小剧场戏剧发展研究相关的学术研究，主要集中在新时期戏剧观论争研究、"写意戏剧观"研究、小剧场戏剧研究三个方面，将新时期戏剧观念和小剧场戏剧发展联系起来的研究不多。

1．新时期戏剧观论争研究

新时期戏剧观论争已经过去了近 30 年，关于论争的评论文章有杜清源的《"戏剧观"的由来和争论》，胡星亮的《论新时期的"戏剧观"论争》，安静、韩传喜的《打捞细节　记忆历史——重返"戏剧观大讨论"》，胡星亮的《新时期"戏剧观"论争的反思与批判》，穆海亮的《戏剧观论争的理论偏颇及其消极影响》，沈炜元的《戏剧观论争及其评价》，徐震的《关于戏剧观讨论的反思》，田佳的《"写意戏剧观"及其争鸣》等，其中 21 世纪以来相关文章渐多。

早在 1984 年戏剧观论争还未结束时，杜清源就对戏剧观论争进行了总结。

---

①　程光炜：《当代文学学科的"历史化"》，《文艺研究》2008年第4期。

②　程光炜：《文学史研究的兴起》，福建教育出版社2008年版，第7页。

③　［美］勒内·韦勒克、奥斯汀·沃伦：《文学理论》，刘象愚、邢培明、陈圣生、李哲明译，文化艺术出版社2010年版，第32—33页。

在《"戏剧观"的由来和争论》一文中，杜清源提到论争涉及的范围、方面和内容，都有相当的扩展、丰富和深化："不仅从戏剧艺术的本身，诸如剧本创作、导表演、舞台美术、戏剧理论和戏剧发展史等方面，对'戏剧观'问题进行较为细致深入的探讨，而且还从美学、哲学、心理学和不同艺术门类等角度和范畴来思考、研究'戏剧观'的问题。"[1] 他对这次论争进行了充分肯定："从鉴别、把握艺术的共同规律与不同艺术形式特殊性之间的区别和联系入手，并结合话剧艺术的特性来研究艺术与现实的关系，研究话剧形象思维、舞台法则的特殊性等问题，是近几年来'戏剧观'讨论不断深入的表现，也是'戏剧观'的探讨逐步明确自己的研究对象和研究方法的标志。"[2] 文章还对"戏剧观""写意戏剧观"概念、"假定性"和"舞台幻觉"、"写实"与"写意"、"距离"进行了梳理和分析。

在对新时期戏剧观论争的研究中，肯定或否定论争是一个重要方面。正如 2011 年，沈炜元在《戏剧观论争及其评价》中所提出的："80 年代关于戏剧观的论争是戏剧界的一件大事。二十年后，在对这场论争的评价上，却出现了一种基本否定的意见。本文认为，戏剧观讨论并没有误导话剧创作陷入玩弄形式、技巧的泥坑之中；相反，在一个时期内，出现了理论探讨与艺术实践的良性互动，催生出一批勇于探索、大胆创新的优秀作品。"[3] 他认为新时期戏剧观论争积极方面的意义更大。

田本相在《中国 20 世纪 80 年代戏剧观论争的回顾与思考》一文中，对新时期戏剧论争中注重形式提出了批评[4]，这与之后《中国戏剧论辩》中的观点一致。田本相对论争评价有四个方面：第一，"在中国现代戏剧史上，这次论争，无论是在争论的问题的广度上、在规模上，以及时间跨度上，都是一

---

① 杜清源：《"戏剧观"的由来和争论》，《戏剧艺术》1984年第4期。

② 杜清源：《"戏剧观"的由来和争论》，《戏剧艺术》1984年第4期。

③ 沈炜元：《戏剧观论争及其评价》，《戏剧艺术》2011年第1期。

④ 田本相：《中国20世纪80年代戏剧观论争的回顾与思考》，《戏剧文学》2004年第9期。

场空前的大论战"。第二，"暴露了中国话剧的一个根本的弱点，在戏剧理论上，既缺乏一支有着较好理论素养的理论队伍，又始终缺少对理论建设的重视。……在根本的论题上没有得以深入和展开，特别是对形式主义革新的主张缺乏更深入的讨论"。第三，"这场大辩论是在开放改革的形式下进行的，它既给人以鼓舞，敢于探索，敢于突破，但是，也缺乏足够的思想准备和知识准备……在某种意义上说，这也是一次缺乏准备的论辩"。第四，"历史证明，曹禺关于新时期戏剧创作问题的见解是正确的，但是在戏剧观的大讨论中，他的意见却没有得到应有的重视"。[1]

沈炜元认为田本相对这次论争持基本否定的意见，其主要论据有两个：一是"在介绍马也对'新理论'的批评意见后，认为马也的观点虽然有欠严密，但对于'形式革新'理论的批评不但'相当尖锐'，而且'在主要问题上是切中要害的'"。二是田本相对曹禺《戏剧创作漫谈》比较重视，因而认为："《中国戏剧论辩》对戏剧观讨论的批评比较婉转，但编著者对这场讨论所持的否定性的倾向还是显而易见的。"[2]细读《中国戏剧论辩》，田本相是对戏剧观论争中忽视戏剧内容、注重形式创新不满的。

之后，董健比较明确地对戏剧观论争表示否定。2005年董健在总结持续两年的"中国当代戏剧之命运"讨论时，认为"中国当代戏剧的总体状态与80年代相比是呈下滑与衰退趋势的"，"90年代以来当代戏剧不可回避的总体特征是：虚假的繁荣掩盖着真实的衰微，表面的热闹粉饰着实质性的贫乏，其根本原因是戏剧精神的萎缩，或曰戏剧失魂"，"戏剧精神的萎缩是一个不争的事实"。[3]文章中他提出了"戏剧精神"这一概念，认为"给人提供了'精神之乐'的东西，就是（戏剧）精神……，戏剧精神是贯穿在编、导、演全

---

① 田本相、宋宝珍、刘方正：《中国戏剧论辩》（上），百花洲文艺出版社2007年版，第467—468页。

② 沈炜元：《戏剧观论争及其评价》，《戏剧艺术》2011年第1期。

③ 董健：《论中国当代戏剧精神的萎缩》，《中国戏剧》2005年第4期。

过程，并由剧场与观众共同体现出来的。人们在公开的'观'与'演'的直接交流中，集体地体验生命、体验生存，超越环境、批判陈规，热烈地追求自由与幸福，这就是戏剧精神，它的最高境界就是人在'自由狂欢'中所进行的灵魂对话"[1]。董健分析了其原因，提到了1983—1985年的戏剧观大讨论，"那次讨论的影响一直及于当今戏剧，其中教训很值得总结。最大的问题是，戏剧的价值观念在讨论中由于离开了'人'这个核心而出现了新的混乱与偏颇"[2]。

1993年，由于市场经济兴起，一些学者不满市场经济冲击下的文学和文化状况，提出了"人文精神危机"的说法，由此引发了一场人文精神大讨论。董健是从人文精神的角度探讨戏剧观论争的："可是戏剧观的大讨论一开始就以现实主义戏剧观为打击对象，以布莱希特与西方现代派为师，'清算'斯坦尼斯拉夫斯基现实主义的所谓'不良影响'。殊不知，斯坦尼戏剧体系的'人学'内容远比布莱希特丰富扎实得多，后者的戏剧理论和实践中倒是'政治'内容更加强烈。"[3] 以人文精神为立足点，董健对于戏剧观论争有不同的看法："当时的讨论，未能集中力量解决戏剧被多年剥夺了的'人学'前提问题，而一味纠缠在什么'假定性''非假定性''制造舞台幻觉'——'打破舞台幻觉''间离效果'——'非间离效果''写实'/'写意'……的问题上做无谓的'讨论'，只要以人为本，这些手段都是两可的。"[4]

沈炜元不同意对80年代戏剧观大论争的否定意见，他认为："首先，曹禺《戏剧创作漫谈》为中国话剧开出的处方，并不是医治话剧的唯一方法。曹禺关于新时期戏剧创作的见解当然是正确的，但从谈话背景与具体内容看，他主要是指传统写实风格的话剧创作。……要繁荣中国话剧，除

---

① 董健：《论中国当代戏剧精神的萎缩》，《中国戏剧》2005年第4期。

② 董健：《论中国当代戏剧精神的萎缩》，《中国戏剧》2005年第4期。

③ 董健：《论中国当代戏剧精神的萎缩》，《中国戏剧》2005年第4期。

④ 董健：《论中国当代戏剧精神的萎缩》，《中国戏剧》2005年第4期。

了恢复现实主义传统之外，也可以做多方面的探索。呼唤现实主义精神的回归与观念更新、艺术新形式的借鉴是两条并行不悖的道路。不存在因为肯定这方面而必须否定另一方面的问题"，"其次，倡导戏剧观的更新和对艺术新形式的借鉴，未必一定会导致创作离开'人学'主题而堕入玩形式的泥坑。戏剧观讨论中确有很多文章都主张戏剧形式革新，强调对传统写实的艺术观念的突破。但形式革新并不一定就导致戏剧对'人学'主题的偏离，如果处理得好，甚至可以更有利于表现真实的人，更有利于揭示人性的复杂。结合西方现代戏剧的实践看，艺术形式创新的原因，就是因为当时的艺术家觉得传统的艺术手法不利于表现丰富复杂的人性。深入揭示人的心灵，是不少先锋艺术家形式创新的出发点"，"再次，一个时期内话剧创作的实际，并未显示戏剧观讨论带来多少弊端。在戏剧观讨论中除理论研究者热情投入外，一些剧作家和导演也积极加入这场讨论，还有一些实践家，虽然不曾著文表态，但他们强烈的创新意识，以及打破传统写实模式的勇气，使他们在此期间的艺术实践充分显示出他们对戏剧观革新的认同"。[1]

董健注意到了注意戏剧形式变革带来的局限："当时戏剧的革新者们，以为只要打破了'第四堵墙'，只要是从'写实'走向了'写意'，就会迎来戏剧的新天地。但人们很快发现，那些花样翻新的舞台布景以及表导演上'布莱希特化'的努力大都并没有使戏剧走出困境。要是没有这种局限，高行健的戏剧成就还会更大一些。观众要求的是真正的'灵魂的对话'。"[2]他认为戏剧"外观取代了内涵，技术取代了艺术，仪式取代了真情，操作取代了创造，感官刺激取代了审美。总之，戏剧失魂，戏剧的'人学'定位被动摇了"。相对来说，20世纪90年代的戏剧危机和80年代的戏剧危机是不一样的，董健所言90年代的戏剧精神萎缩，与90年代大环境有关系，当时文学领域也是

---

[1]　沈炜元：《戏剧观论争及其评价》，《戏剧艺术》2011年第1期。

[2]　董健：《论中国当代戏剧精神的萎缩》，《中国戏剧》2005年第4期。

如此。沈炜元在论文中提到了 90 年代"人文精神大讨论"背景，并认为："这局面当然是令人焦虑的，但不能因此而怪罪于戏剧观的讨论。"[1]

2010 年，穆海亮在文章中也认为戏剧观论争产生了理论偏颇："上世纪 80 年代的戏剧观论争对戏剧的发展产生过巨大的推动作用，但其中存在的理论偏颇也带来了某些消极影响。论争视角偏于形式的狭隘，导致戏剧革新的形式主义倾向；某些概念的界定不清以及由此带来的模糊认识，导致戏剧创作的盲目求新和对写实戏剧的相对轻视；对思索品格的过度提倡，引起对戏剧形象、情感的忽视和娱乐、审美等文化功能的弱化。其中的经验值得总结，教训更值得记取。"[2] 对 80 年代戏剧观论争的总体评价是负面的。穆海亮认为："论争是由 80 年代初的戏剧危机引起的，其初衷自然是探明危机的原因并寻求解决途径。"但戏剧危机只是引起论争的原因之一，把论争的初衷说是探明危机的原因并寻求途径，窄化了论争的内容，并且如果仅从这一目的出发，显然 80 年代的戏剧观论争远远未达到这一目的。穆海亮认为 80 年代的戏剧观论争经过了两次狭隘化：

> 单从黄佐临的行文来看，以对"第四堵墙"的处理方式来简单地比附斯坦尼、布莱希特和梅兰芳，分明就是从舞台技巧的角度来阐释戏剧观的。由戏剧观到舞台观，这是理论论争的第一次狭隘化，从对戏剧的艺术本体、文化功能与审美形式的总体思索转向对戏剧形式的探讨。再进一步看，即使是对审美形式的探讨，论争的焦点也没有从舞台呈现的各个方面充分展开，就很快地由对"第四堵墙"的反对走向对"假定性"的辨析，于是就自然在"写实"与"写意"、"幻觉"与"非幻觉"之间纠缠了。这就使论争的焦点发生了第二次偏移，使得论争视角更加狭隘。论争的后期对这个问题有所警觉，更多的理论家认识到，在"写实"与

---

① 沈炜元：《戏剧观论争及其评价》，《戏剧艺术》2011年第1期。

② 穆海亮：《戏剧观论争的理论偏颇及其消极影响》，《文艺争鸣》2010年第5期。

"写意"、"幻觉"与"非幻觉"之间，只有美学原则的虚实之别，本无美学品质的高低之异。但论争视角的狭隘没有得到彻底的纠正，其消极影响无法从根本上消除。[1]

两次狭隘化之后，"这种消极影响最明显的表现，就是忽视精神价值，片面追求形式革新。这在当时的论争和创作实践中都体现了出来。陈恭敏、高行健、胡伟民、童道明、薛殿杰等人都不遗余力地为形式创新摇旗呐喊，并且以他们显赫的理论家地位或杰出的舞台艺术创造产生了巨大的影响，而谭霈生等人呼吁戏剧创作打破模式化和反对图解观念的声音显得比较微弱"。所以，穆海亮得出结论，对于这场论争，"戏剧观论争尽管表面热闹非凡，但其实理论建树有限，某些概念界定混乱，由此导致的模糊认识影响至今。对'戏剧观'的偷梁换柱、对'假定性'的以偏概全、对'幻觉'和'写意'的多维阐释，使得这些概念越发模糊，甚至形成某些不应有的偏见"。[2]

胡星亮则较为全面地进行了评价，他肯定了戏剧观论争的积极作用："'戏剧观'论争，就是关于戏剧观念的理论探讨。然而这场论争其最初的起源却并非'观念'本身，而是新时期戏剧发展到 1980 年前后，严重的危机对戏剧家的刺激及戏剧家反思的产物"，"从'观念'出发去思考'戏剧危机'，也正是直到这个时候，中国戏剧家才感受到黄佐临 1962 年在广州全国话剧、歌剧、儿童剧创作座谈会上发表《漫谈"戏剧观"》，其空谷足音般呐喊的深刻性。黄佐临当年就是从探索民族特色话剧的角度，对当时话剧创作与演出中的固守写实模式和斯坦尼体系而日趋封闭、僵化的倾向提出尖锐批评，呼吁戏剧家要在斯坦尼、布莱希特和梅兰芳等戏剧体系的融汇中去开阔自己的戏剧观。这个问题在新时期也同样严重地存在着。因此，黄佐临当年的呼吁仍具有振

---

① 穆海亮：《戏剧观论争的理论偏颇及其消极影响》，《文艺争鸣》2010年第5期。
② 穆海亮：《戏剧观论争的理论偏颇及其消极影响》，《文艺争鸣》2010年第5期。

聋发聩的现实意义"。①

胡星亮对戏剧观论争中陈恭敏和谭霈生的论争进行了分析：

> 陈恭敏和谭霈生为代表的这两种观点，都触及"戏剧危机"的某些方面，因而都有其各自的道理；但是，他们都想把自己的理论作为解决危机的根本而忽视其他，因而又各自有其偏颇。从根治"戏剧危机"出发，谭霈生等人强调戏剧要恢复其自身的艺术品格，反对戏剧领域内的庸俗社会学倾向，显示出其眼光的敏锐和理论的执着。因为后来的戏剧发展确实表明，戏剧家如果不能摆脱庸俗社会学的枷锁而确立戏剧艺术的内部规律和内在的规定性，则任何张扬"主体创造性"和"创作自由"都会落空，任何"形式创新"都难以克服公式化、概念化的弊病；而陈恭敏等人呼唤"戏剧观念的新变化"，强调"形式创新"以突破话剧长期以来的陈旧模式，也确实是看到了中国话剧发展的某些薄弱环节，以及观众新的审美需求对话剧艺术创新的影响，并由此推动了探索戏剧浪潮的壮大。只是陈恭敏等人急于为探索戏剧树立"新观念"而"矫枉过正"，把原本是探索戏剧的审美追求看作是新时期整个剧坛的现象，把新中国以来话剧发展的模式看作是世界话剧的"传统"，从而把探索戏剧对新中国话剧模式的突破看作是对世界话剧传统的"反叛"，因而在理论上出现诸多漏洞；而谭霈生等人在坚持现实主义美学原则、强调话剧艺术本身的特性的同时，则对戏剧探索的新思潮少有宽容的态度，没有看到探索戏剧的艺术创新对发展中国话剧的革命性的意义，因而在批评新理论的某些偏颇观点中也同样夹杂着偏激的锋芒，在否定新理论某些偏颇的观点的同时，也否定了新理论正确、合理的内核。②

---

① 胡星亮：《论新时期的"戏剧观"论争》，《文艺争鸣》1996年第2期。
② 胡星亮：《论新时期的"戏剧观"论争》，《文艺争鸣》1996年第2期。

胡星亮充分肯定了 80 年代戏剧观论争的作用，认为论争带来了戏剧观的拓展和对新时期戏剧发展的积极影响，表现在："戏剧观的论争首先带来探索戏剧的兴起，成为新时期戏剧从封闭走向开放的最突出的标志。探索戏剧把西方现代派戏剧的各种新的观念、创作方法、表现手法都介绍过来，并从民族戏曲美学中汲取艺术精华，以其对当代生活思考的哲理性追求，和创造新的舞台语汇的强烈探索精神，对传统戏剧观念形成有力的挑战"，"戏剧观论争对现实主义戏剧的影响也同样是深刻的。这场因新时期初始现实主义的社会问题剧衰微而引起的论争，一度曾使现实主义陷入极为尴尬的境地。然而正是观众的冷落和探索戏剧的兴起，使现实主义戏剧猛然清醒，在危机的'绝处'焕发出蓬勃生机，显示了现实主义强大的艺术生命力"，"戏剧观念的拓展及影响，还表现在导表演和舞美设计等方面。探索者有徐晓钟、林兆华、胡伟民、陈颙、王贵等话剧艺术家，以及戏曲界的马科、余笑予等"。[1]

2009 年，胡星亮又发表了《新时期"戏剧观"论争的反思与批判》，认为新时期戏剧观论争有其两面性："新时期的'戏剧观'论争是在 20 世纪 80 年代初中国剧坛的危机声中展开的。论争关于'中国话剧发展路向'问题的思考，带来了新时期话剧现实主义的拓展、'探索戏剧'的探索和新的演剧体系的崛起；而论争关于'假定性'是'戏剧的本质'的阐释，则一方面对新时期戏剧的形式探索产生了重要影响，促进了戏剧艺术的实验与创新，但另一方面，因为忽视了戏剧危机产生的最重要原因——戏剧创作的'假、干、浅'，而对戏剧与现实、戏剧的人学定位、戏剧的现代意识与启蒙理性等问题注重不够，导致剧坛形式革新的泛滥，这又给新时期及 90 年代的戏剧发展留下了重'手法'轻'精神'的严重隐患。"[2] 胡星亮从话剧危机中探寻戏剧观论争的教训和启示："当下仍然严重的话剧危机又折射出当时的论争存在哪些

---

① 胡星亮：《论新时期的"戏剧观"论争》，《文艺争鸣》1996年第2期。

② 胡星亮：《新时期"戏剧观"论争的反思与批判》，《学术月刊》2009年第2期。

失误，给话剧发展提供了什么教训和启示？"[1] 胡星亮从分析问题剧出发，对当时戏剧危机进行了分析："戏剧家在反思中痛苦地看到，前些年观众将掌声和喝彩声献给'问题剧''领袖剧'，那并不是戏剧魅力本身所引起的，而是因为戏剧宣泄出对'文革'强烈悲愤的政治激情在人们心中的共鸣。当人们走出噩梦、憧憬着未来，而在艺术上去寻求真正的戏剧审美时，这些戏剧的政治激情就不再能够满足观众的需求。戏剧家在反思中还痛苦地看到，前些年那些批判帮派政治的'问题剧''领袖剧'，其艺术表现也是粗糙、简陋得可怜。"[2]

胡星亮认为 80 年代的戏剧观论争出现了两次转向，第一次是"从探索戏剧危机转而讨论戏剧观念的变革"，第二次转向"偏向对'假定性''第四堵墙'以及'写实'/'写意'、'幻觉'/'非幻觉'等表现形式的探讨"[3]。他对两次转向做了详细解释：

如果说论争的第一次"转向"是从探索戏剧危机转而讨论戏剧观念的变革，其戏剧观念所要突破的"编剧方法旧"等问题，如丁扬忠所强调的，是要批判中国话剧"教条主义形而上学地观察生活的模式"，"把无限丰富复杂的生活简单化"，和"僵死地表现生活的编剧模式"，"主观设计人物，图解政策"等，还有指涉戏剧创作的"人学"内容；那么，论争的第二次"转向"，着重把戏剧观念阐释为"假定性"等，则使"戏剧观"论争偏向于戏剧形式的探讨。正因为如此，"戏剧观"论争主要借鉴的是叙事戏剧、质朴戏剧、残酷戏剧、假定性现实主义等西方现当代演剧变革理论，以及荒诞派、表现主义、象征主义等现代派戏剧的艺术变革。也正因为是从"假定性"等出发去探讨戏剧观念的变革，人们又从

---

[1]　胡星亮：《新时期"戏剧观"论争的反思与批判》，《学术月刊》2009年第2期。
[2]　胡星亮：《新时期"戏剧观"论争的反思与批判》，《学术月刊》2009年第2期。
[3]　胡星亮：《新时期"戏剧观"论争的反思与批判》，《学术月刊》2009年第2期。

布莱希特、梅耶荷德、格罗托夫斯基等西方戏剧家对中国戏曲艺术的借鉴中感受到了戏曲的独特魅力，因而又在民族戏曲中"发现"了中国话剧观念变革的美学资源。[1]

胡星亮认为论争的成就有："论争给新时期话剧发展带来的主要收获，是戏剧艺术形式的变革。具体地说，就是戏剧家借鉴西方现当代戏剧和民族戏曲去探讨'中国话剧的发展路向'问题，在剧本创作、舞台演剧等方面所进行的艺术形式革新"；"其次，是努力复归现实主义的问题剧遭遇危机，和欧美现当代各种戏剧思潮流派、观念手法的强劲冲击，使很多坚持现实主义的戏剧家，也不拘囿于传统写实观念而趋向'开放的现实主义'"；"再次，戏剧观念的拓展及影响，也使中国话剧固守的幻觉主义演剧体系被突破"。[2]

同时，胡星亮分析了为什么戏剧观论争中影响最明显、最深刻的形式革新，后来却受到激烈批评，因为"在戏剧形式革新浪潮最为汹涌澎湃、形式变革为话剧在文坛赢得'戏剧形式年'的 1985 年，话剧却仍然面临着严重的危机困境。戏剧形式革新的浪潮汹涌和戏剧发展的危机困境，这一矛盾说明戏剧观念的变革并没有能够挽救新时期话剧发展的颓势；而就戏剧观念对戏剧实践的引导而论，更严重的，是它说明论争中所推崇的某些'新观念'可能在根本问题上出现了失误。尤其是论争关于'假定性'是'戏剧本质'的阐释，将戏剧'新观念'看作是从'假定性'出发的戏剧形式革新，这就偏离了戏剧是'人学'的艺术根本，忽视了戏剧更为重要的对于时代、现实与人的真实深刻的艺术把握，从而导致剧坛形式革新的泛滥，在表面创新的热闹中潜藏着戏剧危机的深层隐患"。"所谓'假定性'是'戏剧本质'的观念转移了目标，它所针对的已经不是'假、干、浅'地形象图解的危机根源，而是戏剧样式的'熟、老、旧'问题。后者当然也是中国话剧的弊端，形式

---

① 胡星亮：《新时期"戏剧观"论争的反思与批判》，《学术月刊》2009年第2期。
② 胡星亮：《新时期"戏剧观"论争的反思与批判》，《学术月刊》2009年第2期。

革新在某种程度上也能够推动中国话剧的发展，但是，它不是话剧危机的根源，更不是戏剧审美的本质。戏剧审美最重要的是对现实人生的真实深刻的艺术把握，而救治话剧危机最重要的，是要铲除阻碍戏剧回归其审美本质的种种'非戏剧''非艺术'的东西"。[1]这些批评并没有能够扭转戏剧"新观念"就是"形式革新"的片面和偏颇，舞台上出现争相求新、以形式奇异为创新的演剧风潮；又因为这些形式革新缺少生动丰富的情节和血肉丰满的人物形象，所谓"间离""哲理思考"缺少情感体验和艺术想象，大都是用拼凑的形式花样去宣讲哲理，或是用新形式去图解旧观念。所以，如此形式革新乃至花样翻新，又成为观众冷落话剧和话剧陷入更严重危机的主要原因。胡星亮分析了从探讨"戏剧危机"转向"戏剧观念"变革，又转向"假定性"等形式革新的原因："一是'东张西望'的戏剧借鉴，二是庸俗社会学的顽固障碍"。他认为："毋庸置疑，戏剧创造仅仅在形式上革新是绝对不够的，只有彻底打破庸俗社会学的束缚，在独特的形式创造中表现戏剧家对于现实人生的深刻认识，对于人的生存和生命的深刻体验，这样的戏剧才能具有现实生命力和艺术感染力。探索新的表现形式以突破陈旧的样式与手法，当然是戏剧发展的必需，但是，戏剧创造更重要的是要回到戏剧自身的审美本质，是要探索'人学'在戏剧舞台的深化，否则，任何形式革新都不能使戏剧摆脱危机困境。也许，这是在中国话剧仍面临危机的当今，反思'戏剧观'论争的意义所在。"[2]

关于新时期戏剧观论争是由戏剧危机引起的，徐震提出了不同观点，他认为中国戏剧界有一个共识，即新时期的"戏剧观"论争是中国剧坛危机所引起的，这一看法值得商榷。他的文章吸收了法国社会学家布尔迪厄的反思社会学理论和方法，同时参照了福柯的知识—权力理论事件化的方法，对曾经是不加思考的"常识"和不言自明的前设提出质疑，不仅从戏剧学自身就

<hr>

<ol>
<li>胡星亮：《新时期"戏剧观"论争的反思与批判》，《学术月刊》2009年第2期。</li>
<li>胡星亮：《新时期"戏剧观"论争的反思与批判》，《学术月刊》2009年第2期。</li>
</ol>

能充分诠释，而且结合了文学艺术场域与其他场域，尤其是政治场域的关系，进行了反思性检讨。[①] 他认为戏剧观讨论分为三次，一次是 1962 年黄佐临提出"戏剧观"时，第二次是 80 年代，第三次是 21 世纪初丁罗男、陆炜在《戏剧艺术》上重提"戏剧观"，这包括了形成或未形成的讨论，其中第三次应者寥寥，戏剧界似乎再次失语。"众所周知，那时的戏剧界对此并没有引起足够的重视，可以说大多数人还没有真正理解其中的涵义，根本的原因在于时代与环境，空谷足音，佐临先生是超前了。"[②] 第三次提出"戏剧观"时，"重提的意义"也一度成了问题："中国 20 世纪的文化艺术的变迁，不是文艺本身，更不是戏剧本身所能解释清楚的，它是整个中国社会结构转型的必然伴生现象，而这与所谓的庸俗社会学无关。"[③]

以新时期戏剧观论争作为论文选题的有窦飞翔的硕士学位论文《戏剧危机中的观念碰撞与对话——20 世纪 80 年代"戏剧观大讨论"研究》、丁徽的硕士学位论文《八十年代"戏剧观大讨论"与剧团体制改革》和张默瀚的博士学位论文《新时期三十年中国戏剧理论流变论》等。其中，窦飞翔在论文中分析了"戏剧观大讨论"的缘起和流变，探讨了"戏剧观大讨论"，涉及五个辩论问题："戏剧观"概念、假定性、"思考"说和"欣赏"说、民族化与现代化、观众学等，并对"戏剧观大讨论"的功过进行了评价。丁徽的《八十年代"戏剧观大讨论"与剧团体制改革——以八十年代戏剧期刊为主》对 80 年代戏剧危机和"戏剧观大讨论"的缘起进行概述。第二部分对 80 年代"戏剧观大讨论"的内容和意义及影响进行概述，讨论的内容主要集中于对"戏剧观"定义的不同理解，写实、写意及"假定性"、"第四堵墙"、观众问题、话剧民族化与现代化等具体的问题，这场讨论为话剧多元共生的发展提供了可能和坚实的基础。

---

① 徐震：《关于戏剧观讨论的反思》，《戏剧》2011年第2期。
② 丁罗男：《重提"戏剧观"》，《戏剧艺术》2003年第3期。
③ 徐震：《关于戏剧观讨论的反思》，《戏剧》2011年第2期。

对于新时期戏剧观论争的介绍和理论性总结的著作大致有：《中国当代戏剧史稿》（董健、胡星亮主编）、《二十世纪中国戏剧思潮》（胡星亮）、《新时期戏剧述论》（田本相主编）、《三角对话：斯坦尼、布莱希特与中国戏剧》（陈世雄）、《中国话剧史》（王卫国、宋宝珍、张耀杰）等。

2．"写意戏剧观"研究

自黄佐临提出"写意戏剧观"以来，多篇文章对"写意戏剧观"进行了讨论和研究。①

王家乐在1985年对戏剧观论争进行了梳理和归纳，认为"写意戏剧观"是当时论争的两个主要方面之一："《戏剧艺术》自一九八三年第四期起，辟专栏就戏剧观问题展开学术探讨与争鸣。讨论主要是围绕'写意戏剧观'与'戏剧幻觉'这两个方面展开的。"②

相关研究主要表现在以下几个方面。首先是对"写意戏剧观"的肯定。田本相对黄佐临的"写意戏剧观"提出了明确的肯定："既在国内戏剧界引起了巨大反响，同时环绕'写意戏剧观'的批评争议也成为国内外热门的话题。但这些批评和争议都失之于偏颇：黄佐临先生的'写意戏剧观'抓住了中国戏剧发展的要害，对僵化的传统戏剧观念是一次巨大的冲击。佐临先生的三大戏剧观，是他进行比较戏剧研究的一个升华，也是他对于世界戏剧导表演艺术体系发展研究的具有创意的发现。而'黄佐临现象'是一个符合戏剧历史发展潮流的戏剧现象，也是一个值得深入研究的课题。佐临先生的写意戏剧观的美学目标是走向'三大戏剧观'的'综合'。这不仅是他的理论，而且

---

① 这些文章有张默瀚：《戏剧本体回归的要求与论争：戏剧观大讨论之缘起的再回顾》，《戏剧文学》2013年第3期；张美芳：《黄佐临"写意戏剧观"析评》，《福州大学学报》2004年第2期；张美芳：《戏剧"写意"析疑》，《戏剧》2004年第2期；翟月琴：《剧何以通往诗？——从黄佐临的"写意戏剧观"谈起》，《戏剧艺术》2015年第6期；姚佳莹：《思维的方式与直觉的指向——黄佐临先生'写意戏剧观'的写意性探究》，《理论观察》2013年第12期；袁联波：《论戏剧演出中的幻觉性与剧场性——兼谈黄佐临、马也关于"幻觉"的讨论》，《戏剧艺术》2004年第3期；等等。

② 王家乐：《"写意戏剧观"的讨论》，《文艺研究》1985年第6期。

构成他始终不渝的舞台实践的目标。他的写意戏剧观依然有着广阔的发展空间，他的理论依然有着可行的实践的基础。"①

其次是对"写意戏剧观"的阐释。田佳对"写意戏剧观"进行了界定："黄佐临的'写意戏剧观'就是一种综合的戏剧观，主张把各派艺术表现方法都综合到话剧舞台上来，让其相互渗透，通过交融，获得优势，建立特性。从'戏剧观'的层面上来讲，'综合'就是指不同戏剧观之间的相互影响和渗透。具体来说，就是中国戏曲、斯坦尼斯拉夫斯基体系和布莱希特戏剧的综合。……从创作风格和表现手法来说，可以将其归纳为传统话剧与戏曲乃至歌舞等其他表演艺术形式和手段的内部因素结合。"②

此外，丁罗男分析了黄佐临提出"写意戏剧观"的历史背景，在《论佐临戏剧观的多层性和多元性》一文中曾提到，1965年黄佐临在上海戏剧学院戏曲导演进修班上讲过这样一段话：

最后，我还想补充一点，就是戏剧观同世界观和艺术观的关系。正如世界观有两种：一种是唯物辩证法的，另一种是唯心、形而上学的；也正如艺术观有两种：一种是为无产阶级政治服务、为社会主义经济基础服务的，另一种是为资产阶级政治服务、为资本主义经济基础服务的。……戏剧观也有两种：一种是写实的戏剧观；另一种是写意的戏剧观。我们对这三个"观"的态度是：在世界观上，我们当然赞成前者，反对后者；在艺术观上，我们也当然赞成前者，反对后者；但在戏剧观上，前后者都可以。事实上，二者往往是结合的，只不过有的写实成分多一些，如话剧；有的写意成分多一些，如戏曲。我个人认为，作为艺术形式，即使是话剧，也应该虚一些，写意一些，因此要向传统学习，古为今用，推陈出新。

---

① 田本相：《论黄佐临先生的"写意戏剧观"——为中国话剧百年纪念而作》，《南开学报》2007年第6期。

② 田佳：《"写意戏剧观"及其争鸣》，《文化艺术研究》2013年第1期。

我杜撰了"戏剧观"一词的旨意即在此。①

丁罗男认为："在当时的历史语境下，'现实主义'处于不可动摇的地位，所以提倡'写意戏剧观'必须避开在政治上犯错误的危险。"②

胡妙胜认为"写意戏剧观"的提出具有重要意义："一、在艺术实践上，促进了我国戏剧发展的多样化与民族化。""二、张扬了中国戏曲的伟大传统，如果没有一种与写实戏剧观相对立的戏剧观念，我们就不可能正确而全面地理解中国戏曲的伟大传统。""三、佐临同志关于两种戏剧观的论述促进了戏剧美学的发展。"其特征一是"重在表现"，二是"强调剧场性"，三是"侧重暗示"。③

3. 小剧场戏剧研究

小剧场戏剧自发展以来，对它的研究就一直在进行。关于小剧场戏剧研究的论文会在之后的相关内容中涉及，在此不赘述。这里主要介绍小剧场戏剧研究的三部论著：吴保和的《中国当代小剧场戏剧论》《中国当代小剧场戏剧》，周传家、薛晓金、杜剑锋的《小剧场戏剧论稿》。

吴保和的《中国当代小剧场戏剧论》④第一章"小剧场戏剧"，从当代小剧场戏剧的发展过程、思想倾向、艺术特色、产生的起因及其意义、小剧场戏剧的危机与困境五个方面进行了阐释，是一部较早对小剧场戏剧进行论述的专著。2016年出版的《中国当代小剧场戏剧》⑤作为国家重点学科戏剧戏曲丛书出版，他对21世纪以来的小剧场戏剧做了追踪研究，从当代小剧场戏剧的诞生、20世纪90年代小剧场戏剧、新世纪以来的小剧场戏剧、当代小剧场戏剧的思想特征、艺术特征以及当代小剧场戏剧的意义与问题等方面进行了

---

① 黄佐临：《谈谈我的导演经验》，《我与写意戏剧观》，中国戏剧出版社1990年版，第397页。
② 丁罗男：《论佐临戏剧观的多层性和多元性》，《上海戏剧》2007年第1期。
③ 胡妙胜：《写意戏剧观的意义与特征》，《戏剧艺术》1984年第2期。
④ 吴保和：《中国当代小剧场戏剧论》，中国戏剧出版社2004年版。
⑤ 吴保和：《中国当代小剧场戏剧》，上海远东出版社2016年版。

论述。

　　周传家等著的《小剧场戏剧论稿》①分为上编和下编，上编重在梳理小剧场戏剧的发展历程，第一章"新时期的小剧场戏剧"中涉及了新时期戏剧界对小剧场的不同定位；第二章介绍了 20 世纪 90 年代上半期的小剧场戏剧，可见作者是认同新时期时间的下限为 1989 年的；第三章为 20 世纪 90 年代中后期的小剧场戏剧，此外还对小剧场戏剧的美学定位做了探讨和研究。下编为具体的小剧场戏剧剧目及其演出的情况介绍，分为实验戏剧和写实戏剧，作者将它们作为小剧场戏剧的两个部分。

____

① 周传家、薛晓金、杜剑锋：《小剧场戏剧论稿》，北京燕山出版社2006年版。

第一章

新时期小剧场戏剧的兴起

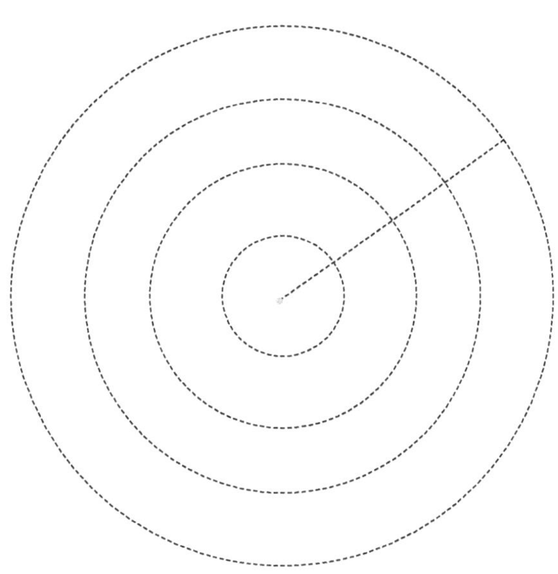

1976 年，"四人帮"的粉碎标志着"文化大革命"的结束。新时期之初，反思"文化大革命"给社会造成的伤害，弥补人民心灵的创伤，成为文学、艺术的共同任务。文学上诗歌首开先声，"伤痕文学"的小说也引起群众的关注。戏剧也继承了一贯的直面现实、反映现实的传统，它作为人们社会诉求的载体，一些社会问题剧提供了说真话的可供讨论的平台。戏剧开始复苏，在剧坛上首先出现的是批判、嘲讽"四人帮"的剧作，如金振家、王景愚的讽刺喜剧《枫叶红了的时候》、苏叔阳的《丹心谱》、宗福先的《于无声处》等，接着出现了一批歌颂老一辈无产阶级革命家的剧作，如《曙光》《陈毅出山》等。在对十年动乱产生的原因进行追根溯源的同时，剧作家们也对现实进行了冷峻的审视。这时，舞台上出现的多是引起人们关注的"社会问题剧"，如《报春花》《救救她》《谁是强者》等，剧作多直面现实，反映弊病，表达群众的心声，显示出现实主义的风格。

社会问题剧成为 1977—1980 年戏剧舞台的主角。1978 年，苏叔阳的《丹心谱》和宗福先的《于无声处》两部戏剧，表达了人们要求恢复正义、良知、公理的愿望，引起了极大的轰动。这些社会问题剧继承了斯坦尼斯拉夫斯基的现实主义话剧传统，深刻反映了当时人民群众普遍关心的问题，引起人们思考，虽然存在思想大于艺术的局限，但为戏剧的繁荣发展提供了可能。

不久，社会问题剧开始衰落，戏剧家开始对戏剧进行反思和探索。"戏剧家们痛苦地看到，前些年观众狂热般地把掌声和喝彩声献给《于无声处》（宗福先）、《报春花》（崔德志）、《权与法》（邢益勋）、《未来在召唤》（赵梓雄）等社会问题剧，那并非戏剧魅力本身所引起的，而是因为剧作宣泄出对'文革'强烈悲愤的政治激情在人们心中的共鸣。而当人们走出噩梦，憧憬美好的未来，在艺术上去寻求更新更美的戏剧时，问题剧的宣教模式就不再能满足观众多向发展的审美需求。反思中的戏剧家又痛苦地看到，前些年那些批判帮派政治的问题剧，其艺术武库中的武器真是少得可怜。充其量不过是新中国前17年话剧模式的沿袭，有些剧作甚至用帮派文艺的手法批判帮派政治。这样的戏剧怎么能够拉得住观众？"[1]造成这种现象的原因是多方面的，一方面是由于观众审美品位的变化，社会问题剧模式的雷同使陌生化感觉消失，另一方面，话剧仅靠社会热点问题引发人们的关注，而不是艺术引起轰动，这本身就存在问题。这种内容政治化、结构单一化、人物观念化的戏剧模式受到了诘难。此时，话剧这种艺术形式需要转型，且迫在眉睫。

这时，小剧场戏剧作为一种新的演出样式出现了。由于种种原因，20世纪20年代末30年代初在我国出现的小剧场戏剧运动未能深入地发展下去。直至1982年，在北京人艺上演的小剧场戏剧《绝对信号》，被公认为是中国新时期以来小剧场戏剧运动的发端。此后，小剧场戏剧逐渐在中国发展起来。

新时期以来的小剧场戏剧运动被称为中国剧坛小剧场戏剧的"第二次浪潮"，许多学者都认同这一观点，杜林曾将小剧场戏剧分为两次浪潮，一次是新中国成立前，一次是20世纪80年代之后的新时期。[2]吴戈也曾提出："中国的小剧场艺术的第一次浪潮，滥觞于'五四'新文化运动中"，"六十多年后，中国剧坛掀起了小剧场戏剧的第二次浪潮"。[3]

---

① 胡星亮：《二十世纪中国戏剧思潮》，江苏文艺出版社1995年版，第329页。

② 杜林：《阿尔托与中西后现代戏剧》，辽宁师范大学出版社2014年版，第169—170页。

③ 吴戈：《中国小剧场戏剧的两次浪潮》，南京市文化局艺术研究所、南京市话剧团编：《小剧场戏剧研究》，南京大学出版社1991年版，第16、22页。

第一节　新时期小剧场戏剧的发端

一、话剧《绝对信号》的演出

1982年9月19日晚，由高行健、刘会远编剧，林兆华导演的小剧场话剧《绝对信号》在北京人民艺术剧院一楼排练厅上演。这是一部突破传统戏剧观念的小剧场话剧，也成为新时期中国小剧场话剧运动的开端。剧作揭示的是一个青年人在冲突中如何选择自己人生道路的问题，在车匪铤而走险即将造成列车颠覆的生死关头，剧中每个人都做出了自己的选择。剧情发生在一列货车尾部的守车车厢里。老列车长忠于职守、坚持原则又不太讲人情；年轻的见习车长小号，则是一个品质不坏，但又有点麻痹和散漫的青年。小号和无业青年黑子是同学，他不顾车长的反对，把黑子和一个女青年蜜蜂带上了车，趁机混上车的还有一个车匪。车匪利用黑子对社会的不满心理和"想发点财"的欲望，拉黑子下水。戏剧矛盾围绕黑子、蜜蜂和小号三人的关系、老车长和车匪之间的较量展开，黑子最终在蜜蜂的鞭策下醒悟，识破车匪的阴谋，阻止了车匪的抢劫逃跑意图，小号在紧急中发出"绝对信号"（亮出红灯），列车最终安全进站。

剧情虽然简单，但戏剧表现手法在当时却很新颖。首先，话剧表现的不仅有"现在进行时"的剧情，而且既表现了正在列车中发生的事情，也表现了人物回忆过去的事情，如黑子和小号分别与蜜蜂之间发生的感情纠葛，甚至还表现了人物想象中的、尚未发生的事情，用来展现人物的心理活动。过去的事情如何呈现于舞台上呢？剧作采用"动作化"的形式，在一个"现在进行时"的时序下，将当下正在进行的活动、过去发生的事情和人物的内心感受与想象的没有发生的事情都呈现于舞台之上，时空互相交错、叠合，共同构成完整的艺术。剧作充分运用戏剧的假定性，以不同的灯光处理不同的时空。比如，当黑子在车上意外遇到蜜蜂时，由于当时情势使两人都不能明言他们真实的目的，于是，一束白光将他们两人罩住，让他们各自说出自己内心的话，直接将他们的内心世界表现出来。而随着白色光圈的消失，他们又回到了当前的情境中。而当黑子坐在椅子上回忆与蜜蜂的恋爱时，舞台灯光又变成了蓝色光圈，过去的事情变成了现实的剧情。其次，打破了戏剧舞台上的第四堵墙，打破独立的舞台假定性，要求演员与观众直接交流，甚至直接到观众中去，如"进入蜜蜂的想象"那段戏，演出本的舞台指示就规定，蜜蜂随着笑声从车体中走到观众面前。再次，剧作采用象征的手法，象征化的舞台图像，奔驰的列车或象征人生的旅途或象征其他，都给观众以无穷的想象空间。

另外，《绝对信号》采用三面观众演出的方式，观演关系的变化改变了舞台形态、舞台语汇，也改变了观赏戏剧的方式。

《绝对信号》的演出引起了轰动。当时是内部演出，许多观众都是从山东、上海等地过来的，原本只能坐 100 多人的排练厅来了几百人，没有座位就站着看，内部演出连续演了十几场。1983 年第 2 期《戏剧学习》杂志上开设了"《绝对信号》剧组艺术创作构思荟集"专栏，共有 10 篇评论文章。

二、《绝对信号》的演出背景及演出情况

实际情况是，《绝对信号》并不是高行健写的第一部剧作，他先写了剧本《车站》，因实验性太强没能排演，后来写了现实主义题材的《绝对信号》，才

得以在小剧场上演。

1998 年，有一次访问林兆华时，他说高行健是先有了《车站》的想法，来和他沟通，林兆华一听不像过去一般性的那样的结构，觉得挺新鲜，人们总在这车站等啊等，等了十年车还是不来，他们还在等，最后才有人发现车站牌子上声明此站改了地方。高行健把剧本写出来后，林兆华想排演，但因这戏比较荒诞，这时上演不太合适，结果没排成。[1] 高行健于是又写了《绝对信号》剧本，林兆华谈到了当时的审查、排演和演出过程。

交给剧院，剧院觉得这个本子有故事、有人物、有情节，从观念上说可以接受了。但问题还是有，剧中的黑子是个待业青年，待业又是一个大的社会问题，而且他对前途没有一个乐观态度，老说一些牢骚话，所以这本子开始也没通过，后来我跟高行健商量，朝着"挽救失足青年"那边改，就这么先应付着，到排练场再说。当时剧院要到外地进行两个月的巡回演出，我提出来能不能给我几个演员排这个戏，作为小剧场的实验。那时还没确定演出，你不是觉得有问题吗？咱排出来看。我动员林连昆来演老车长，他还从来没演过主要的正面角色。那时我们心气儿真好，大热天，在丰台找一废车厢，就在那儿排。这戏排出来以后，就在人艺一楼小排练厅"内部演出"，连布景都没做，用灯光箱子当车底，钉个梯子，一小桌，三把椅子，中间一工具箱，差一个追光，我说就用五节电池的大手电筒自己打，就那么简单，主要在火车现实行进当中展示心理空间。1982 年还没什么小剧场这类的演出，我那时就要求演员别有演戏感，观众觉得特别亲切，来的人很多，站着看的都有，演出完不愿意走的观众，当场座谈。记得党委和艺术委员会审查的那天，我紧张得透不过气来。演出结束后八九分钟没有人讲话，你想想多可怕的沉默，

---

① 《访问林兆华》，孟京辉编：《先锋戏剧档案》（增补版），作家出版社2011年版，第376页。

幸好一位老艺术家真诚地讲了他的看法："我演了几十年戏了，这样的戏我没看过，四川不是有怪味豆嘛，特殊的味道挺好……怪味豆……可以叫观众品尝品尝……"谢天谢地！剧院决定内部试验演出，不售票。

这戏完了以后反响非常大，评论家童道明、林克欢这批人就特别支持这个戏，晚报也展开讨论，觉得话剧还能这么演。当然也有反对意见，觉得这不是人艺风格。剧院一看反映挺好，再加上剧院一部分中老年演员也比较震惊，就让公演了。演出地点还是在一楼小排练厅，人挤得满满当当的，满足不了要求了，演了10多场，经过大家要求，就到了现在三楼的宴会厅演出，每场200多人，椅子都是临时的，分两个阶段演了七八十场，后来还有观众，又拿到大剧场演（本来是小剧场的戏，大剧场演出感觉不好）。那戏总共演了100多场，演到了1983年。这戏出来以后，戏剧界觉得挺好，出了本小集子《舞台艺术探索》，曹昌先生也挺支持的，还给我和高行健写了一封信。反正那个戏算征服了一些人，搞戏曲的人认为我用了戏曲的手法，搞电影的人认为我用了电影镜头的手法，我倒真没这么去想，但确实比较自由地去排了。[1]

据高行健回忆，《绝对信号》试演时，"在排演厅里，连堆在角落里的旧景片和梯子上都站满了观众。公演的时候，在人艺三楼由宴会厅改成的小剧场里，最后一排座位后面的走道上都挤满了人。这在人艺的历史上恐怕是没有过的"。《绝对信号》在北京人民艺术剧院公演时的小剧场，每场可容百人左右，演出大受欢迎。《绝对信号》作为小剧场演出，从审查到排演，过程是艰难的，正是由于这种带有试验性的小剧场演出，开创了新时期小剧场的演出形式。高行健后来说："我们在中国开创了小剧场的这种演出形式，观众三面围绕着演出的小平台，演员和观众的距离近在咫尺。"[2]

---

① 《访问林兆华》，孟京辉编：《先锋戏剧档案》（增补版），作家出版社2011年版，第377页。

② 高行健、马寿鹏：《京华夜谈》，高行健：《对一种现代戏剧的追求》，中国戏剧出版社1988年版，第162页。

　　《绝对信号》在小剧场公演 100 场的时候，北京人民艺术剧院曹禺院长发了贺电。1983 年在高行健、林兆华给曹禺的信中，认为需加强话剧"作为活人的演员同作为活人的观众的交流"[1]。有趣的是，信中还提到《绝对信号》也曾在大剧场里演过，但"效果比小剧场尚差一些"[2]。高行健、林兆华也提出了他们的戏剧理论探索，认为中国戏剧要借鉴戏曲的长处："在近乎戏曲舞台的光光的舞台上，只运用最简朴的舞台美术、灯光和音响手段，来创造出真实的情境。也就是说，充分承认舞台的假定性，又令人信服地展示不同的时间、空间和人物的心境，这都是我国传统戏曲之所长。我们想取戏曲艺术之所长来丰富话剧的艺术表现手段。"[3]

　　高行健和林兆华重视小剧场演出这种形式。林兆华说："我不是反对斯氏和易卜生，他们都是戏剧史上的大师，我们没有他们的功力。我想琢磨的是，除了他们的路子，戏剧艺术是否还有别的路子。我希望拿到不像易卜生式的本子……这次《绝对信号》这个不像戏的戏，给我提供了基础，我将在最便于与观众产生交流的小剧场进行试验。"[4] 高行健也说："要能把小剧场搞起来就太好了。"[5]

---

[1]　曹禺、高行健、林兆华：《关于〈绝对信号〉的通信》，《高行健戏剧集》，群众出版社1985年版，第7页。

[2]　曹禺、高行健、林兆华：《关于〈绝对信号〉的通信》，《高行健戏剧集》，群众出版社1985年版，第8页。

[3]　曹禺、高行健、林兆华：《关于〈绝对信号〉的通信》，《高行健戏剧集》，群众出版社1985年版，第8页。

[4]　高行健、林兆华：《谈〈绝对信号〉的艺术构思》，高行健：《对一种现代戏剧的追求》，中国戏剧出版社1988年版，第101—102页。

[5]　高行健、林兆华：《谈〈绝对信号〉的艺术构思》，高行健：《对一种现代戏剧的追求》，中国戏剧出版社1988年版，第102页。

第二节　新时期小剧场戏剧产生的背景

新时期国内小剧场戏剧产生的背景是极其复杂的，是多种因素的结果。

一、西方戏现代派理论的影响

新时期之初，西方各种文学思潮、文学理论的介绍纷纷涌入。1978 年开始，许多翻译、编选著作相继出版，如柳鸣九的《论遗产及其他》（上海文艺出版社，1980 年），陈焜的《西方现代派文学研究》（北京大学出版社，1981 年），石昭贤等编著的《欧美现代派文学三十讲》（贵州人民出版社，1982 年），袁可嘉主选的《外国现代派作品选》（上海文艺出版社，1981 年），骆嘉珊选编的《欧美现代派作品选》（云南人民出版社，1982 年），高行健的《现代小说技巧初探》（花城出版社，1981 年）等；在现代主义戏剧理论方面，有季明琨等翻译的苏联霍洛道夫的《戏剧结构》（华东师范大学出版社，1981 年），柳鸣九选编的《萨特研究》（中国社会科学出版社，1981 年），中国社会科学院外国文学研究所等编的《外国现代剧作家论剧作》（中国社会科学出版社，1982 年），罗小凤选编的《编剧艺术》（文化艺术出版社，1986 年），张绍儒翻译的《欧美现代戏剧史》（上海文艺出版社，1988 年）等；剧作方面，有施咸荣等翻译的《荒诞戏剧集》（上海译文出版社，1980 年）等；在演出方面，美国阿瑟·米勒的《推销员之死》和瑞士迪伦马特的《贵妇还乡》等先后被搬上舞台。

20 世纪 80 年代是一个思想开放的年代，西方各种文学理论流派、戏剧理论给话剧工作者的思想以极大解放。1980 年王蒙的中篇小说《蝴蝶》和之前的小说创作风格相比有所变化，有评论家称其为"意识流"表现手法。1983 年左右，小说界在争论"现代派"，诗歌界在讨论"朦胧诗"，戏剧界在进行形式探索，足见西方现代派的影响。从某些程度上讲，"现代派"的频繁使用实际上是出于一种话语需要，打破以往的创作模式。

这种时代氛围也展现出作家的"焦虑"和读者的期待阅读。1981 年，高行健在《随笔》①上连载的一系列谈现代小说技巧的文章，在黄伟经提议下结集成了《现代小说技巧初探》，由花城出版社出版。这本书得到了王蒙的热心支持，他在《小说界》上发表了一封给高行健的公开信。不久，刘心武在《读书》上又对该书进行推荐，《上海文学》杂志上发表了冯骥才、李陀、刘心武三人有关这本书的通信，给予《现代小说技巧初探》很高的评价，但这也引起了一些批评家的批评。

1981 年 9 月，高行健的《现代小说技巧初探》出版。正是这本薄薄的 130 页的小书，在 20 世纪 80 年代的中国引起了一番震动。在那个西方现代文学长期被禁锢的年代，冯骥才阅读后，在给李陀的信中写道：

> 我急急渴渴地要告诉你，我像喝了一大杯味醇的通化葡萄酒那样，刚刚读过高行健的小册子《现代小说技巧初探》。如果你还没见到，就请赶紧去找行健要一本看。我听说这是一本畅销书。在目前"现代小说"这块园地还很少有人涉足的情况下，好像在空旷寂寞的天空，忽然放上去一只漂漂亮亮的风筝，多么叫人高兴！②

---

① 《随笔》是在1979年6月创刊的，先是丛刊，由广东人民出版社印行了十二集后，改为花城出版社主办。1983年第1期改为双月刊并定期出版。

② 冯骥才：《中国文学需要"现代派"！——冯骥才给李陀的信》，《上海文学》1982年第8期。

从而引发了随后关于"现代派"的讨论，这次讨论是以通信的形式展开的，通信在《上海文学》1982年第8期以"关于当代文学创作问题的通信"为题推出，讨论的三方分别是冯骥才、李陀和刘心武。冯骥才将阅读后的体验讲给李陀听，而李陀又向刘心武谈了阅读感受，转了一个圈后，刘心武又将解读感受讲述给冯骥才。

刘心武说：

> 高行健放出了好大的一个"风筝"（他那"风筝"确实算得上漂亮——但远非完美），你们二位的小风筝随即升起，先不论妍媸吧，总是一种打破"空旷寂寞"的气象，也即是春天的气象；今天我从刚收到的《小说界》上又读到一封王蒙给高行健的信，也是议论他那《现代小说技巧初探》的，可见在我视野中升起的风筝已多达四个（王蒙的那个我觉得也难说漂亮，只能说可喜），我虽不才，逢此阳春时气，又怎按捺得住心痒呢？故而也写此信，参与讨论，算是给天空再增添一只"风筝"——我这"风筝"很可能不仅不漂亮，而且简直就是一只粗陋的"屁股帘儿"，不过，总也能添上一点热闹吧？①

高行健的《现代小说技巧初探》在当时能成为畅销书，其中一个重要原因就在于它以通俗易懂的语言，对现代派的叙述语言、人称转换、意识流、怪诞与非逻辑、象征、情节结构、时间与空间等进行了详细介绍，这给当时的文艺界以极强的震撼。同时，作为"现代派"文学早期实践者的叶君健为该书作序，也加强了该书的权威性。

20世纪80年代初的文坛，作者和读者都很焦虑。80年代初，冯骥才在给刘心武的一封信中，表述了一种"焦虑"："下一步踏向何处？"对以后的

---

① 刘心武：《需要冷静地思考——刘心武给冯骥才的信》，《上海文学》1982年第8期。

创作存在困惑，这不仅仅是他一个人的创作困境，以私人通信的方式讲述自己创作中遇到的难题，或许意味这也是一个关乎时代文学、关乎一代作家集体性与共同性的问题。[1] 作家们在收获赞美的同时，也期待创作上的突破。冯骥才说："我们这辈作家（即所谓'在粉碎"四人帮"后冒出来的'一批），大都是以写'社会问题'起家的"，"哪怕我们写得还肤浅、粗糙，存在各种各样明显的缺陷，每一篇作品刊出，即收到雪片一般飞来的、热情洋溢的读者来信"。[2] 问题是，一方面当时的社会问题逐步得到解决，另一方面读者能被社会问题小说、戏剧所吸引，说明社会问题剧不仅仅依赖文学、艺术自身的魅力所起的作用。

与此同时，读者的期待阅读也发生了变化。叶君健在给高行健《现代小说技巧初探》作的序中说："现代人的文化水平高了，知识多了，眼界宽了，作者也是一样。观察和认识事物的能力因而也强了，复杂化了，按照常规写小说——也包括其他形式的文艺作品，甚至像建筑之类的东西，已经不能满足现代读者的要求，作家们自己也不愿意这样做。于是标新立异，各自创新，因而流派风格也特别多起来，形成一种'百花齐放'的局面。在欧洲十九世纪后半期这个局面就已经出现，现在尤其是如此。这是时代发展的必然结果，不以人的意志为转移，也不是什么个人的力量可以推动它或阻止它的"，"人们对事物的认识也跟着起了很大的变化，因此表现这种认识的方式也与蒸汽机时代不同，在文学艺术上从而也就有许多不同的流派、表现形式和风格出现。这也是一种自然现象，不必大惊小怪。相反，我们还应该加以重视，进行研究，特别是如果我们想要向世界开放、参与世界的文化生活的话"。[3]

---

① 尹昌龙：《1985延伸与转折》，山东教育出版社1998年版，第133页。

② 冯骥才：《下一步踏向何处？——给刘心武同志的信》，彭华生、钱光培编：《新时期作家创作谈》，人民文学出版社1983年版，第497、498页。

③ 高行健：《现代小说技巧初探·序》，花城出版社1981年版，第2、5页。

　　《现代小说技巧初探》出版后受到一些批评，先是在文学界，继而在整个文艺界开展了一场对现代主义的批评，也波及"朦胧诗"和实验戏剧，而且还触及对西方现代文学的译介与研究。

　　这场争论始于王蒙。20 世纪 80 年代初王蒙的一些小说发表后，先有对王蒙的一些用意识流手法写的小说的非议，对此严文井在《北京晚报》上发表公开信支持王蒙。高行健曾对这场论争的意义提出了自己的看法："虽然这场争论像中国当代文学遇到种种论争一样，也派生出许多非文学的问题，把这场争论的面目弄得有些模糊了，但毕竟不失为一场关于文学自身的问题的讨论，而且是四九年以来中国当代文学中难得的就文学自身问题的一场大争论。这也正是这场讨论的意义所在。中国文学从政治、思想、社会、伦理的是非论争终于走到讨论起文学自身的方法与技巧，不能不说是一大进步。还应该说，这场争论对中国文学今后自身的发展也已经产生了不容忽视的影响。"[1]这场论争是从形式开始的，有别于内容的争论："中国文学以往的讨论总在内容决定论的框子里，以内容的是非之辨替代了文学形式、方法和技巧的研究。这场争论却恰恰从后者开始，而文学之所以为文学，重要的正是后者。这一个世纪以来，西方现代文学的种种变革往往来自对文学的方法和手段的新的认识，这几乎成了规律。"[2]作为"现代派"潮流的回荡"一九八五年前后又出现了一阵所谓'寻根'的波澜。'寻根'与'现代派'又互为联系"[3]。

　　文学领域是这种氛围。在西方文学理论大行其道时，布莱希特戏剧理论、波兰格罗托夫斯基的质朴戏剧、苏联梅耶荷德的假定性现实主义、法国阿尔托的残酷戏剧和贝克特等的荒诞派戏剧等，都被介绍到中国剧坛，对中国戏剧家的观念形成了强烈冲击。中国戏剧必须变革，借鉴西方现当代戏剧以寻求新的创造。在此大环境下，新时期先锋戏剧开始异军突起，甚至一度占据

---

[1]　高行健：《迟到了的现代主义与当今中国文学》，《文学评论》1988年第3期。

[2]　高行健：《迟到了的现代主义与当今中国文学》，《文学评论》1988年第3期。

[3]　高行健：《迟到了的现代主义与当今中国文学》，《文学评论》1988年第3期。

了新时期话剧的半壁江山。20世纪90年代末期以来，在整个不景气的戏剧大环境里，先锋实验戏剧依然大行其道，成为戏剧主流。新时期以来，戏剧领域涌现了一大批具有"先锋"倾向的作家和导演，如孟京辉、林兆华、过士行等。

杨文华对西方现代主义戏剧对中国戏剧的影响进行了探讨："中国戏剧界再次大量引进西方现代主义戏剧，借鉴西方戏剧的新形式和新技巧，把变形、荒诞、象征、暗示、直喻等表现手法搬上中国戏剧舞台，兴起一股戏剧探索热。"[1]正是由于形式上的探讨，"新时期是中国话剧的转折期，由写实主义一花独放转向百花齐放。自'五四'以来，由于中国的特殊国情，中国的文学和戏剧一直关注的是思想启蒙和现实人生，致使中国话剧舞台上长期占统治地位的是易卜生式的写实主义戏剧和斯坦尼式的幻觉主义表演体系。这种单一的戏剧模式已经走向僵化，落后于时代，话剧出现了深刻危机，话剧也面临现代化的问题"[2]。进而他谈到了西方现代主义戏剧对中国戏剧舞台演出的影响："在西方现代主义戏剧的影响下，中国话剧的艺术视觉发生了转向：或向人物的心灵深处开掘，使中国话剧的重心由外向内转，着重表现一定情境下人物的情绪和心态，'内向化'成为新时期话剧的一大趋向，如《屋外有热流》《绝对信号》等；或向人的理智开掘，由追求动情的乐趣转向追求思考的乐趣，着重表现作家对社会人生的哲理思考，'哲理化'成为新时期话剧的又一趋向，如《一个死者对生者的访问》《车站》等。同时，致力于多种艺术元素综合表现的戏剧实验，广泛借鉴吸收音乐、绘画、舞蹈、造型，乃至杂技、游艺等形式，调动一切艺术手段进行综合利用，发展戏剧艺术的综合优势，'综合化'成为新时期话剧的又一趋势，如《野人》《WM我们》等。现代主义对中国剧

---

[1]　杨文华：《西方现代主义戏剧对中国戏剧的深层影响》，《山西师大学报（社会科学版）》2006年第4期。

[2]　杨文华：《西方现代主义戏剧对中国戏剧的深层影响》，《山西师大学报（社会科学版）》2006年第4期。

坛的强烈震撼和冲击，彻底改变了长期以来戏剧园地现实主义一花独放的局面，使中国剧坛出现了异彩纷呈、百花齐放的多元化气象。"[1]

二、戏剧自身发展的需要

自话剧这门艺术传入我国，现实主义的"斯坦尼斯拉夫斯基体系"始终占据主导地位。新中国成立后，政治等各方面的原因更使这一体系一枝独秀。在文艺为政治服务的要求下，话剧舞台的宣传教育功能被夸大，话剧承担着政治思想传声筒的职责，奉行的是现实主义的创作方法，逐渐形成了趋于僵化的创作模式。

20世纪80年代左右，西方现当代戏剧作品在中国陆续被翻译出版，如何借鉴其艺术经验，发展我国戏剧，成为摆在戏剧理论家面前的一个课题。80年代初，布莱希特的叙述体戏剧理论、阿尔托的残酷戏剧理论、格罗托夫斯基的贫困戏剧理论等都已在一些戏剧刊物上有所介绍，荒诞派戏剧集已出版，布莱希特的名剧《伽利略传》也已上演。国内剧作家开始借鉴国外戏剧新手法，涌现出一些剧作，如《绝对信号》《车站》《我为什么死了》《屋外有热流》等，也需要戏剧理论家运用新的理论武器重新进行评论。

新时期以来，斯坦尼斯拉夫斯基体系逐渐开始有了松动，于是，一些话剧开始有了实验倾向，这在1979年谢民的《我为什么死了》一剧中即初见端倪。宗福先和贺国甫合作的《血，总是热的》，以罗心刚为中心，把四面八方的光线集中到一点，照亮这个人物的各个侧面，使之放出异彩，剧作力图打破三面墙和"三一律"限制，争取舞台时空与空间更大的自由度，剧作呈现出结构的散文化、电影化的倾向。《陈毅市长》以陈毅为中心，截取各个片段连接在一起，形成"冰糖葫芦串"式的叙事结构。

---

① 杨文华：《西方现代主义戏剧对中国戏剧的深层影响》，《山西师大学报（社会科学版）》2006年第4期。

这些形式的变化，被一些评论家敏锐地捕捉到了。陈白尘曾在话剧剧本讨论会上说，看到宗福先第二个戏不同于第一个戏，"我很高兴，说明作家不断在探索，这是很可宝贵的，他是一个很有希望的年轻剧作家"[1]。陈恭敏认为要根据话剧题材的不同，采用不同的表现形式："以内心生活为题材和以客观事实为题材，在结构形式上就会截然不同。"[2]陈恭敏对于剧作者热衷于探索剧作的新形式和新手法进行了肯定。

陈恭敏明显地感受到了时代的变化，在当时一个新旧交替、除旧布新的时代，对于结构形式、戏剧手法会有所创新："题材的性质就起了变化。以内心生活为题材和以客观事实为题材，在结构形式上就会截然不同。"[3]

针对 1977—1980 年的社会问题剧，曹禺在《戏剧创作漫谈》中谈到了三年来的戏剧创作中的问题，"现在有的戏仅仅写出了一个问题，问题便是一切，剧中人物根据问题而产生。人物有的站在问题的这一面，有的站在问题的那一面，有的站在问题的中间。于是出现了正面人物、反面人物、中间人物"。这让曹禺感到"有些人物是捏出来的，也就是按作者的意愿与需要捏出来……就是有许多不自然的地方"，对于这种现象，曹禺提出了三点建议：一是"写社会问题剧，要对人类的精神世界和生活的哲理有一定的认识……要注意提高"；二是要"有思想性"，"在人物身上应当体现出时代的精神"；三是要注意艺术技巧问题。[4]他较早地指出了话剧创作中公式主义、教条主义的问题，重在内容方面。田本相对曹禺的看法非常认可："曹禺的批评不仅是对新时期出现的社会问题剧问题的批评，而且是对于中国话剧特别是新中国成立以来的话剧创作的痼疾——公式化、概念化、教条主义提出的批评，并且指出了一条戏剧创作的广阔的道路。"[5]

---

[1]　陈恭敏：《戏剧观念问题》，《剧本》1981年第5期。

[2]　陈恭敏：《戏剧观念问题》，《剧本》1981年第5期。

[3]　陈恭敏：《戏剧观念问题》，《剧本》1981年第5期。

[4]　曹禺：《戏剧创作漫谈》，《剧本》1980年第7期。

[5]　田本相、宋宝珍、刘方正：《中国戏剧论辩》（上），百花洲文艺出版社2007年版，第453页。

李恍读了曹禺的《戏剧创作漫谈》后，深有感悟，对于当时话剧创作的问题，他写道：

> 赶任务，等米下锅，调整比例，题材转舵，抢节令、纪念活动以及目前明显起来的剧团要"开饭"，诸如此类等等，造成作品先天不足的"早产"。尤其是要把某时某地发生的一个什么问题，搬上舞台，于是，作者来去匆匆，仓促完稿。通篇是一个问题的全部，写出来的是一个"行业"，剧中人物是一群"行当"。人物只是性别、年龄、职业，和带表情符号的类型代表。他（她）们站在矛盾的双方，从始至终，你往东，我往西，你打狗，我骂鸡，直到一方欢乐一方愁。人物成了舞台图解中的化装解说员，故事完了，解说员也就和观众再见了。这样的故事尽管可以编圆，但，塑造人物这个创作中最重要也最困难、最吃工夫的一环，却采用了违背艺术规律的机械生产方式。这种机械生产的精神产品，使作者备尝艰辛。不幸的是，至今，有时有的生产关系还经常乐道或习惯于这种生产方式。这样产生的作品，数量虽多，往往给人的印象却是："在似相仿佛的背景里，描写了一个似曾相识的类型人物；用相差无几的方法，解决大同小异的问题。""题材决定"和"主题先行"的统治太久了。[1]

关于剧本创作，1980 年 2 月召开了"剧本创作座谈会"，是第四次文代会之后的一次重要会议，胡耀邦发表了《在剧本创作座谈会上的讲话》，周扬发表了《解放思想，真实地表现我们的时代——谈有关当前戏剧文学创作中的几个问题》。曹禺的文章发表于 1981 年 4 月，当时剧本的创作出现了一些问题。曹禺所提到的社会问题剧中根据问题设置正面人物、反面人物、中间人物，这恰恰是"文革"文学的特点。当时的文艺界不只话剧界存在这种现象，

---

① 李恍：《引我深思——读曹禺同志〈戏剧创作漫谈〉有感》，《剧本》1980年第11期。

文学界也有。当时轰动一时的伤痕文学代表作《伤痕》，是新时期以来脱离"文革"文学模式的重要作品。从结构上来看，"仍是一篇'文革'模式的小说。'文革'模式有几个要素：一、以正确路线的英雄为主体；二、英雄以正确路线团结和唤起广大群众与反动路线和势力进行斗争；三、正确路线英雄最后取得胜利；四、这三点形成了作品的光明主调"①。

对此，陈白尘有着较为直观的感受："第一个戏是《于无声处》，还有《枫叶红了的时候》，等等。这些作品很受群众的欢迎，但严格说它们的创作方法仍然是'十七年'中的老套子。"②

陈恭敏提到，曹禺1980年发表的《戏剧创作漫谈》，"实质上提出的仍然是一个'戏剧观'的问题"③。这个界定还是稍有勉强的。曹禺一文主要针对1977—1980年的话剧，尤其是社会问题剧所存在的问题，提出了建议。陈恭敏认为曹禺批评的是"公式主义的'形象图解'"。陈恭敏看到了当时的社会问题剧和西方的不同："我们的某些社会问题剧明显地受'文以载道''高台教化'传统观念的影响，并不同于在现代心理学基础上发展起来的以易卜生为代表的社会问题剧。"④

三、高行健的戏剧理论与实践推动

高行健是新时期戏剧史上一个绕不开的人物，无论在戏剧理论还是戏剧实践方面，他都提出了许多——在当时来说——新颖的见解和主张，并将之诉诸戏剧实践之中。高行健的戏剧观受到布莱希特戏剧理论的启发，他提出在戏剧创作中大量吸收西方现代派的戏剧手法，力图探索中国现代戏剧发展的新路。

---

① 张法：《伤痕文学：兴起、演进、解构及其意义》，《江汉论坛》1998年第9期。
② 陈白尘：《从话剧危机谈到它的出路》，《文艺争鸣》1986年第1期。
③ 陈恭敏：《戏剧观念问题》，《剧本》1981年第5期。
④ 陈恭敏：《戏剧观念问题》，《剧本》1981年第5期。

　　1940 年 1 月高行健出生于江西赣州，幼年时受曾为剧团演员的母亲的影响，开始喜欢戏剧。1957 年，高行健考入北京外国语学院（今北京外国语大学）法语系，在大学期间，他阅读了大量的剧本和小说。1960 年，他和同学一起成立了"海外剧社"并组织演出。1962 年，高行健毕业后，先在中国国际书店从事翻译工作，1981 年调任北京人民艺术剧院做编剧。

　　高行健读大学时，成立了"海外剧社"，曾开过斯坦尼斯拉夫斯基体系的讲座，一开始排演的是契诃夫的《万尼亚舅舅》。他后来转向瓦赫坦戈夫和梅耶荷德、布莱希特，"布莱希特所以吸引我，是因为他的戏剧观念和表现形式同那种企图在舞台上再现生活的本来面目并且努力在舞台上制造真实的幻象的戏剧截然不同"①。

　　1982 年，高行健与林兆华导演合作，创作了无场次戏剧《绝对信号》，在北京人民艺术剧院三楼宴会厅改成的小剧场里演出，因其新颖的戏剧观念和思想内容而引起轰动。同时，这场演出也开中国小剧场戏剧演出之先河，成为中国先锋实验话剧开始的真正标志。《绝对信号》在小剧场公演 100 场时收到曹禺的贺电。1983 年，无场次戏剧《车站》做了 10 多场内部演出，该剧内容上有较强的荒诞色彩，舞台探索远远超过《绝对信号》。《绝对信号》在人艺连续演了 100 多场，高行健说："《绝对信号》就是这样一出不同于契诃夫式的、不靠斯氏的那种挖掘潜台词的方法来演出的现代心理剧。"②

　　随后，高行健发表了 4 出现代折子戏《模仿者》《躲雨》《行路难》《喀巴拉山口》。1984 年，他发表独角戏《独白》。1985 年，高行健发表并演出了规模宏大、结构复杂的戏剧《野人》，对戏剧的叙述、声调等做了全面实验，称之为"多声部复调现代史诗剧"。

---

① 　高行健、马寿鹏：《京华夜谈》，高行健：《对一种现代戏剧的追求》，中国戏剧出版社1988年，第156页。

② 　高行健、马寿鹏：《京华夜谈》，高行健：《对一种现代戏剧的追求》，中国戏剧出版社1988年，第162页。

20 世纪 80 年代之前的中国戏剧舞台，斯坦尼斯拉夫斯基的现实主义戏剧模式一统天下。新时期以来，随着戏剧危机的出现，戏剧观念和实践变革势在必行。在这场戏剧观念变革中，高行健无疑走在了前列，他先是出版了《现代小说技巧初探》，在小说手法创新方面进行了探讨。随后，高行健将探索领域移向他所感兴趣的戏剧，从 1982 年起写出了《现代戏剧手段初探》之《现代戏剧手段》《剧场性》《戏剧性》《动作与过程》《时间与空间》《假定性》，先后发表在 1983 年第 1 期、2 期、4 期、5 期、6 期、7 期的《随笔》上。从这时期高行健的戏剧理论主张中，可以明显看出对当时传统戏剧观念的冲击：

> 剧作可以写情节复杂的故事，也可以去展示生活的若干场景。还可以叙述事件的过程，并且加以分析与评说。也还可以无故事，无情节，非因果，非逻辑，代之以人物的心理活动，即所谓意识流和人在某种环境下的精神状态。还可以不去刻画人物的个性，求之以喻意的象征或意象，荒诞派剧作则经常沿用这类手法。而凡此种种手法又可以互相渗透，形成一些更富有表现力的多层次的复调的结构。众多的人物和戏剧动作的对位又是一种新的戏剧结构。

> 戏剧只要还有一个规定的情境，又贯串着动作，有矛盾，有差异，有对比，有过程，就仍然成戏。而构成戏剧动作的既可以是真实的人生，也可以是从对人生的认识的基础上升华起来的某种观念，只要能唤起观众的注意，不至于人走场空，就仍然成其为戏剧。

> ……有演员和观众的地方就会有戏，音乐、舞蹈乃至杂技和相声皆可以入戏。现代戏剧一旦回复到它的源起，就从单纯说话的艺术这条窄胡同里出来，重新找到可以驰骋的天地。[1]

在此戏剧观念下，高行健拓展了传统的以矛盾冲突组织剧情的戏剧模式：

---

① 高行健：《对一种现代戏剧的追求》，中国戏剧出版社1988年版，第6页。

现代戏剧艺术也还有另一条路子可走，那就是以戏剧的革新家契诃夫为代表的不讲究矛盾冲突，更不讲求情节，将生活本身展示在观众面前的那种生活的戏剧。左拉和高尔基的戏剧在艺术创作方法上大相径庭，然而，在剧作法上，却都是这个路子。他们都反对在戏剧中去精心结构情节和故事，着意展示的却是生活中自然真实的场景，人物身上也不留雕凿的痕迹，保留现实生活中活人的本来面目，而且不去借人物的口直接宣讲观念。包哥廷用这套办法来写十月革命，老舍用这套办法来写旧中国社会的变迁。奥斯本写的是二次大战后苦闷、颓废而又愤慨的一代英国青年，法国的克兰贝革前几年写的《裁缝铺》反映了战后女工的困苦生活，走的也都是这条戏路子。政治思想、哲学美学观全然不同的剧作家，戏剧观上则可以有其相通之处，并且采用了大致相同的戏剧表现手段。

这一类剧作之所以也能成戏，并且照样吸引观众全神贯注地把戏看完，显然不在于剧作家设置矛盾冲突的本领，他们从生活和生活中的活人本身的丰富多彩中找到了戏。而这类戏将生活和人越写得逼真，便越能抓住观众。他们结构戏的本领也就不在情节或悬念上打圈子，更为重要的是对生活场景的选择和对个性的生动刻画。生活即戏，且无限丰富，愣小子不一定就愣，大个子嗓门未必就大，那种单一的、表面上的性格化和一波三折的情节的老套子就被这样的剧作抛弃了，而是让现实生活中的活人真实地生活在舞台上，戏就在人物相互之间真实的关系中展开。[①]

高行健的这些思考写于 1982 年底，这年正是他的戏剧《绝对信号》上演之时。他的戏剧理论和剧作给当时剧坛以耳目一新之感，随后，高行健继续

---

① 高行健：《对一种现代戏剧的追求》，中国戏剧出版社1988年版，第16—17页。

在戏剧理论和戏剧实践上加以探索。在广泛吸取我国传统戏曲和各种民间艺术的基础上，高行健借鉴西方现代戏剧理论，冲破了长期占据我国话剧舞台的"易卜生—斯坦尼"现实主义戏剧模式。可以说，新时期高行健对话剧形式和内容的探索，达到了一定的深度。

20 世纪 80 年代戏剧危机的原因之一，就是电影、电视的发展分流了一部分观众。为了吸引观众重回剧场，高行健从西方戏剧理论中找到了"剧场性"，认为这是和电影、电视的重要区别之一："戏剧同电影或是电视都属于综合艺术，又都同样建立在表演艺术之上。而戏剧之区别于电影或电视正在于它的所谓剧场性。观众所以不上电影院去选择剧场，恰因为戏剧具备着这种独特的剧场气氛。"[1] 他认为中国戏剧若达到复兴，必须找回戏剧一度失去的剧场性：

戏剧可以没有布景，没有道具，没有灯光，没有音响效果，也不一定讲究服装，却不能离开表演。当生活中一切真实的细节都上了银幕或屏幕的时候，在舞台上企图再现生活中细节的真实就不免显得失之虚假，也就无此必要了。观众所以来剧场看戏，看的正是演员在假定的环境中表演角色。演员的表演原来就是戏剧艺术的生命。

戏剧也还可以有布景、道具、灯光和音响效果。而这一切在现代戏剧中，如果都像演员一样，也起到戏中角色的作用，同观众达到某种程度的交流，或者说调动了观众的想象力、理解力，并且给观众以强烈的感受，它们在舞台上也就获得了自己的生命。

戏剧也还可以不要舞台，只要有个演员同观众会见的场所，戏便可以在室内、广场上、街头以及任何一个空间中演出。而戏剧要求的只是同观众面对面的直接的交流。观众有求于戏剧的，就是要受到这番生动

---

① 高行健：《对一种现代戏剧的追求》，中国戏剧出版社1988年版，第8页。

的鼓舞。

　　戏剧只要捡回了他一度丧失了的剧场性，即使再回到舞台上来，也还会受到被电影和电视夺去了的观众的欢迎。那就是戏剧艺术复兴的时代，或者叫作活戏剧的时代。[1]

高行健认为，剧场性是观众与演员活生生的直接的交流，是"活戏剧""活人戏剧"，是戏剧最根本的优势所在，而之前的中国戏剧恰恰忽略了这一点，为此，要重塑戏剧的魅力，但"问题是，现今的戏剧有时忘掉了自己的这份魅力，往往用一堵透明的墙，像电视的屏幕一样，或者像冷冰冰的银幕，把台上台下演员同观众的这种交流自己给隔断了。现代戏剧艺术上的探索无非是企图捡回自己丧失了的这份魅力。这种魅力即所谓的剧场性，说穿了不过是演员同观众的直接交流。电影银幕上的表演也是能打动观众的。但那是预先设计好的、固定了的、一成不变的。观众只有被动地接受感动的份，无法同演员一起去享受艺术创作的愉快。电影演员呢，也只有在街上或集会时被观众认出来的时候，才报以一点新鲜的微笑。他们听不到观众的唏嘘叹息，更听不到观众的掌声。戏剧演员在创作过程中的那份愉悦他们就享受不到。可是，不知从什么时候起，话剧居然把电影的这个短处据为己有，把当众即兴的表演，把这门艺术中最闪光的那些瞬间慷慨地牺牲掉了，对话剧演员来说，该多么遗憾。现代戏剧艺术的探索则想把这种也最令观众动心的愉悦还给他们"[2]。

高行健从传统戏曲中吸取合理的养分："在传统的戏曲艺术中，演员通过亮相、提嗓子、身段和台步提起观众的注意力，在观众的注视中，直对观众抒发胸臆和情怀，有唱段和念白、独白和旁白。倘若是丑角，还能插科打诨。兴致所来，灵气顿起，还可以即席发挥到淋漓尽致的地步。活人与活人之间

---

① 　高行健：《对一种现代戏剧的追求》，中国戏剧出版社1988年版，第7页。

② 　高行健：《对一种现代戏剧的追求》，中国戏剧出版社1988年版，第9—10页。

这种活生生的交流，艺术创作中没有比这更动人心弦的了。现代话剧艺术没有理由不重新捡回这些手段。"[1]

要重塑戏剧的剧场性，高行健认为方法是多方面的，首先，可以先从剧场方面考虑，舞台的设置和小剧场是重要的手段。小剧场在西方早已盛行，是体现剧场性行之有效的方式。1982年高行健与林兆华合作的《绝对信号》在小剧场实验，表演区和观众区挨得很近，为国内首次小剧场演出。改造用大幕隔开的镜框式舞台，以拉近观众与演员之间的距离：

> 现代戏剧艺术的这种追求便导致了剧场的改造。于是，代之以被大幕隔开的镜框式舞台，纷纷出现了伸出式舞台、弧形舞台、中心舞台、环形舞台和多平台、多表演区的剧场。现代剧场的设置创造了种种新的空间，努力缩短观众同演员的距离，甚至于将演员与观众混合在一起。波兰的格洛托夫斯基的试验戏剧则最大限度地消除了这种距离，让观众同演员掺坐其间，在同一张桌上吃饭，戏就在餐桌上开场了。法国的太阳剧院编导演出的反映法国大革命的《1789年》，又成功地让剧场中央的观众，游动于四周的平台和表演区之间，从而不知不觉地充当了剧中的群众。
>
> 西方的小剧场运动，如今也包括苏联、东欧和亚洲的日本，已经成为一种相当普遍的戏剧演出形式。此外，法国的咖啡戏剧和美国的百老汇戏剧则室内室外，无处不可以演戏。
>
> 新近，北京人民艺术剧院上演的《绝对信号》，先是在排演场，后又在小宴会厅演出了。表演区和观众席连成一片，演员同观众的距离近有咫尺，演员把人物的内心活动袒露在观众眼前，不能不唤起观众强烈的共鸣。实践证明，这种试验同样也受到我国观众的普遍欢迎。

---

[1] 高行健：《对一种现代戏剧的追求》，中国戏剧出版社1988年版，第10页。

凡此种种，现代戏剧便把上个世纪末由法国的昂杜阿勒的自然主义戏剧和俄国的斯坦尼斯拉夫斯基的心理现实主义戏剧在剧场里竖起的那第四堵墙彻底打碎了，为促进演员同观众的直接交流提供了更多的条件。[1]

其次，可以打破戏剧的第四堵墙，让观众和演员交流畅通。高行健从国外戏剧理论中得到启发：

格洛托夫斯基却揭示了这门艺术的本质：戏剧之所以成其为戏剧，便贵在演员同观众的直接交流。这也就追溯到了戏剧的源起。

戏剧史上在近代有那么个不长的时期，在演员与观众之间竖起了一堵墙，虽然是透明的，毕竟是墙。这就是斯坦尼斯拉夫斯基式的俄国戏剧，与之相适应的则是易卜生创作中期的剧作法，戏大都写在演在客厅的三堵墙里。这种戏剧观盛行了不到一个世纪，被布莱希特把这个潮流改变了。他把古代行吟诗人的叙述方法引入到戏剧中来，让演员向观众解说，扮演剧中的如此这般。他也是从戏剧的源起中找到了现代戏剧的路子，而且他直言不讳承认从京剧中得到了启发。[2]

高行健在自己的戏剧中，把这些戏剧理论进行了舞台实践。在《车站》中，他进一步尝试了戏剧的剧场性："在《车站》这个剧作中，演员可以从他的角色中走出来，走向观众，面对观众，甚至在观众之中，同观众交谈自己的感受。这又是演员同观众直接交流的另一种更为贴近的办法。演员也还可以在走出他的角色之后，同观众谈论他的角色，同观众一起来评价、思考演员刚刚演过的那段戏。演员当然也还可以走回到他的角色中去，接着再演。观众对这

---

① 高行健：《对一种现代戏剧的追求》，中国戏剧出版社1988年版，第10—11页。

② 高行健：《对一种现代戏剧的追求》，中国戏剧出版社1988年版，第43页。

个角色自然会有进一层的感受与思考。"①毫无疑问，这些都是加强戏剧剧场性行之有效的手段。

在这些加强戏剧剧场性的手段中，高行健认为艺术上的创新是最重要的，舞台的变化仅是外面的途径之一："现代戏剧中演员同观众直接交流的手段是多种多样的，不一定只在剧场的建设上着眼。老的镜框式舞台不必捣毁重建，那是对已经建设起来的物质财富的破坏与浪费。在不损坏现有剧场设施的条件下，现代戏剧也还可以找到加强演员同观众交流的种种手段。我们不必抱怨缺乏现代化的剧场设施，当然也不拒绝旧剧场的改造。关键是，要在艺术上有创造精神，用于探索和试验，现代戏剧艺术就能找到办法，拉回剧场里失去了的那些观众。"②

四、对戏剧危机的焦虑

新时期之初，反思"文化大革命"造成的创伤，成为各文学、艺术的共同话题。话剧走在了各艺术门类的前列，一批反映现实问题、具有批判性的社会问题剧相继问世，成为人们宣泄政治悲愤和心情的艺术手段。

1977 年，金振家与王景愚创作的《枫叶红了的时候》，走在了新时期话剧文学复苏的前列。此后，1978 年苏叔阳的《丹心谱》和宗福先的《于无声处》相继问世，引起了极大的社会轰动。1979 年，社会问题剧空前繁荣。

然而，社会问题剧更多靠社会热点问题引起人们关注，并非艺术自身的力量引起轰动效应，随着社会问题的解决和陌生感消失之后，内容政治化、结构单一化、人物观念化的话剧模式受到非难，于是，话剧便面临了严峻的危机：观众流失、演员改行，甚至剧团解体。多年后有学者这样描述这场危机："进入八十年代以后，随着国家文化体制的改革，国家包办文化状况的改

---

① 高行健：《对一种现代戏剧的追求》，中国戏剧出版社1988年版，第13页。
② 高行健：《对一种现代戏剧的追求》，中国戏剧出版社1988年版，第13—14页。

变，中国话剧不得已走进了面对观众、面对票房价值的现实场景。在观众锐减、票房坍塌、新剧目无从排演、剧团生计困难的紧张现实面前，一直自我感觉良好的中国话剧才第一次发现，自己所面临的危机是如此的深刻。"[1]

新时期戏剧危机的出现是有先兆的。1977年至1980年，话剧创作涌现了《于无声处》《丹心谱》《报春花》《救救她》《血，总是热的》《陈毅出山》《左邻右舍》等优秀剧作。到了1980年初，话剧危机便已开始出现。有评论家这样描述："前不久还堪称时代宠儿的新时期话剧，竟一落千丈地跌落下来，差不多成了历史的弃儿。原先门庭若市的剧场，很快就变得门可罗雀那样冷清"，"可迫于无奈，许多剧团'弃文经商'，企图达到'以商养文'的目的。但是，这也无法阻止专业人员荒废乃至改行等不正常现象的出现，使话剧走入低谷，面临严峻的危机"[2]。一开始，学者们认为话剧创作思想、艺术形式、戏剧观念、演剧方式过于单调，无法适应新形势下观众的需要，认为戏剧危机主要原因是公式化、概念化地"图解观念"。吴乾浩提到，早在1980年全国戏曲剧目工作会议期间，就听到了"京剧危机""戏曲危机"之说。[3]柏木提到，"大约是在一九八一年，剧场的上座率开始大幅度地下降。这种下降的趋势，由大城市扩展到中小城市，现已蔓延到农村集镇"[4]。

1982年，戏剧危机开始浮出地表，方杰提到了戏剧面临的危机现状："最近人们又在为话剧担心。话剧上座不好已经不是个别地区和个别剧团的问题。据说有的剧院排出一个新戏，只演三四场就收场了。许多戏剧工作者为群众对话剧的冷落而苦恼，从而引起了他们的思索。"他认为"概念化是提高话剧创作的主要障碍"。[5]

胡伟民在1982年初提到，"最近，一位省话剧团的导演向我提出个问题：

---

① 黄浩、赵光：《中国话剧：在早夭的梦魇里——关于话剧危机论》，《戏剧文学》1990年第6期。

② 田本相主编：《新时期戏剧述论》，文化艺术出版社1996年版，第9页。

③ 吴乾浩：《中国戏曲剧种的命运和前途》，《戏剧艺术》1984年第4期。

④ 柏木：《上座率下降是坏事吗？——换一个角度看剧团改革》，《戏剧界》1983年第5期。

⑤ 方杰：《漫谈话剧创作的几个问题》，《戏剧论丛》1982年第1辑。

话剧存不存在危机感？他焦虑地说：'近年来，我们剧团的上座率很低。费心费时费钱排个新戏，往往演不了几场就收摊儿。结果出现了这样的情况：不演不赔，少演少赔，多演多赔。真不知观众究竟爱看什么？'他提出的问题很尖锐。这种情况，不仅在某些省市的话剧团中存在，就是在北京、上海，也不见得例外。"① 接着他解释了原因："也许，电影和电视的冲击是个重要原因。无可否认，20 世纪的'宠儿'——电影和电视的问世，给古老的舞台艺术带来一定的威胁。电影和电视充分利用现代科学技术的新成就，拥有极其丰富的表现手段。在展现客观世界时，无论是火山迸发，抑或露珠折光，都能细致逼真地体现出来。"这是外在原因，内在原因是"少了'真'和'新'"，"艺术的真实，是艺术的灵魂。然而，现在我们舞台上出现的人物，他们的思想、心理、性格和命运，还有相当大的虚饰成分"，"观众厌弃肤浅的乐观主义，要求舞台诚实，有远见，有真正的思想力量"。"其次，与艺术真实同等重要的，是艺术上的创新。我们的戏，如果艺术手法新颖，舞台语汇丰富，风格样式多彩，观众是不会漠然视之的。观众不来看，实在是对我们在艺术上缺乏独创性的无声的抗议"。他认为话剧发展的关键是"现代化"，而不是"民族化"。② "从内容上讲，应该深刻真实地反映当代中国人民的思绪、愿望和命运，抓住现代中国社会发展的真正症结（哪怕是一个侧面、一个局部）。从艺术上讲，剧本的结构方法和演出样式，都应大胆突破，探求新的节奏、新的时空观念、新的戏剧美学语言。易卜生式的剧作方法，在表现瞬息万变的现代生活，已经显得不够用了。镜框式的舞台，也在严重地束缚我们的创造力。为了突破常规，需要重新学习，向祖国古典的戏剧美学原理学习，向世界各种艺术流派借鉴、学习"，"话剧艺术的现代化，必然会对我们几十年来尊奉的易卜生式的剧作法和演出样式，以及斯坦尼斯拉夫斯基表导演理论来一次

---

① 胡伟民：《话剧要发展，必须现代化》，《人民戏剧》1982年第2期。

② 胡伟民：《话剧要发展，必须现代化》，《人民戏剧》1982年第2期。

冲击"。①

面对戏剧危机，一些学者、戏剧工作者开始寻找对策。1983 年，童道明在文章中提到"观众学"研究开始受到重视，也谈到了电影、电视艺术出现后，欧洲剧坛的应对；也提到了"运用破除舞台演出神秘感和幻觉性的手段，可以在一定程度上达到缩短舞台和观众距离的目的"，"加强剧场交流只是一种演出形式，它的目的是在于最大限度地发挥戏剧艺术固有的特长，有助于观众真正感觉到，他们进剧场看戏是一项无论是电影还是电视都无法提供的高尚文化生活。吸引观众的最可靠的保证仍然是，话剧要有能使观众激动的内容，要在广度和深度上提高话剧表现生活的可能性。我以为，在这方面话剧同样有一些需要加以突破的地方"。②

1983 年《戏剧报》第 1 期为开展话剧如何争取观众的讨论做了一个观众调查，《话剧观众调查提纲》如下：

请您写明真实姓名、年龄、性别、工作单位、职务、通信地址，并回答下列问题：

一、一九八二年一年中，您看过哪些话剧演出？

二、在您看过的这些话剧中，您最喜欢哪些戏，为什么？

三、在您看过的这些话剧中，您最不喜欢哪些戏？原因是什么？

四、在您看过的这些话剧中，您最喜欢哪些作者、导演和演员？原因是什么？

五、您认为当前话剧创作、演出中存在的最主要的问题是什么？

六、您认为要进一步繁荣话剧创作、演出适应新时期的需要，在艺术创作上，首先应突破、解决哪些问题？您对话剧最迫切的要求和希望是什么？

---

① 　胡伟民：《话剧要发展，必须现代化》，《人民戏剧》1982年第2期。

② 　童道明：《话剧要发展，必须扬长避短》，《戏剧报》1983年第1期。

　　七、您对于有关话剧的其他意见。①

　　1983 年，方杰再次撰文谈到要注意培养、争取观众："没有一批数量很大的话剧观众，要想繁荣话剧创作，几乎是不可能的。现在令人烦恼的是，除少数地区外，话剧普遍上座不好。话剧不上座，不但影响到话剧的普及，也影响到话剧工作者的情绪和信心，影响到话剧的基本建设。"②

　　1983 年丁扬忠说："话剧观众的减少在北京不算突出，但在外省、市却是一个相当普遍的现象。有的话剧团一年演不了两三个戏，一个戏只演出几场，艺术生产几乎停顿。……出现这种情况的原因很多。体制过死，束缚艺术生产力，思想不够解放，出不来好剧本，演出艺术质量差等，都是妨碍话剧发展的因素。"③

　　高行健对于新时期的话剧危机有自己的判断，认为这是一个世界性的："戏剧作为一门独立的艺术样式，本来处于艺术的首席地位。可是，自从电影这门现代的综合艺术出世之后，戏剧便遭到了一位越来越强大的竞争对手。再加上二次世界大战后新发展起来的电视的挑战，相比之下，上剧场的观众就更少了。这种世界性的戏剧危机，随着我国电影事业的发展和电视的普及，在我国也变得日益尖锐了。许多戏剧艺术的革新家也想尽了办法，努力采用现代化的灯光、音响和舞台装置的技术设备，然而同电影、电视相比，这点手段毕竟贫乏得可怜。作为一种独立的艺术样式的戏剧倘要继续生存下去，便不能不研究这门艺术自身的特点，而且这种特点应该是电影或电视所无法具备的，从而不断加以发展，才不至于将来衰亡为艺术史上的陈迹。"④

　　1984 年第 3 期《戏剧艺术》开设《当代戏剧论坛》专栏，首先组织"戏曲的今天与明天"专题讨论，共 10 篇文章：俞康生《审美心理与戏曲现状》、

---

①　《话剧观众调查提纲》，《戏剧报》1983年第1期。

②　方杰：《提高质量　争取观众》，《戏剧论丛》1983年第1辑。

③　丁扬忠：《谈戏剧观的突破》，《戏剧报》1983年第3期。

④　高行健：《论戏剧观》，《戏剧界》1983年第1期。

郝昭祝《戏曲危机"危"在哪里》、刘拥政《要正视戏曲的"危机"》、文飞《"戏曲"已近尾声》、郭豪浦《"消亡"之调不可唱》、蓝青《关于冲击波的思索》、王朴《戏曲将随时代的变革而发展》、姚金城《"当代戏曲样式"小议》、予风《戏曲创作改革断想》、王胜华《戏曲多类型化设想》。俞康生谈道:"历史的长河延续到今天,这颗明珠似乎蒙上了一层灰尘,它的光泽开始暗淡了。于是有人惊呼:戏曲发生危机了。这样一来,戏曲危机是否存在?如果存在的话,产生危机的原因究竟是什么?应当怎样来对待这场危机?就自然而然成为大家十分关心的议题。""从戏曲的现状来看,危机的存在已经毋庸置疑。我觉得它主要体现在两个方面:第一,戏曲观众严重老化;第二,戏曲观众显著减少","戏曲危机的本质是八十年代观众审美心理发生了很大的变化"。[1]文飞谈道:"戏曲文艺团体背上了沉重的经济包袱,入不敷出,只得频繁地换戏换点,疲于奔命。文艺工作者在改革戏曲(实际是改良)的道路上苦苦探求,往往徒劳无功,得不偿失。一方面是剧团普遍反映可供上演的剧本越来越少;另一方面是剧作者的作品找不到出路,剧作者纷纷改换门庭……戏曲的危机从来没有像今天这么范围广阔,影响深刻。"[2]

1984年第12期《戏剧报》发表了丛焱的《为什么首都近期几出话剧上座不佳》:"正当各剧院为争取观众殚精竭虑,千方百计创新的时候,首都话剧舞台推出的几台当代题材的新戏,却接连上座不佳。观众的不承认,是最使人惶惑的。有的戏刚刚得到上级有关部门的褒誉,被评上了重奖,但剧场那儿却'门前冷落车马稀''曲高和寡';有的戏在国庆节期间的演出黄金季里,上座依然不佳,有的每场只卖出极少的票,不得不刚公演就停演;有的虽然尚可以维持,却远未达到预期的效果,终日为能否卖座而战战兢兢……创作演出实践和观众审美需求之间如此巨大的'反差',不能不引起我们的反思。""这些努力尚未能改变话剧的总体状况。这是由于前一段关于话剧观念

---

① 俞康生:《审美心理与戏曲现状》,《戏剧艺术》1984年第3期。

② 文飞:《"戏曲"已近尾声》,《戏剧艺术》1984年第3期。

的讨论和实践，更多地集中于话剧形式的创新上，如风格样式的多样化、艺术手段的拓展、表现形式的创新和如何更充分运用舞台假定性等等。这个势头方兴未艾，今后也还需要继续下去。但戏剧观念并非只是对话剧样式的看法，它的一个更为重要的方面，应是对话剧本质特性及其社会功能的看法，是对话剧与政治、与生活的关系的认识。这要比演出时闭不闭大幕，使用写实布景还是抽象布景，表演上是更生活化还是更规范化都更为重要得多。"①

1984年9月，中央戏剧学院的研究小组到长春观摩东北三省"第一届话剧观摩演出"剧目，谈论最多的话题就是"话剧演出的不景气，话剧观众的锐减"，由此发出了"话剧的出路何在"的忧虑，认为这些问题"给剧团和话剧工作者造成了巨大的压力，也向文艺创作领导干部及戏剧理论工作者提出了一系列急迫的课题"。② 文中提到了几个与话剧现状和前途联系最密切的具体问题：

第一，已经创作演出的剧目，就其大部分来看，尽管编导和演员尽了最大努力，其思想、艺术水平仍是一般化的，由于主客观条件所限又无法进一步加工，只好这样送给观众，因而受到广大观众的冷落；这种情况如不改变，话剧艺术的前景确实令人忧虑。

第二，过去话剧界有一种观念：话剧作为一种艺术，不应受经济规律的制约，更不能把票房作为评价剧目的标准，然而，现在的情况是低水平的作品直接阻隔了观众，同时引起他们对话剧总体观念的误解，这种误解直接反映在票房价值上。

第三，面对话剧艺术的现状，很多戏剧工作者只感到压力，没有得

<hr>

① 丛焱：《为什么首都近期几出话剧上座不佳》，《戏剧报》1984年第12期。
② 张先、王静：《如何把观众请回剧场——从东北三省话剧观摩演出引起的对话剧现状和前途的思考》，《戏剧学习》1985年第1期。

到动力，普遍缺乏信心。[1]

文章认为，观众不愿进剧场的原因一是社会性的因素，一是话剧创作本身的问题。[2] 文中提到话剧的观众在各艺术门类欣赏中的比例是有限的："一九八三年七月至九月，中国社会科学院青少年研究所在天津、上海、武汉、广州、沈阳、兰州六大城市和北京机械局、深圳特区的工交、基建等四大行业的三十岁以下的青工中进行征询调查。被征询的青工 11863 人。他们爱好各类不同文艺门类的比例是：1. 小说，占 48%；2. 音乐，占 42%；3. 曲艺，占 36%；4. 散文，占 16%；5. 杂志，占 14%；6. 诗歌，占 10%；7. 美术，占 10%；8. 戏曲，占 10%；9. 歌剧、话剧，占 9%；10. 舞蹈，占 10%。在各门艺术中，对话剧很感兴趣的人仅占 9.77%。排在各门艺术之后的第九位上，如果把最有群众基础的电视、电影排进来的话，则话剧就会被挤出十名之外。"同时还援引了一份对北京大学、清华大学、中国人民大学、北京师范大学等八大院校的 429 名大学生的调查，"命题是：'下列文化生活中，你最感兴趣的是哪一种？'调查的结果如下：（按喜爱人数多寡为顺序）1. 阅读文学作品；2. 听音乐；3. 看电影；4. 看体育比赛；5. 看电视；6. 听各类讲座；7. 棋类、扑克；8. 看话剧；9. 看其他戏剧。在话剧艺术的爱好者曾经是十分广泛的大学生中间，现在竟被如此冷落（仅占调查者的 2.3%）"。"长期以来，一些剧作者习惯了一种创作方式：从生活中寻找'有意义'的材料（动人的事迹或有社会影响的事件），却不能按照艺术创作规律对材料进行提炼，而只是根据政治上的需要把生活的材料归结为某个现在的观念；这个观念一经形成，就用它去'统帅'创作的全过程，结果把生动的原始材料裁剪成说明观念的依据，把生

---

① 张先、王静：《如何把观众请回剧场——从东北三省话剧观摩演出引起的对话剧现状和前途的思考》，《戏剧学习》1985年第1期。

② 张先、王静：《如何把观众请回剧场——从东北三省话剧观摩演出引起的对话剧现状和前途的思考》，《戏剧学习》1985年第1期。

活中各种人物原有的生动、丰富的性格美净化为单一的观念，把复杂的性格关系净化为某种抽象的是非关系。这种创作方法曾经被普遍地运用于实践，从而造就一批概念化的作品。更严重的是，在戏剧界，有的同志已经形成了一种观念：这是一条唯一的创作路子，舍此而无其他。在 50 年代与 60 年代之间，按照这种路子写出的一批剧作，它们已经过时了。然而这种观念并没有过时。这种十分错误的创作观也使得我们当代戏剧出现一种古怪而又可笑的现象——不断地用新的概念化人物去清算旧的概念化人物。"[①]

1984 年，针对辽宁各话剧院（团）的演出场次出现大幅度下降的趋势，董家骧等做了一次调查，结果如下：

表一

年度	演出场次（场）	观众人数（人）	演出收入（千元）	国家补贴（千元）	总支出（千元）	自给率（%）
1981 年	2656	2652	699	1617	2398	29.1
1982 年	3021	2723	656	1784	2411	27.2
1983 年	2889	2865	677	2216	2667	25.4
1984 年	2361	2122	443	2463	3015	14.7

表二

年度	演出场次增长率 (%)	观众人数增长率 (%)	演出收入增长率 (%)	国家补贴增长率 (%)	总支出增长率 (%)	自给增长率 (%)
1982 年	13	2.7	-6.2	10.3	0.5	-2
1983 年	-4.4	5.2	3.2	24.2	10.6	-1.8
1984 年	-18.3	-25.9	-36.1	11.1	13.1	-10.7

文章得出结论：1984 年的辽宁话剧演出场次、演出收入、观众人数和自给率大幅度地下降，话剧艺术生产几乎陷入困境。然而，话剧萧条的到来也并非突然，其潜在的危机在 1982 年和 1983 年就已酝酿。1982 年和 1983 年

[①]　张先、王静：《如何把观众请回剧场——从东北三省话剧观摩演出引起的对话剧现状和前途的思考》，《戏剧学习》1985年第1期。

的演出场次和观众人数比 1981 年虽然有所增长，但演出收入和自给率却比1981 年降低了，国家补贴和总支出又有所增加。原因是这两年的农村演出场次和包场戏增加，而下乡演出和包场的票价要比售零票低得多。[①]

文章对辽宁那几年排演的剧目数量和演出情况做了统计：

年度	上演剧目总数	演出超五十场剧目数	演出不足三十场的数目及比例	自己创作的剧目数	演出超五十场剧目数	演出不足三十场的数目及比例
1981 年	48	15	18 37.5%	14	5	4 28.6%
1982 年	50	24	18 56%	17	8	7 41.1%
1983 年	41	18	21 51.2%	19	9	9 47.4%
1984 年	41	15	22 53.7%	16	8	7 43.8%

文章认为："辽宁的话剧工作者一直在不懈地努力着。但是，上演场次又表明，他们的剧目大多不能为广大观众所满意。在上演的剧目中，不足三十场的占百分之五十以上，其中不足十场的占百分之十，甚至更多。……话剧演出的萧条，使话剧作者纷纷转产改行，去写电影、电视剧本，或者写小说。演员也不安心舞台生活，注意力转向屏幕"，"辽宁的话剧正面临着危机"。[②]

文章认为话剧危机的原因有：一是"'左'的思想干扰是话剧危机的主要根源"；二是"国家统包统管的体制，束缚了艺术生产力"；三是"话剧的质量普遍不高，没有达到使观众非看不可、以不看为憾事的高度"；四是"话剧队伍的老化"；五是"电影、电视和轻歌舞、轻音乐的冲击"。[③]

杜清源在 1985 年曾说："近年来人们对话剧命运的思索，忧虑、反省、

① 董家骧、廖玮、洪兆惠：《对辽宁话剧现状的调查和思索》，《剧本》1985年第5期。

② 董家骧、廖玮、洪兆惠：《对辽宁话剧现状的调查和思索》，《剧本》1985年第5期。

③ 董家骧、廖玮、洪兆惠：《对辽宁话剧现状的调查和思索》，《剧本》1985年第5期。

预测，成了话剧领域中令人最为瞩目和关注的现象和问题。它牵挂于剧作者的心头，也在评论工作者的笔端、座谈会的声响、调查报告的陈述、剧场座位的空落、专业人员沿街推销戏票的叫卖声中……投下话剧命运变幻莫测的阴影。一些执着于乐观情绪的人，面对话剧陷入困境的局面和事实，也不能不开始发出感慨和叹息……终至，这个并非始于今日才提出的问题，以其触目的尖锐性和复杂性呈现在人们的面前。"①

1985 年第 2 期《剧艺百家》发表了苏州戏剧创作理论研讨会上的一组论文，就戏剧的现状和发展趋势提出了许多值得重视的见解，引起了戏剧界的浓厚兴趣，收到为数不少的争鸣文章。

张向东在 1985 年发表了《戏剧现状讨论综述》，其中提到戏剧危机，"戏剧'危机'主要表现在两个方面：一是观众的锐减，二是观众的老化。戏曲观众，'满座皆是白头翁'"。认为危机有以下几个原因："首先，是电影、电视的冲击。与戏剧相比，电影、电视真实性强，视野开阔，对人物心理变化揭示得深刻、细腻，而且花钱少或不花钱，又节省时间。其次是戏剧形式的束缚，特别是戏曲程式化，严重影响了现代生活内容的表现；就是话剧艺术也仅只限于对白和动作，束缚了对现代生活的开拓和对人物内心深刻的揭示。再加上镜框式的舞台，像屏幕一样，也影响了演员与观众的直接交流。三是好的剧本太少。古典戏曲演来演去总是那几出，题材雷同，内容重复。……最后是'左'倾思想的束缚。这主要表现在一些行政领导部门。他们对剧本的审查过严，影响了剧作家的创作。"建议："一是偏重于剧本的创作，二是偏重于演出形式与舞台的改造"。②

1985 年，陈恭敏在文章中还提到话剧危机问题，认为"危机"中包含着

---

① 杜清源：《关于话剧命运的断想》，《剧艺百家》1985年第2期。

② 张向东：《戏剧现状讨论综述》，《当代戏剧》1985年第12期。

转机[1]。"确实现在有不少剧团已经长期不演话剧了。剧场艺术有些萎缩。"[2]他同时认为："剧团的问题很多，还包括体制和经济上的原因。……话剧观众有些是我们自己丢掉的，而新一代观众我们又没有花力气去培养。"[3]

马也在一篇文章中认为，话剧危机在1980年前后曾进行过认真的讨论，并取得基本一致的看法，认为话剧危机"完全是由于话剧自身的'假、干、浅'所致"，造成此现象的原因在于公式化、概念化地"图解观念"。如果戏剧界能够始终围绕这一中心展开深入广泛的讨论，那么危机即使不能立即解决，也决不会形成今天的复杂局面，"遗憾的是，理论界的这场讨论的重心在不知不觉中转移了"，"理论重心的转移自然使戏剧危机转嫁：把主要是内容的问题转到形式的问题"，形成了"形式革新浪潮"。[4]马也对形式翻新提出了不满，认为新理论问题不少："第一，新理论认为，中国戏剧危机的根本原因在于戏剧样式的束缚，形式的老化，手法的陈旧，于是，'形式革新就是新时期戏剧革新的根本任务'"；"第二，新理论经常说'现实主义的一统天下'使某某创作方法在文坛上没有站脚之地"，现在现实主义偏安于一隅，而危机并未解除；"第三，新理论不惜时机地抱怨说，形式革新如何如何艰难（不是说革新本身），有层层阻力"，实际并非如此，而危机并没解除。[5]"在1962年的广州会议上，佐临同志的《漫谈'戏剧观'》的发言，是'形式革新'理论的代表作。"[6]他认为："危机的根源在于三十年来的文艺工具论，在于公式主义地图解观念；但是危机的出现，却是观众高水平的艺术的要求的结果。"[7]

蓝纪先从题材、内容上提出了自己的看法："在过去的数十年之中，总是

---

① 陈恭敏：《当代戏剧观念的新变化》，《戏剧报》1985年第10期。
② 陈恭敏：《当代戏剧观念的新变化（二）》，《剧艺百家》1985年第2期。
③ 陈恭敏：《当代戏剧观念的新变化（二）》，《剧艺百家》1985年第2期。
④ 马也：《理论的迷途与戏剧的危机——对当代中国话剧的思考》，《戏剧》1986年第1期。
⑤ 马也：《理论的迷途与戏剧的危机——对当代中国话剧的思考》，《戏剧》1986年第1期。
⑥ 马也：《理论的迷途与戏剧的危机——对当代中国话剧的思考》，《戏剧》1986年第1期。
⑦ 马也：《理论的迷途与戏剧的危机——对当代中国话剧的思考》，《戏剧》1986年第1期。

习惯于片面地以机械反映论的观念来指导戏剧的创作，绝对化地认为一部好作品的产生只取决于生活。一批批的艺术家成年累月地在基层体验生活，泡在生活之中，也难得写出感人的作品。逼得艺术家只好在题材上打主意、下功夫，抢新的题材；企图以题材之新之重大来解救自己的危难。结果仍是写不出观众所欢迎的作品来；国家为了解救戏剧的困境也进行了可观的投资，搞各种会演、调演等活动，可是仍是收效甚微。"[1]

1986年2月25日《文汇报》发表了翁思再的《有感于裴艳玲〈借债〉》一文，文中谈道："裴艳玲和张惠云最近在沪演出，表演之精彩有口皆碑。然后，他们公演十场，剧目频换，平均上座率只有三成！剧团越是演出，经济上就越是赔本，以致演罢回河北时，不得不设法在上海筹借车旅费。"

1986年，《文艺争鸣》发表了陈白尘关于戏剧危机的文章："话剧、戏曲存在危机，这是近三年的事。以前，东北三省的话剧很兴旺，但今年年初，《文艺报》上有篇文章，作者对东北的话剧做过调查，说以八〇年观众为基数，八四年只相当于八〇年的百分之三十，一下子降低百分之七十！这时候，我才感到话剧的危机是真正严重了。"[2]

王贵认为戏剧处于一个低潮之中："'低潮'，是时代给予戏剧的强烈撞击。造成'低潮'的社会原因固然有许多，最主要的原因是我们的戏剧创作观念不能与时代的发展同步。单一的粗线的宣教戏剧模式，不再能满足当代多数观众多向化发展的审美需求。戏剧为现实社会服务的职能一旦衰减，便会出现凋敝现象。"[3]

1985年4月第四次剧代会举行，文川在总结时认为，自1983年戏曲界掀起改革热以来，在一些同志心目中，不自觉地把体制改革看成：改革—承包—赚钱。这种片面理解给我们的戏曲事业带来极大危害。另外，"以副养文"是1984年全国艺术表演团体体制改革座谈会上提出并加以推广的。实践证明，

---

① 蓝纪先：《戏剧美学思维的开拓》，《戏剧艺术》1986年第3期。

② 陈白尘：《从话剧危机谈到它的出路》，《文艺争鸣》1986年第1期。

③ 王贵：《戏剧·向前看》，《戏剧报》1987年第3期。

这个提法弊多利少，加重了戏曲的危机。不少代表在发言中指出，由于许多剧团搞"以副养文"，好端端的排练场改为舞厅、旅馆、小卖部，从事各种商业活动，正常的排练活动被挤掉了。[1]

时至 1998 年，话剧危机依然存在，"今天，话剧陷入危机已是事实：整个话剧界创作孱弱，话剧演出稀少且质量下降，剧院因经费窘迫而处于停顿或半停顿状态，话剧演员大量流失，话剧观众锐减……话剧的艺术吸引力日渐微弱，话剧的生命力受到质疑。这一切与中国现代话剧的辉煌壮观不可同日而语。中国现代话剧有那么多的话剧作品，有话剧艺术上的高度成就，以及演出的热烈场面和人数庞大的观众群，现代话剧的蓬勃生机和洋溢的活力刺激和吸引了一大批的话剧作家为之奋斗，再想象一下 1927 年田汉组织的上海艺术大学的'艺术鱼龙会'和南国艺术剧院的五大公演，还有 1944 年田汉和欧阳予倩在桂林组织的有八个省区三十个团队为期三个月的戏剧展览会，那种活动的热烈和激情，当代话剧在众多方面均与现代话剧形成一种鲜明反差"，"当代'话剧危机'是相对于中国现代话剧兴盛繁荣而言的。因此，'话剧危机'的实质是中国话剧发生于当代的美学本体回归和社会功能调整，而不是话剧艺术消亡的危机。由此可以肯定，话剧艺术化和娱乐化是今后话剧发展的两大方向"。[2]

针对话剧危机，高行健说："通常，人们的日常生活即使不单调，也是平淡的。剧场却是人们盛会的所在。在生活的各个角落里忙碌了一天的人们，到这里来，可以在大庭广众之中，开怀地笑一笑，得以欢欣，受到鼓舞，抑或轻松一下，享受活的演员通过角色的创造带来的那份喜悦。也还可以哭，用不着掩饰，当众流泪，这也是一种感情的净化。净化一说是古希腊戏剧理论家亚里士多德的发现。要知道，成年了的人平时是没有机会也没有权利流泪的，不像是孩子，情感尽可以任意发泄，因为他们肩上还没有生活的负担。而成人的眼泪也是生活中一副良好的洁净剂，可以清洗繁杂的日常生活中落

---

① 　文川：《"剧代会"札记》，《戏曲艺术》1985年第3期。

② 　刘云昌：《"话剧危机"与田汉给我们的启示》，《福建艺术》1998年第3期。

上的尘埃。人们从剧场里出来，心灵便重又变得新鲜了。人的情感有时就需要这种净化。戏剧艺术便是这样一种高尚的娱乐。外国的布莱希特和我国的吴祖光这些现代戏剧家都主张现代戏剧也应具有这种娱乐性。人们在得以娱乐的同时，又会去审视自己和自己周围的生活。这样，戏剧既娱悦了观众又给人以教益。要知道，不是所有的人都有习惯时不时清理一下自己。戏剧就这样巧妙地帮助人们做内心的清理。而这种清理在众人之中，面对着舞台上的演员，还毫无负担，又愉快还又激动，来得特别地轻松。如果现代戏剧也能保持这种艺术魅力，谁又不肯到剧场来看戏呢？"①

吴戈曾对戏剧危机的原因进行了分析："起于一九八三年、延续了五年之久的'戏剧观念'讨论，除了标志戏剧的理论觉醒之外，也带有对'戏剧危机'进行'会诊'的明确意图。'会诊'的结果是：'戏剧危机'主要来自三方面。一是陈旧、单一的表现形式限制、束缚了新的内容；二是戏剧本体的'美学错位'，即长期以来戏剧功能代替了戏剧目的；三是对戏剧艺术特性的忽视，造成了戏剧独特魅力的丧失。而从一九七九年活跃起来的'探索性戏剧'，虽在人的开掘上颇有深入，但就其主体而言，又只限于戏剧艺术的'形式革新'。"②他认为"戏剧危机"应从更宽的文化背景去寻找，会发现"戏剧危机"与时代的"文化尴尬"有密切联系："变革欲求与'器物'改良的缠绵"，"小说从'意识流'的争论始，诗歌从'朦胧诗'切入，电影似乎一夜之间认识了'蒙太奇'，戏剧在短暂的犹豫之后也跟了上去，'形式革新'热席卷全国。"③

1990年吴戈进一步从文化层面进行了解释："文化层次的多样性，决定了消费需求的多样性。即便是一个文化层次，也可以有多种文化消费需求；文化层次有高低之分，同一文化层次，又有诸个小文化圈或交叉或相包容的共

---

①　高行健：《对一种现代戏剧的追求》，中国戏剧出版社1988年版，第8—9页。

②　吴戈：《"戏剧危机"与文化尴尬》，《戏剧》1988年第3期。

③　吴戈：《"戏剧危机"与文化尴尬》，《戏剧》1988年第3期。

存现象。因此，每一种产品，都会有自己相对稳定的观众群，保持这些观众并吸引新的观众，就看产品生产者'各显神通'的竞争本领了。"①

进入20世纪90年代，危机不但没有缓解，反而"愈演愈烈"，李万钧认为危机的规律没有被认识清楚，"当代'话剧危机'的产生是与戏剧自身至今尚未被我们真正认识、完全掌握、切实遵循的规律在起作用有关"，"对戏剧观众缺乏研究"。②

1993年在市场经济冲击下，戏剧危机进一步加深，但一些学者仍从内部寻找原因："戏剧危机不在于它的被抛进'市场'，而在于戏剧的不能完全进入'市场'；不在于'市场经济'对戏剧的冲击，而在于戏剧自身缺少向前发展的强大动力。"③

1995年，倪宗武认为：

> 最早传出"话剧危机"信息的恐怕要算剧作家沙叶新《扯"淡"》一文了。这篇发表在《文艺报》1980年第10期上曾引起争议的文章认为：1980年，"话剧工作者虽然也很努力，而且也出现了一些值得称道的作品，可是从总体上来说，今年创作和上演的话剧剧目不论数量与质量上都远不及去年，上座率也普遍下降"。不过文章对话剧的现状没有提到出现"危机"的程度，而只是说：1980年"话剧形势'不灵'，是个'淡季'"。与此看法相近的还有钟艺兵提出的："进入1980年以来，话剧创作却比较沉寂。九个月过去了，为大家所公认的，在反映现实的勇气和艺术深度上能与《报春花》《未来在召唤》《权与法》等水平不相上下的话剧新作，还很少见到。"还说，"目前的沉寂是不正常的，是由于多方面的原因限制了戏剧创作的积极性而造成的"。但是，当时这些对中国话剧前途深感

---

① 吴戈：《戏剧危机的三种尴尬》，《戏剧文学》1990年第4期。

② 李万钧主编：《中国古今戏剧史》（中卷），广东高等教育出版社1997年版，第732、735页。

③ 杨朴：《寻找戏剧的"自我"——论戏剧危机的潜在因素》，《戏剧文学》1994年第2期。

忧虑的敏锐的看法并没能引起舆论界足够的重视，不少同志依然陶醉于1979年中国话剧大丰收的无限欣喜之中，并且还认定，目前"暂时的平缓是在孕育着一个更高的潮头"。虽然在此之后，有的刊物，像《人民戏剧》《戏剧界》《春城戏剧》《上海戏剧》《剧坛》等等也陆续发表了一些谈及话剧的不景气与探寻出路的文章，但从总的来看，这一切并没能改变相当一部分同志对话剧前途所持有的过于乐观的态度。

直到1985年，《文艺报》从第一期开始连续发表一组讨论当代话剧是否面临"危机"的文章，在话剧界乃至整个舆论界引起很大反响，从而才开始改变人们对话剧形势的看法。其中一篇题为《困境中的话剧》的文章影响最大。这篇文章引用了有着良好话剧传统的众多话剧观众的东北三省几个主要话剧团的有关材料与数据，"来说明人们所谓话剧的'困境'到底是什么性质的东西"。这些材料令人信服地道出了当代话剧存在问题之严重。就以辽宁人民艺术剧院八十年代初演出场次的统计数字来看：1980年、1981年、1982年、1983年以及1984年（截至8月底），分别为715场、407场、526场、437场、147场。就同期比较，1984年的演出场次仅相当于1980年的20%。是剧院不想多演吗？不，是上座率成了大问题。[1]

1999年，丁罗男在谈到戏剧危机时说："新时期以来频频发作的'戏剧危机'，首先反映了社会转型期文化消费的日趋多元化和观众审美趣味的变化和分流"，"与外部生态环境的不利相比，戏剧内部机制的问题应当说更大一些。我国长期的集中的计划经济和单一的剧团公有制模式，严重地束缚了戏剧的生产力。新时期以来，虽然上上下下都认识到了这一问题，但文化体制的改革却缺乏真正有力度的措施。文化市场的发育至今还很不完备，演出市场也是法规滞后，管理不力。大量的戏剧院团仍然在依靠国家拨款，处于'吃不饱、

---

① 倪宗武：《对当代"话剧危机"的思考》，《福建论坛（文史哲版）》1995年第2期。

饿不死'的状态，因此，不问观众、不问市场，只对行政主管部门负责的情况并未得到根本改变，甚至戏剧创作、生产的目的也发生了倒错。不少剧团专为参加'调演'和争奖，不惜耗费巨资'闭门造车'，只演几场，拿到了什么奖便束之高阁，这种戏和一般观众似乎不发生关系，实际上社会效益和经济效益都是极差的，也引起了许多圈内圈外人士的反感和批评。戏剧的体制和生产方式不改变，'戏剧危机'将在这种恶性循环中愈益加深"。[1]

2002 年《中国戏剧》刊登了魏明伦的文章《当代戏剧之命运》，引起学界关注。他认为，当代戏剧观众稀少的根本原因，在于当代人生活方式、文娱方式的巨大变化。2003 年《中国戏剧》杂志社用了一年多的时间展开"当代戏剧之命运"的讨论，发表文章 38 篇，并结集成《叩问戏剧命运》一书。2004 年又开设"重建中的中国戏剧"专栏，讨论"危机"中的中国戏剧。马也提出以"命运"为题取代先前的"危机"："当代戏剧的困境远不是'危机'一词所能了的。确实到了该讨论'命运'的时刻了。非要用'危机'这个词，它和 20 年前所说的'危机'，内涵已经大不相同！ 20 年前说危机是说它的'问题'。似乎是局部的，还有很多办法，好像很快就能解决就能渡过。……今天戏剧的处境比'危机'要严重严峻得多；'大敌当前'如果还要用危机这个词，那它是比'危机'还危机。"[2] 著名戏剧理论家谭霈生先生对此有一段准确的总结："当我读过参加讨论的文章后，却深感茫然。我发现，这场讨论涉及的问题已是相当广泛……一般地说，这些问题都与'中国戏剧的命运'有关，如能认真研讨，必定有益于戏剧的振兴。但是，讨论的对象过于宽泛，同时展开的议题过多，各篇文章的篇幅有限，又难得深入下去。"[3]

2003 年，李玉田提到要注意"戏剧观众的培养，其中包括不同类型的观

---

① 丁罗男：《"后新时期"和小剧场戏剧》，《戏剧艺术》1999年第1期。

② 马也：《当代戏剧命运之断想》，《中国戏剧》2003年第6期。

③ 谭霈生：《生机与自救》，姜志涛、晓耕主编：《叩问戏剧命运》，中国戏剧出版社2005年版，第275页。

众和不同层次的观众"①。2003 年，陆炜谈道："如今唯独戏剧还是没有找到市场条件下的生存机制而处于困顿状态。近几年上海、北京有一些戏剧市场化运作的成功（案例），能够引人瞩目，但十分有限。从全国来看，话剧团体早就走上了保持着团体的大锅饭，个人又向电影、电视剧找饭吃的路子；戏曲团体一年年有气无力地维持着，其不景气的现象已经成了电视剧的题材。在新的历史条件下，戏剧如此衰败，已经是岌岌可危！"②2004 年，"自上个世纪 80 年代以来，却不断地遭遇戏剧'困境''危机''出路'等问题的困扰。不管是剧目创作、舞台演出，还是理论批评，人们都强烈地意识到一个似乎不可逆转的态势的迫近，那就是作为曾经具有广泛影响力的大众文艺样式的戏剧，正在逐渐从中国当代文化发展、变迁的主潮中'淡出'，变得越来越'边缘化'了。"③

可见，这场戏剧危机一直延续到 21 世纪。2007 年，田本相从三个方面对新时期的戏剧危机的原因进行了探讨："话剧的观众走失了，话剧的演出萧条了，'不演戏不赔钱，越演戏越赔钱'，于是有的剧团不演话剧了，甚至有的剧团开了歌舞厅，让演员另谋生路。这种似乎是突如其来的危机，是有原因的：一是中国电视的迅猛发展，对于传统艺术的冲击，引起了文化艺术系统的结构性的变动，不但有了话剧危机，而且电影、戏曲等等也均面临危机。它把大量观众吸引到这个'魔盒'之前。二是流行艺术诸如迪斯科、流行音乐等新的娱乐形式的发展，也将大量的年轻观众带走。三是在新的生活情势下，人们的审美的趣味和娱乐需求有了新的变化，等等。"④戏剧作为小众的艺术形式，随着时代的发展，不可能再回到下面所忆及的时代中："回想五六十年代，我们成都的戏剧，曾出现何等观众爆满景象。川剧每天的午场夜场，总是观众盈门，话剧《年轻一代》竟然一天三场。"⑤时代发生了变化，观众也

<hr>

① 李玉田：《关于摆脱戏剧危机之愚见》，《中国戏剧》2003年第9期。
② 陆炜：《我们今日的戏剧观问题——也谈"重提戏剧观"》，《戏剧艺术》2003年第4期。
③ 程芸：《一部回应"戏剧危机"问题的力作——评〈文艺生态运动与当代戏剧〉》，《武汉大学学报（人文科学版）》2004年第2期。
④ 田本相、宋宝珍、刘方正：《中国戏剧论辩》（上），百花洲文艺出版社2007年版，第450页。
⑤ 钟韬：《面向观众　走向市场——对戏剧危机的再认识》，《四川戏剧》1999年第5期。

有所分化："在我看来，所谓 80 年代戏剧危机，表面来看，说戏剧已经从我们习以为常的戏剧艺术的高贵地位中跌落下来，但就其实质倒不如说戏剧已经从极其亢奋状态恢复至常态，戏剧观众已由狂热沉入冷静。"[1]

---

① 季玢：《重提"戏剧观"的意义》，《四川戏剧》2008年第4期。

第三节　新时期小剧场戏剧的发展

　　20 世纪 80 年代一些话剧在形式上进行了探索。张应湘在看了谢民发表于《剧本》1979 年第 8 期的独幕话剧《我为什么死了》后，认为："作者处理这一题材，别出心裁采用'喜剧'形式表现；其次，作者打破了'三一律'的束缚，戏的时间跨越了两年多（这在独幕戏中是少见的），戏剧地点变换了三处，戏剧动作也随之变化；第三，戏的情节倒置，大胆采取倒叙的写法，先让观众看结果，然后再一步步追溯前由，这种表现手法在独幕话剧中是罕见的；第四，大量使用独白、旁白和直接同观众交流的说白，人物跳进跳出，把说故事与戏剧表演巧妙地糅合在一起，处理得十分贴切；第五，着力刻画人物的内心世界。全剧思想深邃、语言生动、文笔流畅，人物性格鲜明。"[1] 同时也谈到了借鉴戏曲的因素："有的地方感到作者有意不让人动感情，如主角报告剧情、指挥奏圆舞曲等，是否是布莱希特式的间离效果？我认为也不是，他更多地还是借鉴了我国传统戏曲的东西，如自报家门、旁白等形式，另外还借鉴了曲艺说表艺术手法，吸收了故事剧、街头剧的简洁有力的表现手段，使戏的空间、时间都更加自由和延伸，打破了传统独幕剧的局限性。"[2]

　　《屋外有热流》《我为什么死了》，都打破了常规的戏剧结构，突破了舞台

---

[1]　张应湘:《〈我为什么死了〉导演札记》,《戏剧艺术》1980年第1期。

[2]　张应湘:《〈我为什么死了〉导演札记》,《戏剧艺术》1980年第1期。

时空的限制，为了充分揭示人物内心的奥秘和剧本的主题，把象征主义、表现主义等多种手法融合到现实主义的描绘中来，让现实与回忆、存在与幻觉交织进行，人物的内心活动与外部冲突互相辉映。《血，总是热的》全剧分为 17 段，每段由灯光切割为多种表演区，纵横交错的场面，波浪起伏的斗争，显示出强烈的时代气息和深刻的思想主题，力图打破三面墙和"三一律"的限制。话剧《屋外有热流》运用了象征的意象，热流与寒流交替响应了人物的心理活动。时间和空间可以自由转换，现实和梦幻可以流畅衔接。应群对 1980—1983 年的创新戏剧发表了见解："创新者们不仅在戏剧结构上冲破易卜生式的旧套子，在时空观念上有新的追求，而且在表现人物的心理活动方面做了新的实践，在更大程度上促进台上台下交流方面也取得了可喜的成就。"①

《绝对信号》演出的同年，上海青年话剧团推出了在中心舞台演出的胡伟民导演的《母亲的歌》，当时演出地点为上海青年话剧团的排练场。话剧《母亲的歌》故事并不复杂，讲述的是一个将军的遗孀教育子女如何对待人生的故事，内容上没有太多的新意，但这部剧作对演出形式进行了探讨，演出地点在上海青年话剧团的排练场，改为"中心舞台"后，观众可以从四面包围观看演出。根据导演胡伟民"环形的、辐射式的、全方位的中心舞台"的要求，当时的舞美设计阮维仁认为，应创造一个新空间，以接纳观众以客人的身份参与剧中。这种近在咫尺的观演交流，给观众以新奇的观感体验。胡伟民回忆说："1982 年岁末，话剧《母亲的歌》在上海话剧团首演之夜，面对着观众早已散尽的排练厅，我百感交集……我们跳出了镜框舞台，走向开放式的舞台。"②《绝对信号》和《母亲的歌》，拉开了小剧场戏剧演出的前奏。因为那时剧院多为大剧场，还没有成型的小剧场，所以这两台戏剧的演出场所都是在排练场内进行的。

---

① 应群：《话剧创新思潮初探》，《当代文艺思潮》1983年第6期。

② 胡伟民：《中心舞台的魅力》，《剧影月报》1989年第7期。

《绝对信号》演出成功后，北京人民艺术剧院又推出了小剧场戏剧《车站》，这是高行健先于《绝对信号》写出的剧本。《车站》是四面观众的舞台设置，其演出再次引起轰动："1983 年盛夏，在北京人民艺术剧院三楼临时改装的小剧场里，密不透风，又没有空调。四面围坐着观众，外圈的走道上还站满了人。将近两个小时，中间不休息，没有一个中途退场的，观众中始终笑声不绝。"[1] 不过，因主题原因，《车站》演出后受到一些争议，只演出了13 场。

此后，以探索为主要目的的小剧场戏剧开始在全国陆续推出。北京人民艺术剧院还推出了《洋麻将》等，小剧场戏剧渐成风尚。在东北、华中、广东等都出现了小剧场戏剧。1984 年，哈尔滨话剧团在哈尔滨上演了小剧场话剧《人人都来夜总会》，1985 年，广东省话剧团在广州演出了小剧场戏剧《爱情迪斯科》等。

1985 年中国青年艺术剧院演出了《挂在墙上的老 B》，这部剧在观演方式上进行了变革，拉近了演员和观众的距离。后来王晓鹰把导演手法归纳为："1. 拉近空间距离，变台上演出为平地演出，让观众三面围坐在演区前，第一排观众几乎能摸着演员的衣服，演区和观众席都亮着灯，不以光线的明暗来造成空间区分，并且把一些戏挪到观众席里去演；2. 消除舞台神秘感，不用幕布，不分前后台，演员当众化妆穿衣服，然后到观众席里去与人交谈，直到演出开始；3. 直接面对观众，设法与观众建立直接交流，向他们致意，给他们介绍，请他们谅解，听他们的意见等等，力图改变观众旁观看戏的心理状态；4. 鼓励参与演出，这里是指直接地参与，诱使观众与演员对话，邀请他们一起跳舞，甚至让勇于自我表现的人进入戏剧的规定情景。"[2] 同年，上海青年话剧团演出了《月色蒙蒙》。

---

① 高行健、马寿鹏：《京华夜谈》，高行健：《对一种现代戏剧的追求》，中国戏剧出版社1988年，第170页。

② 王晓鹰：《小剧场戏剧艺术特质辨析》，《戏剧艺术》1994年第3期。

1985 年，南京市话剧团把一个小型的剧场改建为"黑匣子"，开始有了正式的小剧场，先后上演了《打面缸》《窗子朝着田野的房子》《弱者》三个独幕小戏。在随后的几年中，小剧场戏剧的影响悄然渗透于全国各地。1986年大连市话剧团根据苏联剧本演出了小剧场戏剧《女强人》，1987 年沈阳话剧团根据苏联剧本演出了小剧场话剧《长椅》，1988 年中国青年艺术剧院在新落成的"青艺小剧场"演出了《火神与秋女》和《天狼星》，中央实验话剧院在绘景室演出了《女人》，同年宝鸡市话剧团演出的《去年的中秋节》和南京市话剧团演出的《天上飞来的鸭子》，都是小剧场戏剧。①

1989 年 4 月 20 日，由中国戏剧家协会和南京市文化局联合主办的"南京小剧场戏剧节"举行，参加演出的单位有 10 家：北京人民艺术剧院、中国青年艺术剧院、上海人民艺术剧院、上海青年话剧团、上海戏剧学院、广州军区战士话剧团、黑龙江省伊春市林业文工团、南京军区前线话剧团、江苏省话剧团、南京市话剧团等，共 16 台剧目：《绝对信号》(北京人民艺术剧院)、《社会形象》《火神与秋女》(中国青年艺术剧院)、《棺材太大洞太小》《童叟无欺》《单间浴室》(上海人民艺术剧院)、《屋里的猫头鹰》(上海青年话剧团)、《一课》《亲爱的，你是个谜》(上海戏剧学院)、《家丑外扬》《天上飞来的鸭子》《链》(南京市话剧团)、《人生不等式》《搭积木》(广州军区战士话剧团)、《明天你会多个太阳》(南京军区前线话剧团)、《欲望的旅程》(黑龙江省伊春市林业文工团)。这是小剧场戏剧的一次集中展示，带动了以后的小剧场戏剧。

20 世纪 80 年代，经济转轨，戏剧在计划经济下的原有格局被打破，文化娱乐开始呈现多元化的态势，在现代传媒电影电视的冲击下，各个戏剧团体面临困境，观众大幅度减少。这时，小剧场戏剧出现了，可以把它看作戏剧危机中的权宜之计。小剧场戏剧是戏剧样式的一种补充。

---

① 田本相主编：《新时期戏剧论述》，文化艺术出版社1996年版，第417页。

第二章

新时期戏剧观论争

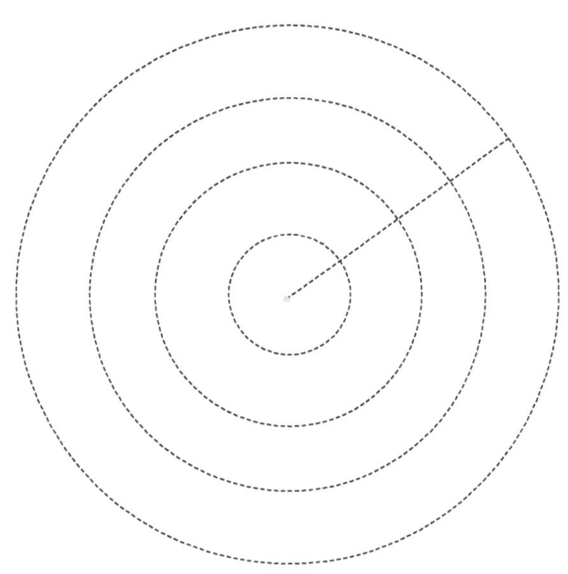

新时期戏剧论争是在戏剧危机的背景下展开的。戏剧观问题最早由黄佐临于1962年在"广州会议"上提出，其发言在《人民日报》和《剧本》月刊发表后，曾引起一定反响。当时黄佐临提出有三个截然不同的戏剧观：斯坦尼斯拉夫斯基戏剧观、梅兰芳戏剧观和布莱希特戏剧观，尤其介绍了布莱希特。"布莱希特戏剧理论的最基本特征是一种相信使演员和角色之间、观众和演员之间、观众和角色之间保持一定距离的戏剧学派。换言之，他不要演员和角色合而为一，也不要观众和演员合而为一，更不要观众和角色合而为一；演员、角色、观众的相互关系要保持一定的距离。"[1]当时论争并没有展开，只是小范围的讨论。

新时期以来，在戏剧危机、戏剧变革的大背景下，戏剧观问题重新提及。高行健的《现代戏剧手段初探》自1983年在《随笔》上连载以后，引起戏剧理论界的关注，众多学者纷纷撰文进行探讨，由此形成新时期戏剧观的论争。有论者言："关于戏剧观的论争是中国戏剧在进入到新时期后第一场大规模的论争，它不是一桩孤立的事件，而是和当时中国文艺思潮的演变不可分的。"[2]总体来说，新时期戏剧观论争始于1982年，于1986年达到高潮，持续至

---

[1] 黄佐临：《漫谈"戏剧观"》，《人民日报》1962年4月25日第5版。

[2] 陈世雄：《三角对话：斯坦尼、布莱希特与中国戏剧》，厦门大学出版社2003年版，第293页。

1988年左右结束。论争的问题包括什么是"戏剧观"、"幻觉"与"非幻觉"、"写实"与"写意"、"戏剧观"的新变化、戏剧危机的原因与出路等。

戏剧观论争出现的原因是复杂的，"戏剧观的讨论，与创作思想的解放、实验戏剧的兴起有关系，与外来戏剧的影响也有直接的关系"[1]。戏剧观的论争丰富了我国戏剧的理论和表现形式，出现了理论探讨与艺术实践的良性互动，催生了一批优秀的作品，不过，有些剧作也陷入形式变革的怪圈之中。

---

[1]　刘平：《新时期戏剧启示录》，中共党史出版社2009年版，第57页。

第一节　戏剧观论争的缘起

一、"戏剧观"概念的提出

关于20世纪80年代的戏剧观论争，许多学者在研究时都会追溯到黄佐临在60年代发表的《漫谈"戏剧观"》一文，文中他提出了"戏剧观"的概念。

1962年3月2日—26日，由文化部、剧协在广州召开了"全国话剧、歌剧、儿童剧创作座谈会"①。参加座谈会的，有田汉、曹禺、老舍、阳翰笙、熊佛西、陈白尘、李伯钊、李健吾、塞克、黄佐临、焦菊隐、金山、张庚、胡可、贺敬之等160多位剧作家、导演、戏剧理论家和戏剧工作者。会上广泛交流了话剧、新歌剧、儿童剧创作中存在的一些重大问题，并对剧作和戏剧工作中存在的缺点进行了批评和自我批评。周恩来、陈毅前往广州同剧作家们见面，并做了重要讲话。

黄佐临在座谈会上做了题为"漫谈'戏剧观'"的发言。随后，这篇文章

---

①　又称"广州会议"。关于会议名称，《人民日报》《剧本》等当时的报道都采用"话剧、歌剧创作座谈会上的发言"，如《剧本》1962年第4期刊载老舍的会议发言《戏剧语言》，副标题就是"在话剧、歌剧创作座谈会上的发言"。不过，第5期《剧本》在发表陈白尘《喜剧杂谈》、胡可《性格、性格冲突》的发言时，却使用"全国话剧、歌剧、儿童剧创作座谈会"的名称；第6期刊载茅盾发言《祝愿》，副标题亦使用此名称。第5期封三配图使用"全国话剧、歌剧、儿童剧创作座谈会"。

最早发表于同年 4 月 7 日《文汇报》第 3 版，无副标题，文后有编者附记：这篇文章是作者在全国话剧、歌剧创作座谈会上的发言。后被同年 4 月 25 日《人民日报》第 5 版转载，加副标题"在全国话剧、歌剧、儿童剧创作座谈会上的发言"，文后注明：原载《文汇报》。本报发表时，作者略有修改。查阅两文，《人民日报》版稍添加几处文字，无大改。两文都没有关于戏剧观定义的说明。《戏剧报》[①]1962 年第 4 期转载，文后注明：1962 年 3 月在全国话剧、歌剧创作座谈会上的发言，原载 4 月 7 日《文汇报》。1962 年第 4 期《中国戏剧》也曾刊出此文。

《漫谈"戏剧观"》一文中，黄佐临从导演角度出发，提出了对理想剧本的十大要求：

（一）主题明确。

（二）人物鲜明。

（三）矛盾冲突尖锐。

（四）结构严谨。

（五）戏剧性强烈。

（六）语言生动（既生活，又提炼，并含有动作性）。

（七）潜台词丰富（不是一就说一，二就说二，而是充满想象余地，

---

① 《戏剧报》是中国戏剧刊物，月刊，由人民文学出版社、中国戏剧出版社出版。其前身为1950年创刊的由田汉任主编的《人民戏剧》。1954年1月改版创刊，由张庚等任主编，曾一度办成半月刊。1966年3月由于姚文元发动对《海瑞罢官》的批判，被迫停刊。从1954年1月至1966年3月共出207期。《戏剧报》内容以戏剧评论和理论探讨为主。除了评介全国各地上演的话剧、戏曲、歌剧等剧目和对戏剧创作、导表演、戏曲音乐、舞台美术等戏剧领域的重要问题进行多方面的探讨外，还经常介绍戏剧艺术家的成长道路和创作经验，并报道国内外戏剧动态和刊登有关戏剧知识的文章。1976年3月后仍以《人民戏剧》刊名出版。始为双月刊，至第3期改为月刊。1983年恢复《戏剧报》刊名，先后由刘厚生、方杰、游默、邓兴器等任主编。刊物注意理论性、知识性、趣味性的结合，在读者中有较大影响。最早使用《戏剧报》，"文革"结束改《人民戏剧》，1983年恢复《戏剧报》，1988年第7期起改为《中国戏剧》。1962年由中国戏剧家协会戏剧报编辑委员会编辑、人民文学出版社出版。

令人寻味）。

（八）艺术思维完整、独特（有别于逻辑思维和形象思维，既有诗人的概括，又有艺术家的构思）。

（九）哲理性深高（不仅指一般的思想性，而是指时代的世界观、人生观，透过作家的心灵，挖到一定的深度）。

（十）戏剧观广阔。[①]

第十条要求中，黄佐临提出了"戏剧观"概念。这里其所言"戏剧观广阔"是指剧作家个人的戏剧观念。

随后黄佐临在文中重点探讨了戏剧观问题。他首先分析了戏剧观的形成，从戏剧史发展角度梳理了戏剧手段，认为受到肯定的戏剧手段作为"戏剧遗产"系统化、体系化时，就会形成相应的戏剧观。

在此基础上，黄佐临提出了三大截然不同的戏剧观：斯坦尼斯拉夫斯基戏剧观、梅兰芳戏剧观和布莱希特戏剧观，目的是"找出他们的共同点和根本差别，探索一下三者之间的相互影响、相互借鉴、推陈出新的作用，以便打开我们目前话剧创作只认定一种戏剧观的狭隘局面"[②]。

鉴于梅兰芳的戏剧为人所熟知，新中国成立后斯坦尼斯拉夫斯基戏剧在中国一统天下，于是黄佐临重点介绍了布莱希特戏剧观。他认为布莱希特戏剧理论的基本特征是："一种相信使演员和角色之间、观众和演员之间、观众和角色之间保持一定距离的戏剧学派。换言之，他不要演员和角色合而为一，也不要观众和演员合而为一，更不要观众和角色合而为一；演员、角色、观众的相互关系要保持一定的距离。"[③]可见，黄佐临主要从"间离效果"角度讨论布莱希特的戏剧理论。

---

① 黄佐临：《漫谈"戏剧观"》，《人民日报》1962年4月25日第5版。

② 黄佐临：《漫谈"戏剧观"》，《人民日报》1962年4月25日第5版。

③ 黄佐临：《漫谈"戏剧观"》，《人民日报》1962年4月25日第5版。

　　黄佐临认为，斯坦尼斯拉夫斯基和布莱希特在艺术观上大体是一致的，但在戏剧观上却是对立的。他们的相同之处，一是二者都是现实主义者，坚决反对自然主义，二是他们对形体动作看法类似。而梅、斯、布三者最根本的区别是："斯坦尼斯拉夫斯基相信第四堵墙，布莱希特要推翻这第四堵墙，而对于梅兰芳，这堵墙根本不存在，用不着推翻，因为我国戏曲传统从来就是'程式化'的，不主张在观众面前造成生活幻觉。"[1] 黄佐临以第四堵墙来作为梅、斯、布的区分，进而认为斯坦尼斯拉夫斯基的表现手法是"在舞台上造成生活幻觉的'第四堵墙'"，布莱希特则主张破除第四堵墙，破除生活幻觉。为此布氏采用"间离效果"："'间离效果'或'离情作用'，事实上即是'破除生活幻觉'的技巧，反对演员、角色、观众合而为一的技巧。"[2]

　　以是否造成／破除生活幻觉的第四堵墙为标准，黄佐临进一步将戏剧观概括为两种："造成生活幻觉的戏剧观和破除生活幻觉的戏剧观；或者说，写实的戏剧观和写意的戏剧观；还有就是，写实写意混合的戏剧观。"[3] 可以看出，黄佐临所谓造成生活幻觉的戏剧观即斯坦尼斯拉夫斯基戏剧观，破除生活幻觉的戏剧观即布莱希特戏剧观、梅兰芳戏剧观。他在行文中语意一转，把"造成生活幻觉的戏剧观"转换为"写实的戏剧观"，把"破除生活幻觉的戏剧观"转换为"写意的戏剧观"。根本没有论述"造成生活幻觉"与"写实"、"破除生活幻觉"与"写意"之间的关系，还提到介于二者之间的"写实与写意混合的戏剧观"，而是否破除第四堵墙就没有中间状态了。依据黄佐临的表述，斯坦尼斯拉夫斯基戏剧观为写实的戏剧观，梅兰芳戏剧观为写意的戏剧观，那么布莱希特戏剧观就是"写实与写意混合的戏剧观"。这些都为以后的争议埋下了伏笔。

　　在《漫谈"戏剧观"》中，黄佐临通篇都未给戏剧观的内涵和外延以严谨

---

[1]　黄佐临：《漫谈"戏剧观"》，《人民日报》1962年4月25日第5版。

[2]　黄佐临：《漫谈"戏剧观"》，《人民日报》1962年4月25日第5版。

[3]　黄佐临：《漫谈"戏剧观"》，《人民日报》1962年4月25日第5版。

的界定。在对戏剧观进行分类时，他先是将其以戏剧家分为斯、梅、布三种，后又以是否造成 / 破除生活幻觉的第四堵墙为标准分为两种：造成生活幻觉的戏剧观和破除生活幻觉的戏剧观，进而概括为写实的戏剧观和写意的戏剧观，而"写实"和"写意"概念也未予以界定。

20 世纪 60 年代对布莱希特的介绍，也与大的时代氛围有关。1956 年 4 月 28 日，毛泽东在中共中央政治局扩大会议上提出："百花齐放、百家争鸣，应该成为我国发展科学、繁荣文学艺术的方针。"20 世纪 60 年代后，国内有许多介绍西方先锋派、现代派的文章。1962 年 10 月 21 日《人民日报》第 5 版发表程宜思的《法国先锋派戏剧剖视》。1962 年 8 月 9 日《人民日报》第 6 版发表田汉纪念梅兰芳逝世一周年的文章《追忆他，学习他，发扬他》，其中提到"黄佐临同志发表他的戏剧观，引起了戏剧界广大注意"，"佐临同志的话是说得很有趣的，也打中了要害"。

这时期对布莱希特的戏剧观念也多有介绍。1962 年第 8 期《剧本》载长流译、丁扬忠校、德国贝托尔特·布莱希特著的教育短剧《例外与常规》，文后注明：丁扬忠根据《布莱希特戏剧集》（柏林建设出版社 1958 年出版）校。剧作后有长流的"译后记"，其中提到布莱希特是德国无产阶级作家，他的表演理论"在欧洲也是与斯坦尼斯拉夫斯基体系相并列"的。[①] 同年第 9 期发表了丁扬忠的《布莱希特与他的教育剧》一文，文中提到德国弗里德利希·沃尔夫和布莱希特二人的"戏剧观"很不一样，指出了二人的不同，对布莱希特"史诗戏剧"做了介绍。

1963 年第 1 期《戏剧报》发表了《从一个戏谈布莱希特的编剧特征——在中国剧协举办的第一期话剧作者学习、创作研究会上的讲话提纲》，以布氏作品《第三帝国统治下的恐惧和痛苦》对其编剧特征进行了介绍。

1962 年 9 月 12 日第 3 版《文汇报》发表了童道明的《对布莱希特戏剧

---

① 长流：《译后记》，《剧本》1962年第8期。

理论的几点认识》，主要讨论了三个问题：布莱希特戏剧理论的基石——"记叙性戏剧"的实质和内容；布莱希特戏剧革新的主要手段——"间离效果"的实质和内容；布莱希特的现实主义。童道明曾言及："在新中国成立之后的头十七年中我发表的唯一一篇戏剧论文是写于 1962 年的《关于布莱希特戏剧理论的几点认识》，这是在佐临的《漫谈"戏剧观"》的启示下写的。"①

卞之琳的《布莱希特戏剧印象记》连载于 1962 年《世界文学》5—8 期。这篇长篇论文开宗明义，指出文章撰写的动机是回应当时"欧美反动文艺批评家"所掀起的"反布莱希特运动"。

对于 60 年代提出的"戏剧观"这一概念，黄佐临也意识到了其模糊性，后来曾在《漫谈"戏剧观"》文后②做解释："关于'戏剧观'一词，辞典中是没有的，外文戏剧学中也找不到，是我本人杜撰的。有人认为应改作'舞台观'更确切些，事实不然，因为它不仅指舞台演出手法，而是指对整个戏剧艺术的看法，包括编剧法在内。这样武断地杜撰是否对？欢迎读者指正。"③算是对"戏剧观"概念的外延进行了界定，但这外延也不确切。有人曾指出几十年前，余上沅等前辈就使用过"戏剧观"的概念。④

作为有"南黄北焦"之称的著名导演，黄佐临在戏剧理论方面的主要贡献就是提出了"戏剧观"概念，并在 80 年代引发了一场声势浩大的争论。黄佐临于 1990 年专门出版了《我与写意戏剧观》一书，对戏剧观、写意戏剧观进行专门阐释。1981 年，新世界出版社出版的《京剧与梅兰芳》英文

---

① 童道明：《戏剧的讨论》，《戏剧艺术》1999年第6期。此回忆有误，文章应为《对布莱希特戏剧理论的几点认识》，发表于1962年9月12日第3版《文汇报》。

② 这一解释没有出现在1962年4月25日《人民日报》中，在杜清源编《戏剧观争鸣集（一）》所选《漫谈"戏剧观"》文后有此解释。《漫谈"戏剧观"》在60年代曾刊于《文汇报》《人民日报》《中国戏剧》。《导演的话》收录时已有，至于何时有此解释，待考。

③ 黄佐临：《漫谈"戏剧观"》，杜清源编：《戏剧观争鸣集（一）》，中国戏剧出版社1986年版，第18页。

④ 穆海亮：《戏剧观论争的理论偏颇及其消极影响》，《文艺争鸣》2010年第5期。

书中，黄佐临有篇文章英文名为"Mei Lanfang, Stanislavsky, Bercht-a study in contrasts"，翻译时以《梅兰芳、斯坦尼斯拉夫斯基、布莱希特戏剧观比较》为名发表于同年8月12日第5版的《人民日报》，"戏剧观"一词在其英文论文中没有对应词。1988年，黄佐临曾提及"写意戏剧观"外语里没有对应词，他曾请教过许多外国同行，包括阿瑟·密勒，也找不到恰当名称，最终找到满意的专门名词"ideographic"（会意的）和写实戏剧中的"photographic"（照相式的）、"realistic"（现实主义的）形成对比。^①可见，黄佐临是很在意他所提出的戏剧观、写意戏剧观概念的。

至于三大戏剧观的说法，曾有学者提出质疑。如沈林认为"三大体系"的提出虽有积极意义，但"在方法论上是不够严谨的，对中外戏剧史的考察是不彻底的，对当代戏剧现状的调查是欠缺的"^②。长期以来，戏剧界都流行着这种说法，认为世界戏剧有三大表演体系，即斯坦尼斯拉夫斯基体系、布莱希特体系以及以梅兰芳为代表的京剧表演体系。而翻检国际上的戏剧理论著作，唯有中国有这种提法。而始作俑者，是1962年4月25日的《人民日报》发表的黄佐临的《漫谈"戏剧观"》一文。毛小雨对这种说法也提出了质疑。王复民也持类似观点："在我国戏剧界，一直存在着斯坦尼斯拉夫斯基、布莱希特、梅兰芳三大体系之说。这一观点，产生于我国著名学者、导演艺术家黄佐临先生于1962年广州会议所做的一次报告，后成文为《漫谈'戏剧观'》。在这次报告中，黄先生并未明确提出'三大体系'的结论，而是分别解释了斯坦尼、布莱希特、梅兰芳三种不同的美学追求和创作方法，在后人的学术文章中把它归纳为'三大体系'，这种提法一直延续至今。"^③

但实际上，黄佐临并未明确提出"三大体系"的说法。对此，廖奔在《"三

---

①　黄佐临：《〈中国梦〉——全球两种文化交流的成果》，上海艺术研究所话剧室编：《佐临研究》，中国戏剧出版社1990年版，第14页。

②　沈林：《斯坦尼斯拉夫斯基·布莱希特·梅兰芳》，《读书》1998年第4期。

③　王复民：《斯坦尼斯拉夫斯基"体系"在中国》，《浙江艺术职业学院学报》2011年第1期。

大戏剧体系说"的误区》认为，"'三大戏剧体系'的提法在概念上是含混不清、缺乏逻辑前提和科学性的"，"它将人们导向危险的偏见与盲视；佐临先生将斯、布、梅进行比较，是希望改变斯氏体系长期统治中国剧坛的状况，打破中国剧坛单一的舞台模式，从未暗示或明确提出过所谓'三大体系'的概念"。[1]

从现有史料看，60年代《漫谈"戏剧观"》一文发表后，并未引起太多人关注。1962年，谢明、薛沐读了黄佐临的《漫谈"戏剧观"》后，发表了《对布莱希特演剧方法的浅见》，认为："一、布莱希特的演剧理论主要表现在对话剧演出形式的革新上。在表演方法上和'表现派'的主张大体相同，没有提出更多新的见解。更明确地说，我们认为布莱希特的理论是一种演剧方法而不是一种表演方法。二、中国戏曲也是一种演剧方法，虽然其中有某些表现技巧，从表面上看来似乎和布莱希特的主张一致，但其实质却和布莱希特的理论有很大距离。三、斯坦尼斯拉夫斯基体系和狄德罗的'理想的典范'以及'表现派'的各种主张，都是一种表演方法，而不是一种演剧方法。这些流派的表演方法都可以为戏曲的演剧方法（即佐临同志说的'写意的戏剧观'）所吸收。"他并进行了说明："我们所谓'演剧方法'的含义是包括编剧、导演、舞台美术以及表演的创作方法。但是我们为了强调地指出布莱希特的演剧理论，主要表现在编剧、导演、舞台美术的革新上；而斯坦尼斯拉夫斯基体系和'表现派'的主张，主要是对表演方法的探讨，所以我们将'演剧方法'和'表演方法'加以平列地叙述。"他们指出了布莱希特对中国戏曲的误读："把戏曲中的某些表现手法，用到话剧中作为'间离效果'是完全可以的；布莱希特也正是这样依据自己的观点来吸收对他有用的部分，丰富了他的理论和实践。正如某些'表现派'大师们用自己的观点来解释戏曲中的'身段'是'感情符号''感情的外在标志''社会手势'等一样，布莱希特把它

---

① 廖奔：《"三大戏剧体系说"的误区》，《中国戏剧》1998年第7期。

们理解为'间离效果'。其实这都是对中国戏曲不熟悉而产生的错觉。中国戏曲中的这些独特的表现手法，却是另一种演剧方法的有机组成部分；而且作为另一种演剧方法的有机组成部分时，这就完全不是什么'感情符号''社会手势'，也不带'间离效果'的意味了。"①

二、《漫谈"戏剧观"》：戏剧观念的改变

纵观《漫谈"戏剧观"》全文，可以看出：

第一，虽然在《漫谈"戏剧观"》一文中黄佐临言及自己"并非布氏的信徒"，但他对布莱希特的戏剧理论显然是认可的。他对布莱希特戏剧及其理论的提倡，是有一个认识过程的。

据黄佐临所言，早在英国学习戏剧时，他就读过布莱希特的文章《中国戏剧艺术中的陌生化效果》，知道这是布氏流亡苏联期间看了京剧表演艺术家梅兰芳的演出后，受到启发而写。这激起了黄佐临的民族自豪感，于是开始关注布氏戏剧理论。② 在英留学期间他还曾读过布莱希特的《论第四堵墙与中国戏剧》，黄佐临自述从这篇文章起"对布莱希特就感兴趣了，就学习他其余的论文与剧本"③。这些都是黄佐临后来的回忆，在其晚年回忆录《往事点滴》④中并未提及，在他的传记《喜剧人生·黄佐临》⑤一书中也未见到。值得注意的是，1938年黄佐临夫妇回国就职于重庆国立剧校后，他们介绍的却是斯坦尼体系的概貌，并运用斯坦尼体系的方法来培养学生。

---

① 谢明、薛沐：《对布莱希特演剧方法的浅见》，《戏剧报》1962年第9期。

② 黄佐临：《布莱希特〈中国戏剧艺术的陌生化效果〉读后补充》，《我与写意戏剧观》，中国戏剧出版社1990年版，第225—226页。

③ 黄佐临：《回顾·借鉴·展望》，《我与写意戏剧观》，中国戏剧出版社1990年版，第420页。

④ 这本回忆录是黄佐临晚年在病床上口述而成，曾在报纸上发表，2012年由上海书店出版社出版。

⑤ 纪宇：《喜剧人生·黄佐临》，山东画报出版社1996年版。

据丁罗男考证，1951 年初在上海人民艺术剧院排练《抗美援朝大活报》期间，黄佐临曾做了一次长达 6 小时的关于布莱希特和史诗剧的报告。[①]1959年为纪念中国与民主德国建交十周年，双方达成互相上演对方国家戏剧的协议，德方演出剧目为《十五贯》，我国演出剧目为布莱希特的《胆大妈妈和她的孩子们》，于是黄佐临执导了他艺术生涯中的首部布氏剧作。

排演前，佐临做了题为"关于德国戏剧艺术家布莱希特"的报告，后刊于《戏剧研究》1959 年第 6 期，这是目前见到的黄佐临对布莱希特最为全面的介绍文章，他认为"在我们致力于提高话剧质量，突破舞台现有形式，继承民族戏曲优良传统"的时候，演出布莱希特的作品，"有一定的参考价值"，[②]黄佐临要打破斯坦尼在国内一统天下的现状，想从布莱希特戏剧中汲取有益经验，指出了布氏戏剧的目的和意义。

随后他详细介绍了布氏的生平、创作概况、舞台实践特征和戏剧理论特征，阐释了布氏戏剧理论的感应、间离效果、移情作用等术语，认为"布莱希特找出一条'向东看'的路子。东方舞台和西方舞台最大的区别是：西方舞台讲究以第四堵墙造成生活的幻觉；而东方舞台，尤其是中国戏曲，从来不用第四堵墙，而主张'破除生活幻觉'，坦率地承认我们是在演戏，希望通过戏来表达人物复杂的思想感情。在舞台上制造生活幻觉和破除生活幻觉——这个区别非常重要，是根本性的区别"[③]。"破除生活幻觉"是黄佐临对布莱希特戏剧理论的解读，基于此他尤其提到布氏理论的核心概念 Verfremdungseffekt 的几种翻译："间离效果""离情作用""陌生化效果"等，但他认为将其译为"破除生活幻觉的技巧"可能比较直截了当[④]，这种翻译已移植了黄佐临自己的期待、想象和阐释。

---

① 丁罗男：《构建中国式话剧的新格局——论佐临写意戏剧观的形成及其民族特色》，上海艺术研究所话剧室编：《佐临研究》，中国戏剧出版社1990年版，第98页。

② 黄佐临：《关于德国戏剧艺术家布莱希特》，《导演的话》，上海文艺出版社1979年版，第127页。

③ 黄佐临：《关于德国戏剧艺术家布莱希特》，《导演的话》，上海文艺出版社1979年版，第136页。

④ 黄佐临：《关于德国戏剧艺术家布莱希特》，《导演的话》，上海文艺出版社1979年版，第136页。

黄佐临尤其对"间离效果"做了解释，说出了自己介绍布氏戏剧的动机：

我常想写一篇文章，题名为：《梅兰芳、斯坦尼斯拉夫斯基、布莱希特》。表面看来，这三位戏剧大师似乎格格不入，而斯坦尼斯拉夫斯基与梅兰芳尤其站在两个极端：一个讲究内心体验，生活化；一个讲究程式化；而布氏似乎站在两者的中间。学习斯坦尼斯拉夫斯基如果学不到家，可能产生自然主义倾向（对生活化误解）；学习民族戏曲传统倘只发展加锣鼓点、说韵白，最好也好不过传统戏曲，这使我想到布莱希特，从他这里是否可能得到启发？ ①

他认为"但布氏在编剧上、演出上确实不同于斯氏，而却和我们的戏曲接近"②。佐临还归纳了戏曲的四大特征：

祖国的戏曲传统有着如下特征：

（1）流畅性：它不像话剧换幕换景，是连续不断的，有速度、节奏和蒙太奇。

（2）伸缩性：很灵活，不受空间时间限制，可做任何表现。

（3）雕塑性：话剧是把立体的人摆在镜框里，戏曲却突出人，三面都可以看，有雕塑性。

（4）规例性（通常用"程式化"这个术语，未能确切地说明涵义，现在暂名之曰规例性）：意思是约定俗成，大家公认，这是戏曲传统最根本的特征，也是和西方传统绝对不同的地方。把生活搬上舞台是不行的，

---

① 黄佐临：《关于德国戏剧艺术家布莱希特》，《导演的话》，上海文艺出版社1979年版，第142—143页。

② 黄佐临：《关于德国戏剧艺术家布莱希特》，《导演的话》，上海文艺出版社1979年版，第143页。

坦白告诉观众，演戏便是演戏，这种公认的规例打破了时间空间的局限，给予了我们无限的方便。[①]

布莱希特在谈到"叙述体戏剧"[②]实验时说："我在这里不可能叙述我曾经尝试过的戏剧结构，舞台结构和表演方法的那些新技巧。它们的基本原则就是用'陌生化'去代替感情整合。"可见，布氏的"陌生化效果"并不是黄佐临所理解的"破除生活幻觉的技巧"，一个有趣的现象是，布莱希特借鉴中国戏曲提出了"陌生化效果"概念，已被学界指出系对中国戏曲的误读；[③]而黄佐临对布莱希特"陌生化效果"亦产生了误读，学界对此亦多有探讨。[④]

黄佐临开始思考布莱希特戏剧理论所带来的启发，但他在上海人民艺术剧院执导的《胆大妈妈和她的孩子们》演出效果不佳，戏剧研究者和观众反响不好。据当时任教于上海戏剧学院的何纪华回忆，首演时"我看了还不到一半，就觉得看不下去。这时观众已大批离场，我想应该坚持住，不是戏本身吸引我，而是想看个究竟，人都走了，戏还怎么演？……最后只剩下三四

---

①　黄佐临：《关于德国戏剧艺术家布莱希特》，《导演的话》，上海文艺出版社1979年版，第143页。

②　关于布莱希特Episches Theatre在国内曾有不同翻译，郭晨子的《近三十年中国的布莱希特研究》（《戏剧》2013年第5期）和夏波的《布莱希特"叙述体戏剧"研究》（文化艺术出版社2016年版）等都曾对这一概念做过辨析，本文采用"叙述体戏剧"译法。

③　相关文章见王建：《论布莱希特对梅兰芳的误读——试析叙事剧理论发展中的中国戏曲要素》，《欧美文学论丛》2004年；颜海平：《"他山之石，可以攻玉"的思维过程——简析布莱希特的"离间理论"和中国京剧》，《戏剧艺术》1987年第4期；康保成：《再论布莱希特对梅兰芳的误读》，《中国戏曲学院学报》2018年第1期；邵志华：《误读视阈下布莱希特对中国戏曲的接受》，《南通大学学报（社会科学版）》2014年第3期；刘昊：《从布莱希特对中国戏曲的误读谈起》，《戏剧文学》2005年第10期；邹琰：《布莱希特：误读与被误读》，《四川戏剧》2008年第6期；等等。

④　相关文章见周宪：《布莱希特的诱惑与我们的"误读"》，《戏剧艺术》1998年第4期；胡星亮：《布莱希特在中国的影响与误读》，《外国文学评论》2007年4期；陈世雄：《"布莱希特热"及其存在的问题》，《戏剧》2012年第4期；郭晨子：《近三十年中国的布莱希特研究》，《戏剧》2013年第5期；黄钊：《叙述学视角下看"新时期"对布莱希特的误读》，《北极光》2019年第1期；等等。

个人，又走了几个，剩下一个人，那就是巴金"①。

观众不接受的原因是多方面的，这部剧作反映的时代背景和当时的中国现实相距太远，人物的行为和心理也不符合中国人的审美习惯；在当时的语境下，观众乃至戏剧研究者所秉持的戏剧观念深受斯坦尼体系影响，不同于布氏的戏剧观念；佐临从舞台布景、道具、服装乃至音乐都力求和布莱希特执导的该剧相一致，没有加以适当的中国化改造。佐临自言"是我导演八十八个戏中最大的失败"②。《胆大妈妈和她的孩子们》演出后评论文章很少，目前见到的仅有陈恭敏的《从〈胆大妈妈〉看布莱希特的艺术特色》③。

演出虽然失败了，但黄佐临的戏剧探索并未停止。在其导演的其他剧目中，他多次从戏曲和布莱希特戏剧理论中汲取技巧。20 世纪 60 年代初，黄佐临在上海人艺尝试用话剧形式演出了一系列戏曲传统剧目，有大型喜剧《借妻》和一组短剧"三打"——《打城隍》《打豆腐》《打新娘》。他仍沿用"开场白""独白""旁白"等戏曲表演方法，布景、服装也基本保持原样，每剧都只用两三个演员，表演中时而充当"说书人"跳出角色，时而化成剧中角色，舞台时空极其灵活自由。丁罗男曾对此评价："有意识地探求中国戏曲叙事特点和话剧表演相结合的可能性，通过学习戏曲的写意形式，寻找与布氏'破除生活幻觉的技巧'的共通点。"④

《文汇报》1962 年 4 月 28 日第 3 版发表了黄佐临译的布莱希特的《谈中国戏曲》一文，文后说明：根据 1936 年冬季刊的《今日生活与文学》中的英译转译。

---

① 纪宇：《喜剧人生·黄佐临》，山东画报出版社1996年版，第110页。
② 黄佐临：《回顾·借鉴·展望》，《我与写意戏剧观》，中国戏剧出版社1990年版，第420页。
③ 见《上海戏剧》1959年第2期。
④ 丁罗男：《构建中国式话剧的新格局——论佐临写意戏剧观的形成及其民族特色》，上海艺术研究所话剧室编：《佐临研究》，中国戏剧出版社1990年版，第104页。

三、新时期重提"戏剧观"概念

新时期以后，黄佐临对布莱希特戏剧理论的接受进入了第二个阶段，这一阶段主要阐释其演剧理论"写意戏剧观"，并用来执导戏剧，这成为他舞台实践的重要理论武器。

1978 年初，黄佐临在《谈谈我的导演经验》一文中重提"写意戏剧观"："戏剧观也有两种：一种是写实的戏剧观；另一种是写意的戏剧观。我们对这两个'观'的态度是：在世界观上，我们当然赞成前者，反对后者；在艺术观上，我们也当然赞成前者，反对后者；但在戏剧观上，前者后者都可以，事实上，二者往往是结合的。只不过有的写实成分多一些，如话剧；有的写意成分多一些，如戏曲。"[1] 同年 8 月，他在上海话剧汇报演出讲座上的学术报告《从〈新长征交响诗〉谈起——对我国话剧艺术的展望》中，借《新长征交响诗》又提到了他的戏剧观——"写意的戏剧观"。[2] 黄佐临提到"革命的现实主义和革命的浪漫主义相结合的创作方法，尤其指引着我的戏剧观的形成和发展。作用于话剧创作，它包括：1. 生活写意性（指来源于生活又在生活的基础上提炼集中，是对原生活的再创造）；2. 语言写意性（指表达思想感情的词汇，音韵的选择、锤炼、加工）；3. 动作写意性（指来自生活基础，化自戏曲传统，经过艺术概括，推陈出新的舞台动作）；4. 舞台美术写意性（指对典型环境经过提炼、剪裁和艺术加工构成的布景、造型、灯光、服装、道具、效果等）。这四个方面的综合，便构成了我的戏剧观——写意的戏剧观"[3]。20世纪 70 年代末 80 年代初，黄佐临在接受布莱希特戏剧理论的基础上，对"戏剧观"概念及其理论进行了思考，发表了《回顾·借鉴·展望》《梅兰芳、斯

---

① 黄佐临：《谈谈我的导演经验》，《戏剧艺术》1978年第2期。

② 黄佐临：《从〈新长征交响诗〉谈起——对我国话剧艺术的展望》，《导演的话》，上海文艺出版社1979年版，第276页。

③ 黄佐临：《从〈新长征交响诗〉谈起——对我国话剧艺术的展望》，《导演的话》，上海文艺出版社1979年版，第273页。

坦尼斯拉夫斯基、布莱希特戏剧观比较》[1]《布莱希特〈中国戏剧艺术中的陌生化效果〉读后补充》[2]三篇文章，基本都是倡导布莱希特戏剧理论的"陌生化效果"，重在阐发他所提出的"写意戏剧观"。

1978年，中国青年艺术剧院决定排演布莱希特的名剧《伽利略传》，邀请黄佐临来京和陈颙共同执导。黄佐临在排演《伽利略传》时，提出要保持布莱希特的特点。1979年《伽利略传》的演出引起了轰动："这是三月初的一个黎明，虽然春寒凛冽，但在北京长安街青年艺术剧院剧场门口，人们早已赶来排队，耐心地等待着购买话剧《伽俐略传》[3]首次公演的戏票了。人越聚越多，队伍也越来越长，左右两条长龙，快排到东单了。"[4]这种现象引起导演陈颙的思考："连演八十多场，座无虚席，终场时观众不忍离去。这使我们深深思考，谁说布莱希特的戏在中国没有观众呢？谁说我们的中国观众不能理解布莱希特呢？演出之后，许多观众走向剧院，写来热情的信和提出各种各样的问题，显示了他们对布莱希特的极大兴趣。这给我们剧院很大震动，使我们认识到无论是中国的知识界、学术界、戏剧界都将在布莱希特的研究和探讨中，在对他的剧作的实践中得到很大的好处，起码在精神上我们会受到很大鼓舞。……一些中青年戏剧工作者，特别是一批青年外语工作者，不断向我们表示，愿意研究布莱希特。"[5]

我国文艺界、思想界，尤其是科学界对《伽利略传》的演出反应强烈，剧组曾收到自然科学史研究所、电力部电力科学研究所、高能所、北京市环

---

① 见黄佐临：《我与写意戏剧观》，中国戏剧出版社1990年版。

② 此文据黄佐临于1981年3月在香港举行的国际布莱希特学术讨论会上的书面发言整理而成，《戏剧论丛》1982年第1辑。

③ 为使译名统一，文中均写作"伽利略"，但引文中或当时文章名中的"伽俐略"均不做处理。

④ 李家耀：《第九十一个戏的成功演出——佐临导演〈伽俐略传〉侧记》，《上海戏剧》1979年第3期。

⑤ 陈颙：《从〈伽俐略传〉到〈高加索灰阑记〉——寻找布莱希特与中国民族戏剧传统的连接点》，《我的艺术舞台》，中国戏剧出版社1999年版，第26—27页。

境保护科学研究所的科学家们热情的来信。《伽利略传》的演出引起广大观众和国内外戏剧家、学者的密切关注，仅北京一地就发表了 40 余篇评论、研究布莱希特的文章。剧评有林克欢的《辩论的戏剧、精彩的演出——评〈伽俐略传〉剧作及演出》、龚和德的《创造非幻觉主义的艺术真实——〈伽俐略传〉舞台美术欣赏》、吕恩的《浅谈导演的职能——从对〈伽俐略传〉里一句台词的探讨说起》、薛殿杰的《〈伽俐略传〉舞美设计创作笔谈》、黄冰的《独特的艺术　成功的表演——谈话剧〈伽俐略传〉的演出》等，一些学者如郑雪莱、丁扬忠、童道明、张黎等研究布莱希特戏剧理论的学术文章也相继发表。

《伽利略传》演出取得成功的原因是多方面的。首先，就剧作本身而言，剧中的一些言论契合了"文革"后的社会语境，其所蕴含的冲破神权、探索真理、重塑精神、引发思考的强大思想解放力量，引起观众深深的共鸣。排演时，黄佐临提出要保持布莱希特哲理性的特点："主要是编剧，保留剧本特点，舞台美术也要保持布莱希特的打破第四堵墙，道具用真实的，半截幕上打字幕却要用，要保持布莱希特的特点，最要紧的是把它的哲理性向观众传达出来。"[1] 剧中当伽利略在宗教裁判所被审讯时，他的弟子们在门外等候，结果却是伽利略因屈服而放弃了自己的"太阳中心说"，对于安德烈亚所叹息的"没有英雄的国家多么不幸啊"，伽利略当时未做回应，在临走时却冷冷回复："需要英雄的国家是不幸的"。剧中伽利略还有句台词："人们对天体运动已越来越清楚，而人民对他们的统治者的运动一直还是不明不白。"《伽利略传》的思想性和哲理性带给观众强烈的震撼。其次，《伽利略传》打破第四堵墙的演出形式，"陌生化效果"的运用，在对社会问题剧产生审美疲劳的时候，带给观众不一样的观剧体验。

随之中国剧坛掀起一阵"布莱希特热"，《高加索灰阑记》《四川好人》《第

---

[1] 黄佐临：《在〈伽利略传〉排练厅内的讲话》，《我与写意戏剧观》，中国戏剧出版社1990年版，第178页。

三帝国统治下的恐惧与痛苦》《潘迪拉老爷和他的仆人马狄》《例外与常规》《第二次世界大战中的帅克》等布氏作品的全剧或片段先后被搬上舞台。

此后，黄佐临不断在其导演的戏剧中运用"写意戏剧观"理论。1987 年他执导的称之为"八场写意话剧"的《中国梦》，在《〈中国梦〉——导演的话》①和《〈中国梦〉——全球两种文化交流的成果》②中均有提及，不再赘述。

第二，作为一个导演，《漫谈"戏剧观"》一文，如黄佐临所言其主要目的是"以便打开我们目前话剧创作只认定一种戏剧观的狭隘局面"，拓展戏剧思路，"这个企图在舞台上造成生活幻觉的'第四堵墙'的表现方法仅仅是话剧许多表现方法中之一种；在两千五百年话剧发展史中，它仅占了七十五年，而且即使在这七十五年内，戏剧工作者也并不是完全采用这个方法。但我国从事话剧的人，包括观众在内，似乎只认定这是话剧的唯一创作方法。这样就受尽束缚，被舞台框框所限制，严重地扼制住我们的创造力。为了摆脱这些束缚、限制，布莱希特主张破除第四堵墙，破除生活幻觉"。也就是说，打破斯坦尼斯拉夫斯基的戏剧表现方法，借鉴梅兰芳、布莱希特的戏剧理论，"尝试多种多样的戏剧手段，创造民族的演剧体系"。③

1981 年陈恭敏曾谈起黄佐临提出"戏剧观"问题的目的，出发点是"期望我国话剧继承二千五百多年来人类创造的优秀戏剧遗产，不要局限于十九世纪兴起的现代写实戏剧的规范"，"佐临提出的问题触及话剧的根本，是切中要害的"。④

第三，黄佐临执导的话剧偏于布莱希特之类的戏剧，但在当时的中国，根本就没有这样的剧本供他二度创作。《漫谈"戏剧观"》的最后，黄佐临谈及编剧问题："剧本、剧本，一剧之本。如果一个剧本是以写实戏剧观写的，

<hr>

① 见黄佐临：《我与写意戏剧观》，中国戏剧出版社1990年版。
② 见上海艺术研究所话剧室编：《佐临研究》，中国戏剧出版社1990年版。
③ 黄佐临：《漫谈"戏剧观"》，《人民日报》1962年4月25日第5版。
④ 陈恭敏：《戏剧观念问题》，《剧本》1981年第5期。

我们就很难以写意的戏剧观去演出，否则就不免要发生编导纠纷。"重点介绍了布莱希特的编剧技巧，一是"先由动作出发，然后塑造人物性格，不是先有人物性格再找动作，体现性格"，二是"'日常生活历史化'的技巧"[1]，呼应了文章开头提到的理想剧本的要求。

于是，黄佐临所提出的"戏剧观"概念，在 70 年代末重新进入了人们的视野。笔者目前看到的较早的资料是 1979 年 11 月陈骏涛、黄维钧在《人民戏剧》[2]发表的《重话"戏剧观"》，明确以"戏剧观"为题。文章在探讨 1978 年、1979 年的话剧时，将"戏剧观"概念重新提出，从正面肯定了这一概念，并指出了黄佐临提出"戏剧观"概念的目的："他希望借重于布氏的戏剧观，来改变我国话剧的只认定一种戏剧观——即斯氏戏剧观——的狭隘局面，以开拓我国话剧艺术的发展道路，使话剧更好地为社会主义服务。"[3] 这个结论对黄佐临《漫谈"戏剧观"》的目的的把握是很准确的。而这一目的也和陈、黄二人一致："既然话剧的表现手段是随着历史的发展和生活实践的需要而不断变革的，既然前人曾经采用过多种的话剧表现手段，那么，我们有什么理由要把自己限制在一种话剧框框里呢？既然社会主义社会为艺术的发展开辟了宽广的道路，它容许并且鼓励多种流派和各种风格的艺术百花齐放，那么，为什么在话剧艺术中就只有一个流派——即以第四堵墙造成生活幻觉的流派——存在呢？在这方面，如果我们重视戏剧观的研究和实践，将有助于丰富我国话剧艺术的表现手段，促进话剧艺术的百花齐放。"[4] 文章最后以一些话剧为例，对一些年轻剧作者的尝试和努力做了分析。

陈、黄二人的文章发表于 1979 年 11 月，距离中国共产党的十一届三中全会尚有一个多月时间，话剧危机也未曾出现，两人就提出了有前瞻性的借

---

① 黄佐临：《漫谈"戏剧观"》，《人民日报》1962年4月25日第5版。

② 《戏剧报》在1976年复刊后更名为《人民戏剧》。

③ 陈骏涛、黄维钧：《重话"戏剧观"》，《人民戏剧》1979年第11期。

④ 陈骏涛、黄维钧：《重话"戏剧观"》，《人民戏剧》1979年第11期。

鉴多种话剧表现手段、繁荣话剧艺术的见解。

1979 年 12 月 7 日，黄佐临与上海戏剧学院的美国留学生贝白堇有一次谈话，此文发表于《戏剧艺术》1983 年第 4 期。"我是 1962 年正式提出这个问题的，要打破第四堵墙，可是遭到反对。没有人正式跟我辩论，可是心里都反对。戏剧界里头大部分都是搞第四堵墙的，不是很好吗？我也承认它很好，可是打破第四堵墙也有好的，也很好嘛！我是那种观点，我允许四堵墙存在，别人怎么不允许我打破第四堵墙呢？我也不急，几十年后——那时我也不活着了，几十年、几百年以后反正要打破的，我相信这是历史的必然，一定要打破的。二千五百年来的戏剧，都不是有四堵墙的，只是七八十年代才开始有。布莱希特是要打破四堵墙的，所以我对布莱希特发生了兴趣，事情就是这样开始的"，"有一阵《于无声处》在上海有四十个团同时演出，在北京也是四十个场子同时演出"。①

70 年代末 80 年代初，黄佐临对"戏剧观"概念及其理论进行了重新思考，发表了《回顾·借鉴·展望》《梅兰芳、斯坦尼斯拉夫斯基、布莱希特戏剧观比较》《布莱希特〈中国戏剧艺术中的陌生化效果〉读后补充》三篇文章，对"戏剧观""写意戏剧观"概念等稍做修正，基本延续了《漫谈"戏剧观"》一文中的观点。

《回顾·借鉴·展望》（1978 年底在文化部召开的"表导演艺术教学座谈会"上的发言）发表于 1978 年，文中先是对斯坦尼斯拉夫斯基戏剧理论的实践进行了回顾，然后说明自己"不是全盘照搬斯坦尼体系"，引出了布莱希特"要打破第四堵墙"的戏剧理论，重点对中国戏曲的实质进行了阐释："一般地说，西方的剧是写实的"，认为戏曲的"实质是写意"，写意有四方面的特点："1. 生活写意性，就是说不是写实的生活，而是源于生活，又是对生活加以提炼、集中、典型化。高于生活就是写意的。戏曲演员在台上活动，把生活

---

① 《黄佐临与美国留学生的谈话》，《戏剧艺术》1983年第4期。

搬上舞台，可这生活不是现实生活，而是提炼过的高于生活的东西。2.动作写意性，京剧也好，芭蕾舞也好，都是一种达到一定意境的动作。3.语言写意性，就是不是大白话，是提炼为有一定意境的艺术语言，达到诗体的语言，我称为语言写意性。4.舞美写意性。四个写意性的总和，就是写意的戏剧观，也即是革命的现实主义和革命的浪漫主义相结合的创作方法，这就是我对话剧发展的展望。"[1] 这里所提出的"中国戏曲的实质是写意""写意戏剧观"等，都成为后来论争的焦点。

1981 年黄佐临发表的《梅兰芳、斯坦尼斯拉夫斯基、布莱希特戏剧观比较》与《漫谈"戏剧观"》中的观点基本一致，只是相关段落加了些小标题，相当于在改革开放后，黄佐临重提"戏剧观"概念。这篇文章中，黄佐临有两处拓展：

第一，黄佐临在《关于德国戏剧艺术家布莱希特》中所提到的四大外部特征的基础上，提出了戏剧观的四种内在特征。

四种内在特征是：

（1）生活写意性，就是说不是写实的生活，而是源于生活，又是对生活加以提炼、集中、典型化。创作不应当仅仅是来自生活，而应当是提炼过的高于生活的东西。

（2）动作写意性，即一种达到更高意境的动作。

（3）语言写意性，即不是大白话，而是提炼为有一定意境的艺术语言，达到诗体的语言。

（4）舞美写意性，即不是实际的环境，而是达到高度艺术水平的设计。[2]

---

① 黄佐临：《回顾·借鉴·展望》，《我与写意戏剧观》，中国戏剧出版社1990年版，第42页。

② 黄佐临：《梅兰芳、斯坦尼斯拉夫斯基、布莱希特戏剧观比较》，《我与写意戏剧观》，中国戏剧出版社1990年版，第316页。

　　黄佐临认为中国戏曲的内部特征都与写意有关，并且认为中国戏曲的实质是"写意"，这引起后来激烈的争议。

　　第二，黄佐临对于"写意"试着进行了界定："如果说西方艺术的基调是写实的话，那么传统的中国艺术的实质是什么呢？很难找到一个相当的词汇。在中文里我们有'写意'这个词汇，但是我还没找到一个适当的英译文；和外国朋友们谈到这个问题时，我只得用绘画来做比喻。古典西洋画基本是写实的，国画则主要是写意的。……是不是可以说'写实'（Realism）是西方艺术的基调，而'写意'（Essentialism）则是中国艺术的基调？如果我们同意这一对比，那么这也同样适用于我国的传统戏剧。"[1]黄佐临的界定是一种类比界定，从艺术到戏剧，类比的跨度也很大。

　　《布莱希特〈中国戏剧艺术中的陌生化效果〉读后补充》发表于1982年的《戏剧论丛》[2]，据1981年3月黄佐临在香港举行的国际布莱希特学术讨论会上的书面发言整理而成。文中黄佐临先是提到布莱希特认为中国古典戏曲很符合其"陌生化效果"，并且中国戏曲舞台"并不存在第四堵墙"，从而背离了欧洲舞台所追求的生活幻觉。然后主要探讨中国戏曲表演艺术同布氏"陌生化效果"不谋而合的原因，对二者进行了比较研究。此文中，黄佐临提到了以下几点：

　　第一，提出了"中国戏曲充分肯定舞台艺术的假定性"观点。黄佐临认为布莱希特提出的"中国戏曲演员的表演并不存在第四堵墙"，"它的表演就

---

　　① 黄佐临：《梅兰芳、斯坦尼斯拉夫斯基、布莱希特戏剧观比较》，《我与写意戏剧观》，中国戏剧出版社1990年版，第315页。

　　② 1957年1月创刊，田汉任主编。从1957年1月至1958年共出8期，着重发表研究戏剧史、戏剧文学以及舞台艺术等方面的文章。1959年与中国戏曲研究院编辑的《戏曲研究》合并，改名为《戏剧研究》，从1959年2月至1960年2月共出7期，1960年停刊。1979年至1980年更名为《戏剧艺术论丛》，由人民文学出版社不定期出版。1981年恢复《戏剧论丛》刊名，仍由中国戏剧出版社出版，赵寻任主编。复刊后着重发表研究当代戏剧问题、作家作品、舞台艺术及介绍有显著成就的戏剧艺术家的生平、创作道路和艺术实践经验的文章。1985年停刊。

是为了给人看。这就背离了现代西方舞台上制造生活幻觉的戏剧美学思想"。这个见解一语中的地道破了中国古典戏曲和西洋戏剧带有根本性的区别，"中国戏曲充分肯定舞台艺术的假定性，坦率承认我们是在演戏"。在此基础上，得出"破除生活幻觉和制造生活幻觉，这便是中国戏曲艺术和西洋戏剧艺术的根本性区别，而'破除生活幻觉'，恰正是布氏梦寐以求的"，[1]假定性也成为戏剧观论争点之一。

第二，黄佐临认为中国戏曲中表演成为绝对的中心。"中国戏曲由于不去追求生活幻觉因而那种把演员设法隐在'四堵墙'中的技巧就显得多余。这样，在西洋戏剧中借以创造'生活幻觉'的布景、灯光等等就退于更为次要的地位，甚至可有可无（在很多古典戏曲里，根本就没有布景，常常用一张桌子、两把椅子，便可适应很多各不相同的环境），而以表演为中心。应该说，在西洋戏剧里，一般也都是以表演为中心，演出最终总得通过演员的表演，来完成艺术创造任务；但在中国戏曲里，表演成为绝对的中心。"[2]随后重点探讨了中国戏曲虚拟化程式动作和布氏产生"移情作用"的"陌生化效果"的相似之处：

> 中国戏曲坦率承认艺术的假定性，经过世世代代无数戏曲艺术天才长期的摸索、创造、积累，反复琢磨，逐渐形成一整套的程式惯例——较大地脱离了生活原型的虚拟化动作——恰似布氏所说的那种"明晰的'展示'姿势"。这种虚拟化程式动作，技巧性很强，技艺要求很高，演员进行表演，势必带有布氏所说的那种"早已准备""久经锤炼的烙印"，而这恰恰有助于杜绝观众那迷醉于"生活幻觉"的倾向，在客观上产生

---

[1]　黄佐临：《布莱希特〈中国戏剧艺术中的陌生化效果〉读后补充》，《戏曲论丛》1982年第5期。

[2]　黄佐临：《布莱希特〈中国戏剧艺术中的陌生化效果〉读后补充》，《戏曲论丛》1982年第5期。

　　了能防止演员去创造通常程度的"移情作用"的"陌生化效果"。[1]

　　接着，黄佐临对中国戏曲表演的虚拟化程式动作、表现感情的程式动作进行了介绍，认为这些动作能鲜明醒目地将要告诉观众的事情表达清楚，因而和布氏"一切感情的东西必须表露于外，这就是说，把它变成动作"的要求相吻合。

　　第三，中国戏曲演员表演时的"自我观察"契合了布氏"演员和角色保持距离"的理论主张。黄佐临指出，布氏"要防止观众和舞台表演的事件融合为一，首先需要演员与所表现的形象保持一定的距离；中国戏曲演员在表演时随时进行有意识的控制，就使自己与角色自然地保持了一定的距离"。黄佐临对于布氏为达到此目的所采取的措施，和中国戏曲进行了比较："布氏还曾为使演员不完全变成角色提供了三种方法：1.利用第三人称；2.利用过去式；3.念出舞台说明和解释。他认为经过这三重'间离'，即可帮助演员跟他排演的角色保持相当的距离。他的这些方法，同我国的戏曲老艺人在给学生'说戏'时常用'他此时如何如何'的方法十分相似。"[2]

　　第四，黄佐临从中国戏曲文学叙事性的角度，解释了"中国戏曲演员和角色操持距离"的原因。他说："中国戏曲文学的叙事性，也不可避免地影响着戏曲表演的叙述性。在中国戏曲中，凡是文学中所能叙述的，都能搬上舞台。因为它具有不受时空限制的虚拟化表演程式和中国戏曲文学特有的构成程式。中国戏曲有'自报家门''旁白''帮腔'等开门见山向观众直接交代剧情的结构方式。"这些"明显地是在'通过另一个人重述一个事件'，或者说带有一定程度的叙事性。这又有力地防止了使中国戏曲演员与角色融为一体，而有可能恰当地保持着应有的距离"。[3]

---

① 黄佐临：《布莱希特〈中国戏剧艺术的陌生化效果〉读后补充》，《戏曲论丛》1982年第5期。
② 黄佐临：《布莱希特〈中国戏剧艺术的陌生化效果〉读后补充》，《戏曲论丛》1982年第5期。
③ 黄佐临：《布莱希特〈中国戏剧艺术的陌生化效果〉读后补充》，《戏曲论丛》1982年第5期。

　　第五，黄佐临进行了总结："无论中国戏曲存不存在'第四堵墙'，坦率承认演戏就是为了给人看戏的根本观念；无论表演中带有由'另一个人重述一个事件'的叙述的性质；无论'自我监视'表演方法……都和布氏的主张有许多相似之处。这些相似之处集中在一点上，就是辩证地处理演员、角色、观众三者间的关系，扬弃了西方传统表演中某些带有神秘色彩的东西，使表演艺术提高到了意识的范围里。"① 他也指出了中国古典戏曲艺术和布氏理论的不同："往往中国古典戏曲艺术，又未必能和布氏的'陌生化效果'简单地等同。如果说布氏的'陌生化效果'是一种'破除生活幻觉的技巧'，而中国戏曲则是'先天'地就不追求生活幻觉的一种戏剧。"② 此文没有提及"写意"，但黄佐临却谈到一点："中国戏曲的程式动作既是虚拟的，却又是严格的现实主义的。"③

四、"写意戏剧观"的由来及实践

　　1979年，《戏剧艺术》杂志对布莱希特的《伽利略传》进行了介绍，为黄佐临导演的同名戏剧做铺垫。④

　　1989年，黄佐临在回忆"写意戏剧观"时，将这一概念的形成追溯到他的年轻时代："受了圣丹尼⑤影响，加上1936年读到布莱希特在莫斯科看了梅兰芳表演后所写的那篇文章，我的'写意戏剧观'便油然而生了。当时并没

<hr>

① 黄佐临：《布莱希特〈中国戏剧艺术中的陌生化效果〉读后补充》，《戏曲论丛》1982年第5期。

② 黄佐临：《布莱希特〈中国戏剧艺术中的陌生化效果〉读后补充》，《戏曲论丛》1982年第5期。

③ 黄佐临：《布莱希特〈中国戏剧艺术中的陌生化效果〉读后补充》，《戏曲论丛》1982年第5期。

④ ［联邦德国］沃尔夫拉姆·施莱克尔著，李健鸣译：《布莱希特的〈伽俐略传〉及其戏剧观》，《戏剧艺术》1979年第2期。

⑤ 圣丹尼（Michel Saint-Denis，1892—1968），黄佐临在英国留学时的老师。

有戏剧观这个词汇，是我 1962 年杜撰的。其实在我内心深处这个观念的本质早已潜伏着。"① 他认为中西戏剧的结合"才能创造出带有民族特色的话剧"②。余叔芹提到了写意话剧文学剧本，提到直到 1987 年《中国梦》演出，黄佐临才在说明书上印上了"写意戏剧"四个字。③ 黄佐临在 1978 年曾认为自己四次试验写意戏剧观："1951 年《抗美援朝大活报》；'大跃进'时的《八面红旗迎风飘》；第三个是《激流勇进》；第四个是今年的《新长征交响诗》。"④

黄佐临说："所谓'写意'，当然是与'写实'对仗而言。戏剧上的'写意'，着重体现在对由'第四堵墙'制造的幻觉表象的突破，以流转的史诗方法，去攫取题材的内在灵魂。"⑤

黄佐临曾说："为了表现上述人物（指《中国梦》剧中人物，笔者注）的激情和复杂感情，我们必须求助于斯坦尼斯拉夫斯基体系。但是内心世界是不能'揣进口袋里'的，必须使它'外化'。所以同时我们必须转向布莱希特的间离效果，为的是使观众沉着镇静地去理解舞台上发生的一切。但我们有一种方法比上述两种更有表现力，那就是中国传统的表演技巧。为了方便起见，我就称之为：梅兰芳表演技巧。"⑥

费春放在一篇文章中谈道：黄佐临就像皮兰德娄的代表作《六个寻找作者的剧中人》中描写的一样，皮氏的六个剧中人并未找到剧作者，而佐临也

---

① 黄佐临：《我的"写意戏剧观"诞生前前后后》，《我与写意戏剧观》，中国戏剧出版社1990年版，第3页。

② 黄佐临：《我的"写意戏剧观"诞生前前后后》，《我与写意戏剧观》，中国戏剧出版社1990年版，第4页。

③ 余叔芹：《论写意话剧文学剧本的特征》，上海艺术研究所话剧室编：《佐临研究》，中国戏剧出版社1990年版，第181页。

④ 黄佐临：《回顾·借鉴·展望》，《我与写意戏剧观》，中国戏剧出版社1990年版，第421—422页。

⑤ 黄佐临：《一种意味深长的撞合》，《我与写意戏剧观》，中国戏剧出版社1990年版，第92页。

⑥ 黄佐临：《〈中国梦〉——全球两种文化交流的成果》，上海艺术研究所话剧室编：《佐临研究》，中国戏剧出版社1990年版，第10页。

是在寻找剧作者。佐临不像洪深、欧阳予倩、田汉、熊佛西那样既是剧作家又是导演，"除改编外，并未独立创作过大型剧本。同时他又不像一些当代西方导演那样无须剧本，组织演员即兴创作。他还是坚信'一剧之本'的。在这一点上，只有焦菊隐与他相似。但焦氏并未留下特别引人注意的'戏剧观'，他的理论基本上是他那几个久演不衰的经典演出的经验总结。他不需要去寻找作者，郭沫若、老舍、曹禺的本子是他现成的理想剧本。而佐临不同，他引起国内广泛注意并影响了整整一代新戏剧家的，主要是他的戏剧观。而他的《漫谈'戏剧观'》，实际上是一个找不到作者的导演的大声疾呼。在那时，还没有一个中国剧作者给他提供过理想范本"，"被他找过的剧作者中，最幸运的也只有两次大戏的记录。他们是曹禺（《蜕变》和《家》，相隔近 44 年 ）、布莱希特（《胆大妈妈和她的孩子们》和《伽俐略传》，相隔 20 年 ）、莎士比亚（导演及艺术指导《麦克白》改编本各一次，艺术指导《罗密欧与朱丽叶》，相隔近 40 年 ）"。[1]

对于黄佐临提出的三大戏剧观和写意戏剧观，学界评价很高。在近二十年之后的 1981 年，陈恭敏将黄佐临所提出的"戏剧观"问题再次提出，但是黄佐临的戏剧观问题"没有引起话剧界应有的重视"。[2] 1983 年，陈恭敏曾言及国内学者中童道明是对黄佐临所提出的"戏剧观""写意戏剧观"评价最高的，童道明把《漫谈"戏剧观"》称为"中国戏剧思想解放的一个里程碑"[3]。几年后，童道明主要从多样化方面对里程碑又进行了解释："在世界上，只有苏联和中国这两个戏剧大国一度被一种戏剧流派、一种戏剧观念所统一。这种戏剧流派就是斯坦尼斯拉夫斯基体系。斯氏体系是个了不起的现实主义戏剧体系，它对世界戏剧艺术的发展起过而且还在起着巨大的影响。但是，再

---

① 费春放：《一个寻找作者的剧外人——佐临和他"似是而非"的戏剧观》，上海艺术研究所话剧室编：《佐临研究》，中国戏剧出版社1990年版，第57—58页。

② 陈恭敏：《戏剧观念问题》，《剧本》1981年第5期。

③ 童道明：《也谈戏剧观》，《戏剧界》1983年第3期。

好的戏剧体系，如果把它拿来一统戏剧的天下，都会束缚戏剧艺术的发展，都不符合戏剧艺术需要多元化发展的客观规律。因此，在这样的被一种戏剧流派一统着的国度里，迟早会发出要求打破这种独尊一种戏剧流派局面的呼声，这也是不以人们的意志为转移的戏剧艺术发展规律。"[1] 他认为戏剧观解放运动的开端，应是黄佐临 1962 年发表的《漫谈"戏剧观"》。童道明在 1984 年认为黄佐临提出写意戏剧观标志着"戏剧美学理论的新开拓，而且也是中国民族美学精神的踔厉发扬"[2]。丁罗男对其评价也很高，评为"建立起中国式的话剧演剧体系"[3]。田本相认为："尚未发现有哪一篇戏剧论文像黄佐临先生的《漫谈'戏剧观'》一样，在中国话剧史上发生如此巨大而深远的影响，引发如此热烈的讨论。"[4]

① 童道明：《漫谈〈漫谈"戏剧观"〉》，上海艺术研究所话剧室编：《佐临研究》，中国戏剧出版社1990年版，第9页。

② 童道明：《再谈戏剧观——兼与马也同志商榷》，《戏剧艺术》1984年第1期。

③ 丁罗男：《构建中国式话剧的新格局——论佐临写意戏剧观的形成及其民族特色》，上海艺术研究所话剧室编：《佐临研究》，中国戏剧出版社1990年版，第90页。

④ 田本相：《论黄佐临先生的"写意戏剧观"——为中国话剧百年纪念而作》，《南开学报》2007年第6期。

第二节　戏剧观论争过程

一、戏剧观论争

20世纪70年代末至80年代末，中国戏剧界展开了一场关于"戏剧观"的大论争。论争时间持续数十年，起始于1962年，余绪波及21世纪初。参与论争的杂志有《剧本》①《戏剧界》②《戏剧艺术》③《文艺研究》《戏剧报》《戏剧论丛》

---

① 《剧本》是由文化部艺术事业管理局同中国戏剧家协会合办的戏剧刊物，月刊，人民文学出版社、中国戏剧出版社出版，1952年1月创刊，田汉任社长，张光年等任主编，后由中国戏剧家协会主办。"1966年4月停刊，1979年1月正式复刊，先后由凤子、于雁军、张颖、颜振奋等任主编，该刊主要发表有影响的新剧本，并发表过一定数量的优秀传统剧和外国翻译剧本，还发表研究剧作家、探讨剧本创作及编剧理论和技巧的文章。

② 《戏剧界》是由戏剧界编辑部主办的戏剧杂志，1981年创刊。

③ 《戏剧艺术》是由上海戏剧学院主办的戏剧刊物，初为季刊，前身为1956年创办、1957年停刊的《院报》，1978年3月《戏剧艺术》正式创刊，同年11月在上海公开发行，苏堃、陈恭敏等先后任主编。该刊物以反映学院戏剧教育和科研成果为主，兼及校友和国内外戏剧界的学术理论成果、实践经验，在理论和实践结合上，开展以戏剧为主的多学科研讨。设有导表演研究、戏剧理论研究、舞台美术研究、中外戏剧史、戏剧史话、校友和学生园地等，刊物还注意加强对电影、电视、戏剧等各艺术门类的综合研究，有选择地介绍一些有代表性的国际戏剧流派和艺术实践经验。

《当代文艺思潮》[1]《舞台美术与技术》[2]《戏剧》[3]《剧艺百家》[4]《剧海》《文学评论》[5]《艺术广角》《剧坛》《读书》等刊物围绕这个主题展开论辩，时间贯穿至 80 年代末。这在中国戏剧史上是罕见的。1984 年，杜清源发表《"戏剧观"的由来和争论》对此做了总结，1986 年中国戏剧出版社选编出版了《戏剧观争鸣集（一）》，收录文章 19 篇，文章从 1962 年至 1985 年，涉及报刊 9 种。然而关于戏剧观的争论并未停止，1988 年又出了第二集，收录文章 33 篇，文章从 1984 年至 1987 年，涉及刊物 11 种。这场讨论，是我国戏剧界影响深远的论争之一。

---

① 《当代文艺思潮》是由甘肃省文联主办的专门性文艺理论与批评刊物，1982年创刊，1987年停刊。

② 《舞台美术与技术》是由中国舞台美术学会主办的杂志，1981年创刊。

③ 在中国戏剧史上有三个《戏剧》杂志。一个是1921年5月由民众戏剧社编印、中华书局发行的《戏剧》月刊，诞生于上海。至1921年10月，该刊第一卷出了六期。1922年，民众戏剧社迁往北京，改名为中华戏剧协社，《戏剧》月刊在北京继续出版第二卷，共四期。该杂志前后历时一年，计10期。刊物除发表该戏剧团体成员的理论文章外，还有团体外的同人参加撰写讨论，如蒲伯英、王统照、耿济之、瞿世英等都写过短文在这个刊物上登载。该刊物上亦刊登翻译的外国剧本，叶绍钧三幕剧《艺术的生活》曾在该刊登载。《戏剧》月刊是我国现代最早出现的一个专门性的戏剧杂志，它对于戏剧理论探索、对我国原有戏剧的创造和革新起了积极的推动作用。第二个是1929年在广州创办的《戏剧》，从第2卷起由广东戏剧研究所主编，出版地改为上海，由神州国光社发行，社长为欧阳予倩。另一个是中央戏剧学院主办的戏剧刊物，1956年创刊于北京，原名《戏剧学习》，主编欧阳予倩，副主编沙可夫、李伯钊，开始系内部发行，主要为促进学院教学、科研工作和艺术实践，同时向全国各剧院、剧团的戏剧工作者提供业务学习。"文革"中停刊，1978年复刊，1981年公开发行，1986年改名为《戏剧》，主编丁扬忠（1985年《戏剧学习》时主编就是丁扬忠）。后改为双月刊。复刊后加强了戏剧艺术理论研究，开辟了戏剧文学、导表演艺术、舞台美术、戏曲研究、外国戏剧研究、话剧史料、译文、戏剧动态等栏目，内容除刊载学院教学经验介绍、艺术实践总结、科研成果等译著和译文外，还注意吸收发表院外著名戏剧家的科研成果。本文所指为第二个《戏剧》杂志。

④ 《剧艺百家》由剧艺百家编辑部主办发行，1985年创刊。

⑤ 《文学评论》1957年3月创刊，初为季刊，刊名《文学研究》。1959年2月更名为《文学评论》，为双月刊。1966年7月停刊，1978年1月正式复刊。

《戏剧观争鸣集（一）》收录文章

序号	文章	作者	期刊
1	漫谈"戏剧观"	黄佐临	《人民日报》1962 年 4 月 25 日
2	戏剧观念问题	陈恭敏	《剧本》1981 年第 5 期
3	论戏剧观	高行健	《戏剧界》1983 年第 1 期
4	谈戏剧观的突破	丁扬忠	《戏剧报》1983 年第 3 期
5	也谈戏剧观	童道明	《戏剧界》1983 年第 3 期
6	戏曲的实质是"写意"或"破除生活幻觉"的吗	马 也	《戏剧艺术》1983 年第 4 期
7	中西悲剧观探异	乔德文	《戏剧艺术》1982 年第 1 期
8	三大戏剧体系审美理想新探	孙惠柱	《戏剧艺术》1982 年第 1 期
9	论戏剧的隐与显	王东局	《戏剧论丛》1982 年第 3 辑
10	话剧创新思潮初探	应 群	《当代文艺思潮》1983 年第 6 期
11	摆脱幻觉主义束缚　大胆运用舞台假定性	薛殿杰	《舞台美术与技术》1981 年第 1 期
12	舞台假定性与舞台幻觉	耘 耕	《戏剧论丛》1982 年第 2 辑
13	在自己的形式中赋予自己的观念	徐晓钟	《戏剧报》1982 年第 6 期
14	话剧艺术革新浪潮的实质	胡伟民	《戏剧报》1982 年第 7 期
15	焦菊隐先生的"心象"学说	于是之	《戏剧报》1983 年第 4 期
16	琐议"观众学"	魏汝明	《戏剧界》1983 年第 2 期
17	试论"观众学"研究之范围	姜明吾	《当代文艺思潮》1983 年第 4 期 [①]
18	演员与观众	林克欢	《文艺研究》1985 年第 2 期
19	"戏剧观"的由来和争论	杜清源	《戏剧艺术》1984 年第 4 期

《戏剧观争鸣集（二）》收录文章

序号	文章	作者	期刊
1	中国式的史诗剧	黄佐临	《戏剧界》1984 年第 2 期
2	话剧创作的两种发展趋向	李 钦	《戏剧报》1984 年第 10 期
3	话剧哲理性追求漫议	吴 方	《文艺研究》1985 年第 1 期
4	当代戏剧观的新变化	陈恭敏	《戏剧艺术》1985 年第 3 期
5	戏剧思维辨识	杜清源	《戏剧艺术》1985 年第 4 期

---

① 原书有误，应为《当代文艺思潮》，不是《当代文学思潮》。

序号	文章	作者	期刊
6	戏剧创作的出发点是什么	李海泉	《戏剧报》1985 年第 7 期
7	《当代戏剧观念的新变化》质疑	谭霈生	《戏剧报》1986 年第 3 期
8	关于"戏剧文化"的几点思考	丁罗男	《戏剧艺术》1986 年第 1 期
9	理论的迷途与戏剧的危机	马 也	《戏剧》1986 年第 1 期
10	探讨"思考大于欣赏"说	王世德	《戏剧》1986 年第 1 期
11	戏剧文化的整体生存模式	高 鉴	《戏剧》1986 年第 1 期
12	我主张戏剧观念的多样化	童道明	《戏剧报》1986 年第 3 期
13	戏剧美学思维的开拓	蓝纪先	《戏剧艺术》1986 年第 3 期
14	艺态平衡刍论	王东局	《剧海》1986 年第 4 期
15	戏剧的超越	林克欢	《文学评论》1986 年第 6 期
16	从三度创作的有机统一认识戏剧本体及戏剧创作	康洪兴	《剧本》1986 年第 11 期
17	以繁荣为目标	余秋雨	《戏剧报》1986 年第 7 期
18	戏曲的宏观认识	孟繁树	《艺术广角》1987 年第 1 期
19	"反传统"不可能有真正的超越	曲六乙	《剧本》1987 年第 3 期
20	导演思维的转变	徐企平	《戏剧艺术》1985 年第 4 期
21	开放的戏剧（之一）	胡伟民	《文艺研究》1985 年第 2 期
22	开放的戏剧（之二）	胡伟民	《剧艺百家》1985 年第 2 期
23	导演创造意识的觉醒	徐晓钟	《戏剧报》1986 年第 11 期
24	"自由体戏剧"探讨	丁一三	《戏剧界》1986 年第 2 期
25	我做着非常"荒诞"的梦	魏明伦	《戏剧界》1986 年第 2 期
26	要什么样的戏剧	高行健	《文艺研究》1986 年第 4 期
27	探索演出的空间结构	胡妙胜	《戏剧艺术》1985 年第 3 期
28	杂谈"形式"	薛殿杰	《文艺研究》1985 年第 2 期
29	"极端化"与观众的口味	蔡体良	《剧坛》1986 年第 3 期
30	从观众的剧场意识谈戏剧形式的创新	熊源伟	《剧作家》1985 年第 3 期
31	关于创新的问题	舒 强	《戏剧》1987 年第 2 期
32	戏剧·向前看	王 贵	《戏剧报》1987 年第 3 期
33	一场论战的幽灵	叶廷芳	《读书》1986 年第 9 期

1962 年 4 月黄佐临发表了《漫谈"戏剧观"》一文。进入新时期后，1978 年 8 月，黄佐临在上海话剧汇报演出讲座上的学术报告《从〈新长征交响诗〉谈起——对我国话剧艺术的展望》中，又提到了"写意戏剧观"，同年发表了《回顾·借鉴·展望》。1979 年 11 月，陈骏涛、黄维钧在《人民戏剧》发表的《重话"戏剧观"》。进入 80 年代，黄佐临对"戏剧观"概念及其理论进行了重新思考，先后发表了《梅兰芳、斯坦尼斯拉夫斯基、布莱希特戏剧观比较》（1981 年）和《布莱希特〈中国戏剧艺术中的陌生化效果〉读后补充》（1982 年）两篇文章。

戏剧观论争首先是对黄佐临所提出的"写意戏剧观"的论争，1983 年，马也发表了《戏曲的实质是"写意"或"破除生活幻觉"的吗——就"戏剧观"问题与佐临同志商榷》，明确提出了质疑。黄佐临并未发表文章反驳。1984 年，童道明发表了《再谈戏剧观——兼与马也同志商榷》。

二、戏剧观论争中的栏目开设

（一）《戏剧艺术》

《戏剧艺术》在 1983 年第 1 期开始设立"戏剧观讨论"栏目（在第 4 期《戏剧艺术·1983 年总目录》中，把第 1 期赵耀民的《叙述体戏剧观的缺陷和意义》放入"戏剧观讨论"专栏）。

从 1983 年第 4 期起，由《戏剧艺术》杂志发起的全国范围内关于"写意戏剧观"历时三年大讨论，辟专栏就戏剧观问题展开学术探讨与争鸣。这期《戏剧艺术》在新开辟的"戏剧观讨论"专栏里，发表了《黄佐临与美国留学生的谈话》，孙惠柱、龚伯安的《黄佐临的戏剧写意说》，联邦德国夏瑞春作、费春放译的《布莱希特在中国的传播及其对中国戏剧的影响》，马也的《戏曲的实质是"写意"或"破除生活幻觉"的吗——就"戏剧观"问题与佐临同志商榷》四篇文章。在这一组文章之前，发表了"编者的话"，指出："佐临从改革话剧以探求具有中国民族特色的社会主义话剧这一总的目标出发，提出了一个系统的纲领。尽管这个纲领只勾画了一个粗略的轮廓，留待有志之士做广泛而有效的实验和理论上的充实与丰富，但他针对话剧形式日趋僵化、陷入自然主义的倾向所做的尖锐批评，为冲破古典戏剧的'三一律'和资产阶级客厅剧的'四堵墙'、要求'哲理性高深、戏剧观广阔'的呼吁，至今仍具有振聋发聩的现实意义。佐临的批评与呼吁是有感而发的，凭借他戏剧知识的渊博、视野的广阔以及实践经验的富足，他针对标榜写实的机械摹仿论，提出了'写意'的主张。当然，佐临终究不是专门从事理论思维的，在表达时，难免在定义界说、逻辑实证，甚至遣词用句上出现疏漏和不够严密之处，因此有待于科学的阐述和论证，以求得充实与丰富。同时，我们认为既然戏剧观应该广阔，是否就只能有写实与写意两家，形成截然的对峙？我们欢迎大家著文参加辩论，使戏剧观的讨论深入展开，活跃我们的学术思想，促进戏剧改革的蓬勃发展。"

1984 年第 1 期发表童道明《再谈戏剧观——兼与马也同志商榷》、夏写时《论我国民族戏剧观的形成》、立木《中国式史诗剧的一次尝试——观〈生命·爱情·自由〉想到的》。第 2 期发表吕钢、胡伟民、姚明荣、胡妙胜、陈达明、王啸平《关于黄佐临戏剧观的讨论》，罗国贤《意态、意象及其他——佐临戏剧观研究笔记》，吴光耀《"第四面墙"和"舞台幻觉"》。《关于黄佐临戏剧观的讨论》中包括吕钢《佐临的经历和他的戏剧观》、胡伟民《一个学生的感受》、姚明荣《写意戏剧观四次实验再认识》、胡妙胜《写意戏剧观的意义与特征》、陈达明《我的理解和疑点》、王啸平《提三个问题》。下面注中说明"这一组文章，摘自上海人民艺术剧院黄佐临戏剧观学术讨论会的部分发言稿，由上海人艺《业务资料汇编》编辑部提供"。第 3 期发表胡妙胜《戏剧幻觉辨析》、蒋维国《戏剧观与表演》、余大洪《摭谈戏曲的写意性》。第 3 期开设"当代戏剧论坛"专栏，首先组织"戏曲的今天与明天"专题讨论，共10 篇文章：俞康生《审美心理与戏曲现状》、郝昭祝《戏曲危机"危"在哪里》、刘拥政《要正视戏曲的"危机"》、文飞《"戏曲"已近尾声》、郭豪浦《"消亡"之调不可唱》、蓝青《关于冲击波的思索》、王朴《戏曲将随时代的变革而发展》、姚金城《"当代戏曲样式"小议》、予风《戏曲创作改革断想》、王胜华《戏曲多类型化设想》。第 4 期发表杜清源《"戏剧观"的由来和争论》、王家乐《戏曲"幻觉"浅议》。同时"当代戏剧论坛"专栏发表吴乾浩《中国戏曲剧种的命运和前途》一文，组织"戏曲革新漫议"专题讨论，共 7 篇文章：许庆山《振兴戏曲随想》、张兆光《抛开旧有观念大胆创新》、张福春《戏曲革新三题》、任君《也谈"四不像"戏剧》、龙杰锋《谈谈"唱念做打"的创新》、张家滨《戏曲改革从何入手》、宋锦添《上海群众文化生活状况调查》。

1985 年第 1 期《戏剧艺术》发表陈幼韩《在当代戏剧观的旋涡里——戏曲表演艺术形式美的今日观》、杜清源《略谈话剧本性多元化》、陈晓鲁《论戏曲艺术的"写意性"》。"当代戏剧论坛"专栏下有：朱颖辉《试论戏曲形式创新》、黄在敏《浅谈现代戏舞台节奏的戏曲化》、涂沛《戏剧观、现代科技与戏曲变革》、吴方《戏曲改革与观念的改革》。"话剧改革笔谈"专栏有：林克欢《缩短距离》、李家耀《有观众就有前途》、袁华水《多样化才有出路》、向能春《立场改革 争取观众》、张名煜《剧目建设是关键》、刘永来《分析现状 找出症结》、朱大坤《掌握信息 打开局面》、刘子枫《话剧必须立志于改革》、李振潼《话剧必须发挥优势》、周志晓《谈谈话剧表演的革新》。第 2 期"当代戏剧论坛"有：夏耕《论戏剧理论的改造和更新》、许庆山《否定——中国戏曲的希望》、黄甦《从戏曲教育看戏曲前途》、山东省戏剧人才成材规律研究组《戏剧人才成材规律初探》。第 3 期发表陈恭敏《当代戏剧观的新变化》、马永森《必须建立戏曲的开放式体制》、王祖鸿《望兴衰 探沉浮——为京剧前途提若干问题》、方杰《话剧与戏曲特点及其相互借鉴》。1985 年第 2 期编后说："关于戏剧观念问题的讨论的范围，虽然包括有关舞台上的四面墙、戏剧的假定性，以及写意与写实等问题，但讨论时更应把对戏剧本质的认识，戏剧自身的特征和规律，戏剧的功能，戏剧与社会、生活、政治诸方面的关系等更宏观和更广泛的问题，纳入视野之内，以期通过讨论，对过去长期形成的种种违反创作规律的创作思想和方法，有所突破，对创作有所推动。"[1]1985 年第 3 期编者按曾说："就何谓戏剧观、戏剧观的基本内容，区别各家、各派、各体系戏剧观的主要依据等问题做了较深入的探讨。"[2] 陈恭敏提出还要"从戏剧与科学技术的发展、戏剧与哲学、戏剧与心理学、戏剧与社会学、戏剧与其他文艺品种等等的关系中研究戏剧"[3]，"在戏剧观的解放、理论概念的澄清、美学范畴的界定等问题上都取得了开拓性的进展"[4]。

1986 年《戏剧艺术》关于戏剧观的文章渐少。

（二）《戏剧学习》

《戏剧学习》1985 年第 3 期设"戏剧观问题讨论特辑"，计 12 篇文章，包括：陈颙《把握当代戏剧变革中社会交往与信息传递的特征》，王贵、胡雪桦《开拓高层戏剧构想——再谈拓展戏剧观》，林兆华《戏剧观要在实践中革新》，杜清源《戏剧观念漫议》，田文《我对戏剧观问题的一点看法——与黄佐临先生商榷》，曾茵茵《老调重弹——"现实主义"的发挥及断想》，冯其庸《对于传统戏曲争论问题的旁白》，郭汉城《也谈"戏曲化"》，曲六乙《漫谈艺术风格与戏曲改革》，颜长珂《危机声中谈戏曲》，沈尧《戏曲形式创新的道路是宽广的——论纵向继承与横向借鉴》，高鉴《中国古代戏剧观念的审美综合特性探源》等。

本期编者按言："从本刊开辟'戏剧现状研究'栏目以来，受到戏剧专业工作者和业余爱好者的关注。一些戏剧评论家和从事舞台实践的艺术家也纷纷表示愿就戏剧观念、戏剧美学、戏剧形式、观众结构等问题进行学术探讨。为此，本刊本期特设'戏剧观问题讨论特辑'，组发了一部分结合当前话剧、戏曲现状进行理论与实践探讨的文章，以期引起人们进一步的重视与争鸣。"[5]

---

① 见《戏剧报》1985年第2期"编后"。

② 陈恭敏：《当代戏剧观的新变化·编者按》，《戏剧艺术》1985年第3期。

③ 陈恭敏：《当代戏剧观的新变化》，《戏剧艺术》1985年第3期。

④ 安琪：《戏剧美学的新拓展》，《戏剧艺术》1987年第1期。

⑤ 见《戏剧学习》1985年第3期。

陈颙认为："话剧创新活动中最为重要的是戏剧观念的变革。这涉及对传统习惯的现实主义创作方法的重新认识问题，对戏剧结构多样化的尝试，对舞台假定性和非幻觉表现方法、象征因素的选用，对人物心理空间的多层次表现以及各种艺术媒介的舞台综合（诗歌、绘画、音乐、舞蹈、哑剧、杂技、民间文艺以及其他各种艺术因素与戏剧的结合），也包括剧场建筑原则、演出方式、与观众交流的态度等各个方面。"[1] 他也提出了"追求创新，反对保守，探讨对传统习惯的现实主义创作方法的重新解释，赋予它以现代意识的新生命是必要的，但绝不应得出偏颇的结论，认为现实主义创作方法就和'保守陈旧'画等号，把所有遵循这种方法进行创新的艺术家一概划入'保守派'的范畴"，否则将重蹈"新的一花独放的覆辙"。陈颙谈道：

> 任何新生事物都必然经历由弱变强、由小到大、由不成熟到逐渐成熟的发展过程。因此对任何戏剧创新活动的观察和评判都必须采取全方位和多层次多侧面的观点：某种艺术探求的成功可能伴随着另一因素的失败；形式新颖未必内容十分扎实；剧作有甲项突破而导演手法或许在乙项见长；诸种艺术媒介的综合选用可能带来舞台视听的不和谐不完整；寓意性加强，象征因素引入以及叙述手法的出现可能使一大批普通观众离开座席，感到索然无味；意识流方法及人物精神世界的时态交错表现手段可能使戏剧的主题意念产生多异性而被某个观众层面拒绝接受；故事情节及人物的淡化似乎违反习惯的对"戏剧性"的认识而引起争论……总之，我认为当代中国戏剧工作者，特别是话剧艺术创作必须承认目前出现的所谓"话剧危机"的原因之一是由于戏剧观念没有伴随现实生活的飞速变化而更新，从而创作实践远远落后于时代和社会的需求。戏剧艺术不能通过形式和内容全新的创造与观众进行社会交往的对话，传递

---

① 陈颙：《把握当代戏剧变革中社会交往与信息传递的特征》，《戏剧学习》1985年第3期。

的审美信息满足不了信息接受者的要求，这种戏剧艺术的活动怎能不被认为是陈旧落后，怎能再有生存的价值呢？不被当代观众接受的戏剧活动不能被认为是真正的"戏剧艺术"。而"观众"这个总体概念是应当被细致剖析和区分层次的，任何一部作品和舞台演出都不应要求绝对得到全社会的一致认可，不同阶层、职业、年龄和生活经历、文化素养的观众会对不同的戏剧样式、表现方法产生不同的反应，对不同的思想内容、戏剧主题、人物形象则更有千变万化的理解和态度。但无论哪部分当代观众都处于社会变革的洪流之中，他们总的心理趋向和审美需求是"变化"和"更新"，而且日益向复杂、多元、多异，甚至模糊意识方向发展。他们不希望现实生活一成不变，他们总是走向"灵活多样"的思维渠道，他们讨厌说教、模式和虚假，他们既要做生活的主人，又要做艺术欣赏的主体、做戏剧艺术创作活动的参与者。他们喜欢干预戏剧艺术创作活动，愿意发表意见，经常提出尖锐的批评，问许多"为什么？"。因此，我认为是当代观众迫切要求戏剧艺术展开更广泛更深刻的革新运动，是时代、社会和人民造就着一批话剧舞台艺术革新家。没有这个先决条件，我们的戏剧观念谈不上更新，实践也不会出成果。因此必须从社会交往、信息传递接受的时代特征来看待当前的话剧艺术创新活动，必须把以建立研究观众对象为艺术科学的"观众学"这一课题充分重视和发展起来。[1]

王贵、胡雪桦《开拓高层戏剧构想——再谈拓展戏剧观》开篇即言："剧场渐入困境、话剧出现'低潮'。这个严酷的现实，连那些一贯高喊'形势大好'的人们，也无法否认了。"[2]林兆华说："过去只知道一个主义，叫作现实主义，一个体系，叫斯坦尼斯拉夫斯基体系。"[3]

---

[1]　陈颙：《把握当代戏剧变革中社会交往与信息传递的特征》，《戏剧学习》1985年第3期。

[2]　王贵、胡雪桦：《开拓高层戏剧构想——再谈拓展戏剧观》，《戏剧学习》1985年第3期。

[3]　林兆华：《戏剧观要在实践中革新》，《戏剧学习》1985年第3期。

对于《话剧何以缺少旷世之作》中概括的"戏剧观"，即"对戏剧艺术的根本看法"，并归纳为两个层次，杜清源认为"这种归纳和解释不仅内涵上是空乏的，而且是狭隘的。这种'戏剧观'既没有指出戏剧的自身的本质特征，也没有对戏剧与外界复杂多维做出剖析"①。

田文在《我对"戏剧观"问题的一点看法》前面有段作者附言，提到此文成稿于 1979 年 3 月，"当时关于戏剧观问题的讨论还没展开，写稿动机只是想通过间接关系同黄佐临先生交换下意见（当时我还未曾面见过黄先生），没准备发表"。讨论开始后，"稿子也曾在一些刊物的编辑部进行过旅行，但一直没有得到发表的机会"。作者将五年前的旧稿发表，因为"文中提出的根本问题还没有过时，还没有得到澄清。比如说，关于戏剧观的概念本身，到底是指对演剧手段、演出形式的基本看法，还是对戏剧艺术根本问题的基本观点？再如，关于写意戏剧观、写实戏剧观这样一些基本概念，它们的内核和外延到底如何确定和界定？在对这些问题的认识上，同讨论之初相比，在问题的某些方面，自然有所澄清，有所发展，但应当说，就问题的实质而论，这些问题还没有得到坚实的明确的有说服力的回答。然而在我看来，在这些最基本的或者说最基础的概念都弄不清的条件下，要想建立起戏剧美学理论的体系，将是困难的，犹如在沙滩上建立高楼大厦。如果说对于作为艺术实践家的黄先生最初提出这些问题的文章，没有在概念上做出明确的阐述和界定，是可以理解的，也无可厚非。现在是从戏剧美学理论的角度讨论问题了，再让这些概念混沌下去，就不好理解了，对于问题的深入讨论也是极为不利的"。② 田文是在看到黄佐临发表在 1978 年第 2 期《戏剧艺术》上的《谈谈我的导演经验》有感而发。田文认为黄佐临对"戏剧观"的看法是很明确、很肯定的，是指"演出者对演出手段、演出形式特点的不同观点"，但在他看来，把"本来是属于对演剧手段、演出形式的不同看法，说成是'戏剧观的对立'，

① 杜清源：《戏剧观念漫议》，《戏剧学习》1985年第3期。
② 田文：《我对"戏剧观"问题的一点看法》，《戏剧学习》1985年第3期。

未必是恰当的，它实际上是缩小了'戏剧观'的概念范畴，缩小了它的美学意义"。田认为戏剧观是"对戏剧艺术的一种总的看法或基本观点"，"它的内容应当包括得比较广泛，它应当回答有关戏剧艺术的一系列带有根本性的问题，如戏剧艺术的本质是什么？它的社会作用是什么？它同社会生活的关系是怎样的？它反映生活的艺术特点是怎样的？如何看待戏剧艺术的内容同形式的关系等一系列戏剧美学上的问题。而最根本的是，对这一系列问题的回答，是从辩证唯物主义、历史唯物主义的观点出发，还是从形而上学、唯心主义的观点出发。这应该是'戏剧观'的基本内容"。他提到了黄佐临《漫谈"戏剧观"》中所言"梅、斯、布都是现实主义的大师，但三位艺人所运用的戏剧手段却各有巧妙不同"，指出"黄先生的这段话的意思，如果是想说明，在现实主义戏剧的大范围内，可以运用不同的演出手段，形成各种不同的演出学派，那么这是完全正确的"。[①] 田文指出了黄佐临"戏剧观"概念上的不统一，有时指戏剧艺术的根本观点，有时又指同一的戏剧观指导下使用的演出手段、艺术形式。

（三）《戏剧》

1986年《戏剧学习》更名为《戏剧》后，开设"戏剧观讨论"专栏，在1986年的四期均设置此专栏。

第1期设"戏剧观问题讨论特辑"，共13篇文章：谭霈生《戏剧观念与戏剧规律》，林克欢《戏剧的回归与理论的作为》，马也《理论的迷途与戏剧的危机——对当代中国话剧的思考》，王世德《探讨"思考大于欣赏"说——关于"戏剧观"的美学研究之一》，舒张《话剧"辨症"谈——对话剧现状的思索之一》，张先《社会的变革与戏剧的进步——戏剧现状认识之一》，邹际平《布莱希特的理论和观众间的矛盾》，李畅《对新时期戏剧的随想》，董子

---

① 田文：《我对"戏剧观"问题的一点看法》，《戏剧学习》1985年第3期。

竹《戏剧思维正面临重大飞跃》，李一波《话剧创新随想》，高鉴《戏剧文化的整体生存模式》，熊源伟《导演的创新意识》，晓地《"戏剧观"讨论文章摘要》等。还列了一篇《一九八五年"戏剧观"讨论文章简目》。

第 1 期编者按言："本刊在去年连续发表了几篇关于'戏剧观念'讨论的文章，在此前后，《戏剧报》《戏剧艺术》《文艺研究》等刊物，也围绕这一命题展开了讨论。这场讨论，是直接针对我国戏剧现状展开的，同时，又涉及一系列美学问题和戏剧的基础理论问题。把这场讨论引向深入，至少有两点意义：其一，通过讨论，进一步明确我国戏剧创作、演出中存在的主要问题，寻求戏剧振兴的出路；其二，如果这场讨论是严肃的，它的深入展开，必将有助于我国戏剧的建设。"[1]

谭霈生的《戏剧观念与戏剧规律》批判了讨论中"传统的经典性作品所体现的规律和经验，并不适应今天的时代"这一观点，把它放在"戏剧危机"的背景下进行讨论。谭霈生批评了《当代戏剧观念的新变化》中的观点，还批评了"戏剧要适应新时代的要求，就要'克服戏剧特性的局限性'"的观点。谭霈生对 10 月《戏剧报》上发表的《当代戏剧观念的新变化》中的"泛戏剧化"提出了质疑，认为应是"综合化"："任何一种艺术成分进入戏剧，都必须被演员的表演艺术所融化，并为它服务。也可以说，在戏剧这一综合整体中，除演员表演艺术之外的其他艺术成分，已失去它们原来作为某一艺术样式的独立性。"他引用了当代美学家苏珊·朗格的话："并不存在某种杂交的或混血的艺术门类（既属于这门艺术，同时又属于那一门艺术的艺术）"，"每一种艺术品，都只能属于某一特定种类的艺术，而不同种类的艺术作品又很不容易被简单地混合为一体。然而，一旦不同种类的艺术品结合为一体之后，除了其中的某一个个别艺术品之外，其余的艺术品都会失去原来的独立性，不再保留原来的样子。举例说，一首歌曲，当把它放在一幕优秀的剧中演唱

---

[1]　见《戏剧》1986年第1期。

时，它就不再是一首独立的歌曲，而变成了一件戏剧事件。如果我们在观看这一戏剧时，真的把这首歌曲像欣赏独立的音乐那样去欣赏，这场戏剧必然变成了一个大杂烩"。[①]谭霈生认为：

> 戏剧作为一门艺术，它当然有自己的"壁垒"，也就是与其他艺术相区别的"质的规定性"。前面已经提到，不管它综合了多少艺术门类（把它们作为一种成分），又必须以演员的表演艺术为基础、为主导；从这个意义上说，它确实具有"非常严格的纯洁性"。但是，它又不必那么"绝对纯洁"，因为它有可能广泛吸取其他艺术门类的因素，以充实它的机体。这里的原则不是"杂交"，而是"融化"。"杂交"的主张者只是强调把冰上芭蕾、流行歌曲、迪斯科、杂耍、体育等都搞进"戏剧"中去，却又避而不谈作为戏剧艺术的基础因素和主导因素。按照这种"杂交"方式，将会造就出什么样的"艺术"？或许，它确实可以叫作"交响乐式"的，也可以叫作"马戏团节目式"的，人们也可以把这种"大杂烩"冠以其他名称……但是，无论如何，它恐怕已经不再称为"戏剧"了。因为质的规定性如果已经不存在了，这种艺术门类也就消失了。[②]

谭霈生认为"'公式化''概念化'不仅是我国戏剧创作和演出存在的主要倾向，也正是观众对戏剧现状不满的主要原因。而造成'公式化''概念化'倾向的根源，恰恰在于对'规律'的忽视"[③]。他还认为："我国戏剧创作和批评在相当长的时间内，受庸俗社会学的影响相当深重。这种影响的重要表现是：把艺术的内容等同于社会学的内容，把艺术作品变成社会学的'形象图解'；把社会学的目的等同于艺术的目的，否定艺术自身的审美价值。话剧所

---

① 谭霈生：《戏剧观念与戏剧规律》，《戏剧》1986年第1期。
② 谭霈生：《戏剧观念与戏剧规律》，《戏剧》1986年第1期。
③ 谭霈生：《戏剧观念与戏剧规律》，《戏剧》1986年第1期。

以'不被人接受'，其根本原因正在于此。"庸俗社会学方面有很多教训，表现在："其一，由于忽视戏剧艺术自身的规律，片面强调戏剧为政治服务、为社会服务，曾经导致用急功近利的观点看待戏剧的功能。比如，在相当长的时间内，曾经把作为艺术门类之一的戏剧，当作直接配合各项政治任务、社会宣传任务的工具。这种急功近利的狭隘眼界，形成了种种创作模式，严重束缚着戏剧作家的手笔。直到今天，我国戏剧艺术并没有从这种狭隘眼界及种种人为的模式中彻底解放出来"；"其二，由于忽视对戏剧艺术自身规律的研究，很容易导致用政治原则、社会学原则代替美学原则。我国戏剧理论自身的贫困，也正在于这里。这种倾向在戏剧理论和戏剧批评中的表现是多方面的。比如，戏剧艺术的重要课题是塑造人物形象，由于用单一的社会原则、政治原则研究这一课题，而忽视艺术创作中的美学原则，曾经导致'典型'等于'社会本质'这样的庸俗社会学公式。这种理论对创作实践发生的影响，是不能低估的。又如，劳逊曾经说过：'戏剧是处理社会关系的'，由于用单一的政治原则和社会原则研究这一课题，而忽视艺术创作中的美学原则，曾经导致一种倾向：把戏剧中的人物关系净化为一般的社会关系，从而造成戏剧情节、戏剧冲突等等环节的一般化、雷同化。还有，用政治原则、社会学原则取代美学原则，造成了戏剧评论中一条庸俗社会学的公式：作品的思想价值＝重大社会矛盾＝重大社会问题，这种批评模式使我们往往丢弃美学的批评"；"其三，由于忽视戏剧艺术自身的规律，片面强调为政治服务、为社会服务，形成了一种重理性、重教育而轻视情感内容和艺术感染力的'传统观念'"。[1]

林克欢的《戏剧的回归与理论的作为》认为"戏剧应恢复的是自己的本性和品格。戏剧曾是宗教的坐垫、金钱的奴婢、政治的传声筒……戏剧丧失自身固有的属性，被异化了，异化成宗教与政治的工具"。他批判了"戏剧要

---

① 谭霈生：《戏剧观念与戏剧规律》，《戏剧》1986年第1期。

得救，观念必须回复到贺拉斯或者莎士比亚，最好是回到马克思"的观点。"在我们的剧场里，突破'第四堵墙'的限制的演出已司空见惯了。把'第四堵墙'从台框移至观众席的后面或干脆打碎'第四堵墙'，演员对观众的垂直表演，以及探索演员与观众的多种空间构成关系，目的无非是消除观众和舞台之间的形与无形的障碍，让观众感受到剧情就发生在自己身边、周身充满了戏剧氛围的临场感，恢复戏剧活动是'人与人的会见'所特有的创造气氛，使剧场回归到演员与观众彼此交融，浑然一体的理想境界"。①

舒张提到了戏剧危机："特别是近两三年，各地的剧院、团在社会生活发生急剧变动的形势下，为图生计已三翻四抖，使出了浑身解数，但还是维持不了剧场的生意。于是乎剧目停演办舞厅，舞厅不行添录像，录像不灵做买卖……总之，除个别全国一流的大剧院尚可勉强维持正常的剧目生产外，绝大多数院团，包括曾经是相当有影响的一些大剧院，都在惶惶不可终日中艰难地厮混着。"②他批判了话剧危机开的三副药方："坚持战斗传统""思考大于欣赏说""形式创新"，认为："话剧的变形主要是多了公式化、概念化、教化的观念，少了形象化、艺术化、美化的情感。只有还话剧以情感，还话剧以艺术，写出血肉丰满、情节丰富、性格生动的形象，增加观众在剧场中对人物形象独特细腻的情感体验，使观众的审美愉悦程度不断增高，才会使观众回到剧场，恢复和扭转话剧的困境局面。"③

张先谈道："回顾一九八五年的戏剧状况，每个人都会有三点印象。其一，戏剧艺术界的朝野人士都在四处呼吁，让人们都来注意戏剧正面临着生死存亡的危险境地。其二，尽管看戏的人在减少，参与'抢救运动'的力量寥寥，可上演的剧作却并不少。改革、创新、反传统，甚至'反戏剧'，领导新潮流的新剧作走马灯一样出现在舞台上，不论是否有人爱看，是否有人注意，反

---

① 林克欢：《戏剧的回归与理论的作为》，《戏剧》1986年第1期。

② 舒张：《话剧"辨症"谈——对话剧现状的思索之一》，《戏剧》1986年第1期。

③ 林克欢：《戏剧的回归与理论的作为》，《戏剧》1986年第1期。

正‘一浪高过一浪’。其三，戏剧理论和戏剧批评两根最孱弱的神经，被戏剧的危机与改革所触动，开始就某些基本理论问题进行讨论，结束了‘昏睡百年’的冬烘状态。”①

董子竹对 1985 年的创新戏剧基本特征概括为：“一曰追求内涵的哲理性。把创作主题的意念顽强地、明朗地表现出来，希望观众和创作主题一样深入思考生活。即是所谓‘思考大于形象’。二曰象征性。戏剧中的人物、布景、道具……大半都脱离了生活的原始状态，成为表达主题意念的工具。三曰舞台的开放性。原来舞台的自然时空的规定性被大大突破了，成为玄想的天地，天上、人间，历史、未来失去了起码的逻辑顺序，三面墙的镜框舞台变作了哲学家的‘太一’舞台。四曰表现手段的多元性。歌舞、戏曲、杂技、魔术、曲艺的表现手段全都被利用了。”他认为变革的原因是：“第一，从直接的原因说，是对传统戏剧观念的一种反动，尤其是对极‘左’的艺术指导思想的一种逆反。渴望变革的人们，对于原来的许多观念简直达到了深恶痛绝的地步，几乎希望在每个方面都和原来的一套来一个大翻个。第二，从更广泛的意义上说，这是人类思维方式大变革在戏剧思维上的反映。”②

熊源伟谈道：“导演创新意识的本质力量是对生活的思考”，“导演的创新意识离不开现代意识”，“在民族美学传统的基础上发展导演的创新意识”，“导演创新意识的重要课题——戏剧观的开拓”，“戏剧观的提法可以斟酌（例如叫戏剧观，还是叫演剧观？），戏剧观的分类可以推敲（例如写实戏剧观和写意戏剧观），然而戏剧观作为一种整体的演剧观念、一种总的美学处理原则、一种重要的戏剧现象，它确确实实是客观存在的”。③

第 2 期有 5 篇文章:《把握戏剧发展的“大趋势”——〈戏剧〉编辑部“戏剧观”讨论会综述》、吴乾浩《包罗万象　不拘一格——从特定角度论述戏曲

---

① 　张先:《社会的变革与戏剧的进步——戏剧现状认识之一》,《戏剧》1986年第1期。
② 　董子竹:《戏剧思维正面临重大飞跃》,《戏剧》1986年第1期。
③ 　熊源伟:《导演的创新意识》,《戏剧》1986年第1期。

形态戏曲观念》、周传家《戏曲观琐议》、金放《戏曲舞台美术应当戏曲化》、关瀛、何炳珠、马惠田《演戏就是演人》。首篇发表了《把握戏剧发展的"大趋势"——〈戏剧〉编辑部"戏剧观"讨论会综述》，报道了3月初讨论会的情况，参加会议的有戏剧文学系、导演系、表演系、舞台美术系的部分中青年教师及研究生。文中提到戏剧界对戏剧理论及创作中的基本问题研究乏力，表现在："其一，戏剧理论没有能力承担对创作的指导调节作用。对于创作中出现的各种倾向与思潮，戏剧理论界不能全面把握，更不能具体进行细致的分析，往往只满足于跟在艺术创作现实后面进行解释，为新作品的出现阐述'合理性'。其二，戏剧批评的疲软。戏剧理论对现实的指导和影响，主要表现在戏剧批评方面。而戏剧批评是我们最薄弱的环节。对于新出现的剧目不能从艺术上总结经验，只满足于肯定作者的创作倾向，以主题思想评判作品的优劣。这类戏剧批评主观随意性强，视作家在艺术上的巨大劳动于不顾，不仅没有激发剧作家创作的积极性，反而伤害了他们从事艺术研究、在艺术规律上苦运匠心的热情，最终导致戏剧创作的萎靡。其三，戏剧理论体系低水平。""戏剧观"讨论"能解决一些始终未能涉及的基本理论问题"，"标志着我国戏剧艺术的新发展"，"一时间，舞台上出现了争相求新，以奇异为美的风潮。实际上，那些形式翻新的几套路数并不具备新的意义"。[1]

周传家对"把戏曲危机主要归咎于写意性的戏曲观念以及由此而衍生出的戏曲表现手段，认为它的凝固封闭、陈旧保守，必须彻底打破，大踏步地向写实戏剧靠拢，才能挽救戏曲的衰颓"提出了不同意见。[2]

第3期发表廖全京《当代戏剧的当代意识》、马也《随心所欲而不逾矩——浅论艺术的限制与自由》、王家乐《形式变革与观念更新》、廖向红《感悟——给予中国观众思索乐趣的一条途径》、洪忠煌《"戏剧观"争论中的实

---

① 《把握戏剧发展的"大趋势"——〈戏剧〉编辑部"戏剧观"讨论会综述》，《戏剧》1986年第2期。

② 周传家：《戏曲观琐议》，《戏剧》1986年第2期。

质性分歧》。廖全京赞同戏剧观的简单界定："戏剧艺术和其他形式的艺术一样，既是人类艺术地掌握世界的一种方式，又是人类艺术地肯定自己的一种方式。人们对于这种艺术形式的本质、功能及规律的看法，便形成所谓戏剧观（或戏剧观念）。"[1] 他提到梅兰芳是"二十世纪三大戏剧体系的代表人物"。

马也在《随心所欲而不逾矩——浅论艺术的限制与自由》中反驳了"中国戏剧的危机的主要原因就在于传统的戏剧样式与崭新的生活内容之间的不适应"的观点。[2]

洪忠煌认为戏剧观的争论"更多是停留在戏剧结构方式与演出形式这一低层次上"[3]。他首先将戏剧观和艺术观联系起来，认为有两种对立的戏剧观："一种是主张概念的戏剧观，一种是主张个性化的戏剧观"，由此认为"在艺术观上主张概念化还是主张个性化，是戏剧观的带有根本性质的分野，也是这场争论中的实质性分歧所在"，除艺术观外，还有戏剧观内涵的另一层次——戏剧本质论。"迄今为止，在戏剧本性（或话剧特性）问题上形成两派意见，一派强调剧场性，一派强调戏剧性。我认为，戏剧的本质（或本性）乃是戏剧性（文学内容的因素）与剧场性（演出形式的）的辩证统一，而以戏剧性为主"，"戏剧观内涵的第三个层次是演剧观或舞台观，这是戏剧观的又一分野。在演剧观上，用'幻觉主义'与'非幻觉主义'这对概念，比用'写实'与'写意'这对概念更确切、更全面，也更科学些。因为后者主要属于表现手法和范畴。同一种表现手法（写实或写意），既可产生幻觉主义的舞台效果，也可以产生非幻觉主义的舞台效果"。他认为从艺术规律上看，应贬斥"仅仅是主张概念化的戏剧观——或表现为图解政策，或表现为图解主观意念而名曰'思考大于欣赏'的所谓'理性戏剧'，而应该承认各种类型的主张个

---

① 廖全京：《当代戏剧的当代意识》，《戏剧》1986年第3期。

② 马也：《随心所欲而不逾矩——浅论艺术的限制与自由》，《戏剧》1986年第3期。

③ 洪忠煌：《"戏剧观"争论中的实质性分歧》，《戏剧》1986年第3期。

性化的戏剧观"。[1]

第 4 期发表康洪兴《论新时期戏剧的美学解放——兼谈戏剧观和理论研究问题》、罗晓帆《也谈"开放"与"保守"的戏剧观念》。康洪兴既不同意杜清源认为新时期戏剧的时代特征的标志是"形式革新"[2]，也不同意谭霈生"戏剧时代特征的主要标志是人物形象所体现的时代精神"[3]，他认为：

> 新时期的戏剧，发生了重大的变化。这种变化是多方面的、广泛的。从戏剧观念到戏剧思维方式，从戏剧的内容到戏剧的形式，从剧本文学创作到舞台艺术，从演剧形态到观众欣赏活动，都明显地朝着开放性和多样化前进，因而彻底打破了我国话剧有史以来写实主义剧本创作和演剧方法一统天下的局面。这种变化，既有对以往关于戏剧本性、规律、功能和目的方面的偏狭理解的扬弃，也有对长期以来习惯于图解观念的、受庸俗社会学的实用功利所支配的创作思想、创作方法的批判（虽然还批判得不深不透）；既有剧作结构、形式、手法上的各种新尝试，也有剧场艺术方面不同表演方法、演出样式、观演关系上的各种新探索；既有对西方戏剧流派的表现手法、艺术手法的借鉴，也有对民族戏剧审美传统的继承；等等。对话剧艺术来说，这样深广的变化，无论从纵向上看，还是从横向上说，都是前所未有的。由此可见，只以某一方面的变化，是无法概括新时期戏剧的时代特征的。新时期戏剧的变化，是美学上的重大变化，它反映在这些年来话剧艺术运动的各个方面。因此，我以为，新时期戏剧鲜明的时代特征不是别的，而是：美学解放。[4]

---

[1]　洪忠煌：《"戏剧观"争论中的实质性分歧》，《戏剧》1986年第3期。

[2]　杜清源：《戏剧创新三题》，《戏剧报》1985年第11期。

[3]　谭霈生：《"形式革新"小议》，《戏剧报》1985年第8期。

[4]　康洪兴：《论新时期戏剧的美学解放——兼谈戏剧观和理论研究问题》，《戏剧》1986年第4期。

他还具体谈了几个方面的表现：一是"'表现'的美学法则进入了'再现'的美学领地，拓展了话剧艺术审美空间"；二是"'人'的主体性地位逐渐得到确立"；三是"开始注重剧场性、娱乐性、形式美和审美的多种需要"；四是"以民族传统审美意识与现代审美意识的结合为轴心，寻找中亚戏剧文化的交汇点"。①

（四）《戏剧报》

《人民戏剧》在 1983 年 1 期恢复《戏剧报》后，设立"话剧如何争取观众"专栏，第 1 期有两篇文章：罗毅之《话剧，走你自己的路！》和童道明《话剧要发展，必须扬长避短》，还有一个《话剧观众调查提纲》。编者按中说："话剧也面临着不少问题。从全国各地情况看，观众上座率不高，是比较引人注目的一个现象。……期望所有关心话剧发展前途的热心者，都来给话剧会诊、开药方，参加讨论。"第 2 期有两篇文章：赵铭彝《话剧极需要普及》、谭霈生《生活库藏、艺术提炼及其他》，还有一篇《话剧观众谈话剧》。第 3 期发表丁扬忠《谈戏剧观的突破》、白世均《话剧，快回到群众中来》。第 4 期发表李默然《要培养一批有艺术魅力的话剧演员》、孙崴《与罗毅之、童道明商榷话剧特性问题》、梁秉堃《话剧要反映人民的心声》，还有 3 篇"话剧观众谈话剧"的文章。第 5 期发表陈健秋《一个外省编剧的苦恼和希望》、王正《话剧得迷人，才有话剧迷》。第 6 期发表晏学《谈话剧编导的"非学者化"问题》。第 7 期发表黄维钧《不要徒劳缅怀昨日芳华——我对话剧前途之断想》、贾鸿源《话剧创新首先应该是剧作的创新》。黄维钧认为话剧将失去广泛的群众性："话剧不论做何等努力，都不会恢复到五六十年代那种状况，我们也不应该对话剧提出这样的要求。……话剧面临的新问题，将把话剧推向一个新的发展

---

① 康洪兴：《论新时期戏剧的美学解放——兼谈戏剧观和理论研究问题》，《戏剧》1986年第4期。

阶段。"①

　　第 8 期发表耘耕《对假定性不可迷信》。第 9 期发表方杰《也谈话剧艺术的革新》。方杰认为："当前话剧的主要问题，是戏剧创作观念的陈旧，陈旧就陈旧在至今不能摆脱自五十年代就存在着的一套创作模式的影响，即把艺术当作政治的工具，艺术要为政治服务，配合形势，急功近利，也就是过去我们常说的，艺术必须从属于一定的政治路线"，"许多作品仍然自觉或不自觉地单纯从政治出发，一个政治任务一来，一窝蜂似的一拥而上。作者并不是根据自己的生活感受进行创作，多半还是'主题先行'。而人物的设置，情节的发展，则是'直奔主题'。许多所谓'问题剧'的问题即在于此"。② 第 11 期发表李志杰《农民爱看话剧》、毛书征《话剧要走向农村"大舞台"》。

　　《戏剧报》1985 年第 1 期设"关于戏剧观念问题的讨论"专栏，编者按言："本刊去年第十二期发表了《为什么首都近期几出话剧上座不佳》一文，着重提出了更新戏剧观念的问题。对此反应不一。为了更深入地就此展开讨论，本刊从今年第 1 期起，特辟'关于戏剧观念问题的讨论'专栏，欢迎关心这个问题的同志们踊跃参加讨论。"第 1 期发表方杰《美感与交流——关于改变戏剧观念的一些想法》、游默《改变旧的生活观念》。方杰在文中认为，戏剧舞台创新和努力并未从根本上改变观众对戏剧冷漠，戏剧创作存在"舞台形式的创新和戏剧内容上的陈旧"之间的矛盾，他认为："创作动机不是从生活的感受而是由此以外的某种需要产生的。这就给戏剧带来诸多弊端。其中最常见的则是赶形势。无论是现实题材还是历史题材，多从配合形势和发挥教育作用着眼，意图过于明显、外露。戏剧结构亦几近定型。从 50 年代的表现新旧事物的斗争到今天的一些写'改革'的戏，许多都是围绕着某个事件展开矛盾，又以站在矛盾哪一方来划分正确与错误、先进与落后、好人与坏人。

---

① 　黄维钧：《不要徒劳缅怀昨日芳华——我对话剧前途之断想》，《戏剧报》1983 年第 7 期。

② 　方杰：《也谈话剧艺术的革新》，《戏剧报》1983 年第 9 期。

双方的斗争构成情节，矛盾的解决演绎出主题。这种做法相沿成习。虽然生活在日新月异地变化，但我们的创作仍不能摆脱那些旧框框的束缚，即使一些好的作品，有时也难以完全脱俗。"③

第2期发表莘莘《"为政治服务"是话剧的痼疾》、邢益勋《一个作者的反批评》。第3期发表马也《话剧何以缺少旷世之作——戏剧观杂谈》。

1985年第3期的编后指出："讨论时更应把对戏剧本质的认识，戏剧自身的特性和规律，戏剧与社会、生活、政治诸方面的关系等更宏观更广泛的问题，纳入视野之内，对过去长期形成的种种违反创作规律的创作思想和方法有所突破，对创作有所推动。"

第4期发表周振天《军事题材戏剧创作琐谈》、栾冠桦《戏曲振兴与观念更新》。第5期发表高鉴《开展群众戏剧活动话剧才能繁荣》。第6期发表李海泉《戏剧创作的出发点是什么》、孙葳《不能用单一的政治观点认识生活——兼谈慢半拍的戏剧界》。第7期发表田子馥《为"争新抢先"一辩》。第8期发表谭霈生《"形式革新"小议》。第9期发表钱竞《在话剧变形的背后》。第10期发表陈恭敏《当代戏剧观念的新变化》、叶廷芳《我们的审美意识要进入现代领域》。第11期发表马也《析"思考大于欣赏"——戏剧观杂谈之二》、杜清源《戏剧创新三题——时代、思维、哲理》。第12期发表邹安和《关于戏剧新潮的一点思索》、高鉴《戏剧的非剧场演出特性管窥》。

1986年第1期专栏发表陈丁沙《历史的折光镜——有感于"戏剧危机"》、耘耕《新形式与旧观念》、东方熹微《关于戏剧观念的断想》。第2期发表贺子壮、余纪《戏剧的出路和语言的力量》，田文《传递一点关于戏剧观念的信息》。第3期发表谭霈生《〈当代戏剧观念的新变化〉质疑》、童道明《我主张戏剧观念的多样化》。第4期发表林克欢《戏剧观念的多元发展与交错更新——兼与马也等同志商榷》、马也《戏剧的"老面孔"与"创新"——戏剧

---

③　方杰：《美感与交流——关于改变戏剧观念的一些想法》，《戏剧报》1985年第1期。

观杂谈之三》。第 5 期发表高鉴《观念与实践的错合》、汪荡平《戏剧舞台时空观的拓展》。第 7 期发表余秋雨《以繁荣为目标》。

1986 年 7 月，《戏剧报》编辑部发表了《就结束"关于戏剧观念问题的讨论"告读者》的通知，这篇通知基本上可看作是"戏剧观大讨论"结束的一个标志。

第三节　戏剧观论争内容

20 世纪 80 年代的戏剧观论争是戏剧观念的一次思想解放运动，涉及戏剧理论的各个方面。田本相曾对 20 世纪 80 年代的戏剧观论争给予极高的评价："新时期开创了美学意义上的戏剧理论研究"的"契机"和"标志"。[1]

一、关于"戏剧观""写意戏剧观"的论争

早在 1931 年 12 月，程砚秋在中华戏曲专科学校演讲《我之戏剧观》，曾提到"戏剧观"概念，但并未进行明确的概念界定："演一个剧，就有一个认识；演两个剧，就有两个认识；演无数个剧，就有无数个认识；算一笔总账，就成立了一个'戏剧观'。"[2]新时期，夏写时认为"戏剧观"这一概念很重要："研究戏剧观的重要性、迫切性却愈来愈显著。它不仅关乎当前戏剧实践的发展；建立我国戏剧理论体系、戏剧美学体系，以至对我国戏剧发展过程中许多重大问题的认识都无法避开戏剧观问题。"[3]

新时期，黄佐临重提"写意戏剧观"概念，并对"写实"和"写意"提

---

① 田本相主编：《新时期戏剧述论》，文化艺术出版社1996年版，第130页。

② 程砚秋：《我之戏剧观——一九三一年十二月二十五日在中华戏曲专科学校的演讲》，《程砚秋自述》，安徽文艺出版社2013年版，第22页。

③ 夏写时：《论我国民族戏剧观的形成》，《戏剧艺术》1984年第1期。

出了自己的看法："国外论述西洋画与国画的区别，说西洋艺术家'苦功夫下在忠实于他眼睛中所看到的上面，而中国艺术家却把苦功夫下在他脑子里所洞察到的'。这也就是说中国画家'所关注的是对象的精神和本质，而不是对象的表面'。这里我发现一个很有启发性的字眼'本质'（Essence）。由于没有恰当的译法，我们是不是可以说'写实'（Realism）是西方艺术的基础，而'写意'（Essentialism）则是中国艺术的基调？如果我们同意这一对比，那么这也同样适用于我国的传统戏剧。"①

早在20世纪80年代初，陈恭敏就注意到了黄佐临文章中"写意戏剧观"概念的缺陷："他提出的'写意戏剧观'，在概念的涵义上有待科学的阐明；特别是把我国戏曲直称为'写意的戏剧'是否确切，也有进一步探讨的必要。"②这也是后来引起争议的原因。"我国的戏曲艺术，写实和写意是并行不悖，有机结合的"③，陈氏的文章题目用的是"戏剧观念"，并非"戏剧观"，也可见其立场。

陈恭敏认为自然主义和公式主义在话剧创作中都应受到批判，对于热衷于探索剧作的新形式和新手法，如电影的某些手法、象征手法等进行了肯定。可见，在话剧形式探索上，陈恭敏和黄佐临的观点是一致的。

1983年，高行健发表了《论戏剧观》，他提出："戏剧观，这不只是个理论问题，同戏剧创作实践关系很大。"对这一问题有许多的不同看法，什么有戏没戏、像不像戏等，"这实际上就牵扯到一个根本观念，到底什么叫戏？目前公认的戏是易卜生式的戏，也还有不同于易卜生式的戏的写法，则都来源于不同的戏剧观。对戏剧的不同的理解便会产生不同的剧作法和种种不同的表现手段"。④可以看出，高行健把戏剧观与剧作法、戏剧体系联系起来，认

---

① 黄佐临：《梅兰芳、斯坦尼斯拉夫斯基、布莱希特戏剧观比较》，《我与写意戏剧观》，中国戏剧出版社1990年版，第315页。

② 陈恭敏：《戏剧观念问题》，《剧本》1981年第5期。

③ 陈恭敏：《戏剧观念问题》，《剧本》1981年第5期。

④ 高行健：《论戏剧观》，《戏剧界》1983年第1期。

为像不像戏与戏剧观密不可分。高行健的文章直接以"戏剧观"为名，却对于戏剧观并未给予定义。"在写戏的时候，采用点新鲜手法并不困难，比方说，插入个转述者的解说或旁白，把舞台向观众席伸展出若干公尺，来几场回忆、几场对比，诸如此类都不难为人采纳。可一旦脱离了易卜生式的戏剧结构，这样的本子就往往觉得别扭，戏味不足。而在表演和导演方面，则又有来源于斯坦尼斯拉夫斯基的一套变得日益程式化了的规格。非此两家，话剧便仿佛不成其为话剧。其实，易卜生的戏剧和斯坦尼斯拉夫斯基的方法不过是戏剧史上的两家。"[1] 显然，高行健是赞成打破易卜生的戏剧和斯坦尼斯拉夫斯基的方法，为此，高行健对现当代外国戏剧流派进行了回顾。

王永敬也谈到戏剧观的概念问题，"作为一个科学的概念，似应将它的内涵规定得更明确具体一点。这样才能更正确地运用它，并尽可能构成完整的理论体系"，并认为："所谓戏剧观就是对戏剧艺术一系列基本特性的独特见解"，"'戏剧观'的外延则应包括古今中外所有科学与不科学、进步与不进步的戏剧观"。以此概念为出发点，他否定了童道明的"戏剧观主要表现在对舞台假定性的看法"，认为："事实上情况要复杂得多，戏剧观不仅仅是舞台真实观，不仅仅是表现在对舞台假定性的看法"，"倘若戏剧观仅仅等同于舞台真实观，不仅内涵被规定狭窄了，而且在外延上也会排除很多应该包括的对象"。[2]

丁扬忠在《谈戏剧观的突破》中，把戏剧危机和戏剧观、艺术方法联系起来，认为"戏剧观和艺术方法不能适应时代要求，这是一个尖锐的矛盾"，并对戏剧观进行了阐释："戏剧观是戏剧家对戏剧作为一种艺术形式的总体看法，包括戏剧家的哲学、美学思想，对戏剧社会功能的认识，所恪守的艺术方法、原则等许多复杂内容。戏剧观有鲜明的时代色彩，它是时代的产物，是戏剧家和观众美学思想交互作用的结果。它在艺术创作中无所不在，渗透

---

[1]　高行健:《论戏剧观》,《戏剧界》1983年第1期。

[2]　王永敬:《戏剧观琐议》,《戏剧界》1984年第2期。

在艺术作品的思想、形式、风格之中。"①丁扬忠认为戏剧观就是戏剧家对戏剧的总体看法，是人对戏剧的观念，他简要介绍了欧洲四个重要时期有代表性的戏剧家，来说明不同时期的戏剧观和戏剧形式与时代的关系。他推崇布莱希特："在当代欧洲戏剧革新派中，布莱希特无疑是一位影响很大的代表人物"，"他提出一个很深刻的思想：戏剧要把辩证法变为娱乐，要让观众在艺术欣赏中间获得思考的快乐。这是布莱希特戏剧观最宝贵的思想。为了表现20世纪的生活内容，布莱希特采用多场景的叙事体戏剧结构形式，史诗般地多方面展现生活画面，使叙事因素与戏剧因素有机融合，重新引进歌唱成分，打破四堵墙，舞台与观众直接交流，创造了一种他称之为'科学时代的戏剧'"。他提出"任何一种戏剧观和戏剧形式都不可能脱离社会而单独存在。时代变了，戏剧观和戏剧形式、演剧方法必然要变化"，进而认为"今天戏剧观狭窄、艺术方法陈旧，主要是指不研究时代的变化和特点，不研究观众的变化和他们的思想、心理特点、审美要求。……我以为有两个模式对话剧提高危害最甚。一个是教条主义形而上学地观察生活的模式，一个是僵死地表现生活的编剧模式。这是过时的戏剧观的两条支柱，也是两条锁链。"②吸引观众有两点很重要：一是剧本接触社会问题，关心社会；二是重视形式探索。

童道明也推崇布莱希特、戏剧的假定性和黄佐临的写意戏剧观。他在《也谈戏剧观》中谈道："戏剧观当是对戏剧艺术的基本看法"，"戏剧史上的戏剧流派之争，说到底还是戏剧观之争。因此，现在提出戏剧观问题，必定是以承认不同戏剧观的客观历史存在为前提"。③他以斯坦尼斯拉夫斯基和梅耶荷德为例，指出二者之间戏剧观的不同在于：第一，斯氏同梅氏虽都认为"演员在创造角色时应该把内部体验和外部体现结合起来，但前者主张'从内到外'，也就是'使真正的情感在内心里产生，然后再通过身体自然地呈现出

① 丁扬忠：《谈戏剧观的突破》，《戏剧报》1983年第3期。
② 丁扬忠：《谈戏剧观的突破》，《戏剧报》1983年第3期。
③ 童道明：《也谈戏剧观》，《戏剧界》1983年第3期。

来’。后者则习惯于‘从外到内’，确信演员的准确生动的形体动作，可以诱发角色情感的升华”。第二，斯氏“主张‘导演死在演员身上’，而梅耶荷德力图在舞台上显示导演自己的存在，一再强调导演是‘演出的作者’，是顽强地‘活在舞台上’的。因此，斯、梅二氏的这个观点分歧，实际上就是后来的所谓‘导演剧院’和‘演员剧院’之争的滥觞”。第三，斯氏、梅氏都倾向于现实主义，“斯坦尼斯拉夫斯基把制造生活幻觉视为舞台真实的标志，所以着力于外在的描摹生活，追求写实布景，排斥舞台的假定性。梅耶荷德则认为舞台真实是艺术真实，不同于生活真实，在舞台上不必制造生活幻觉，于是他反其道而行之，在舞台上追求舞台的假定性”。梅耶荷德提出“戏剧艺术就其本质而言是假定性的”，并且提出“假定性的现实主义”。[①]

童道明最后得出一个结论：“一百年来的戏剧观发展史证明，戏剧家正是在对舞台和舞台真实的看法上，表明自己的戏剧观的基本倾向；戏剧观的转变与发展，也集中表现在对舞台和舞台真实的观念的转变上。说得再简要点就是：戏剧观主要表现在对舞台假定性的看法如何。佐临同志在《漫谈‘戏剧观’》中把‘第四堵墙’作为检验戏剧观的试金石，我以为是抓住了要害的。”他对一些定义进行了说明：“这里要先说明一下，任何戏剧都是假定性的，否则就不是艺术了。我们说的‘幻觉性’戏剧观，是指某些戏剧家竭力在舞台上制造成活幻觉、克服舞台假定性的艺术理想和创作实践。”他通过国外戏剧观和戏剧艺术发展的相互关系，认为我国话剧界的戏剧观也已经从单一走向多样化，“多样化就意味着不仅仅是写实一家，或仅仅是写实和写意两家。写实和写意是戏剧观的两极。和这两极之间还能存在众多的‘中间形式’。在写实和写意之间寻找某种联结，某种微妙的平衡，是很多戏剧导演（包括剧作家）正在从事的戏剧艺术实践，而这难道不也是有某种特定的戏剧观在做指导？……多样化的重要前提，必然是确立这写实、写意两种对立戏剧观的共

---

① 童道明：《也谈戏剧观》，《戏剧界》1983年第3期。

存"。他充分肯定黄佐临关于戏剧观开创性的理论探索，认为："佐临同志的戏剧观理论的影响是全国性的，是中国戏剧解放的一个里程碑。"[1]后又称其为"影响最为深远的里程碑"[2]。

1983年，马也发表了《戏曲的实质是"写意"或"破除生活幻觉"的吗——就"戏剧观"问题与佐临同志商榷》，明确提出了质疑，对戏曲的实质是"写意"和"破除生活幻觉"都提出了商榷。质疑的内容包括黄佐临提出的"戏剧观"、戏曲的"写意性"或"破除生活幻觉"理论。值得注意的是，马也所质疑黄佐临观点的文章并不是60年代的名篇《漫谈"戏剧观"》一文，而主要是70年代末80年代初的几篇文章：《总结·借鉴·展望》《梅兰芳、斯坦尼斯拉夫斯基、布莱希特戏剧观比较》《布莱希特〈中国戏剧艺术中的陌生化效果〉读后补充》三篇文章。

首先，马也对"戏剧观"概念提出了质疑，认为其不够科学："本来所谓'某某观'一定是人的，是人对某一对象的总的看法；然而，综观佐临同志的各种论述，却发现他常常把这种本来属于人的观念性的东西换成了对象（戏剧）自身的某些表现形式。其实，对于这些形式的种种看法总起来倒是形成了佐临本人的戏剧观。"马也提出了戏剧观和戏剧理论的不同，其最后一句却道出了黄佐临提倡"写意戏剧观"的目的：打破斯坦尼斯拉夫斯基一统天下的局面。

其次，马也对黄佐临的两个主要观点"写意"和"破除生活幻觉"都提出了质疑。他指出了黄佐临对"写意"理解的片面性："可以是'自报家门'，可以是'背供'或者等于毛泽东同志说的'六个更''两结合''典型化'以及'有戏则长，无戏则短''时空自由''虚一些''大笔勾勒''不是写实的

---

① 童道明：《也谈戏剧观》，《戏剧界》1983年第3期。

② 童道明：《漫谈〈漫谈"戏剧观"〉》，上海艺术研究所话剧室编：《佐临研究》，中国戏剧出版社1990版，第19页。

生活''不是大白话''不是实际的环境''更高意境''高于生活'……"①。这些内容有所曲解，"可能佐临同志是把'写实'当成一种可收到酷似、接近生活原形效果的手法，把'写意'当成一种可收到不似之似、远离生活原形效果的手法来理解"②。戏曲的本质并不是写意，其本质应从"戏曲化了的歌舞的特性方面去解释"。

马也先是指出："写意画更近于抒情诗，而戏曲实际上更近于叙事诗。"从一般意义上的"写意"与戏曲的关系谈起，马也提出如果将"写实"和"写意"运用于小说或戏剧时需小心，"在'写实'这一点上，中国的小说戏曲与西方这类艺术却基本趋于一致"。马也认为佐临对"写意"的理解有其片面性，"写实"和"写意"有相对性，否则会"偷换概念"。在此基础上，马也对戏曲的实质进行了辨析："某事物的实质，应是指其自身所具有的并与其他对象区分开来的根本属性……作为戏曲来说，决定其根本属性的东西，主要应该从戏剧化了的诗、舞、乐本身去考察。"③马也指出了论争中造成的理论偏见："在以往的讨论中，不少同志把戏剧演出的形式、风格、流派、手法甚至只是舞台设计的样式当成戏剧观。把'物'的属性当成了'人'的观念，诸如'写意的戏剧观''写实的戏剧观''破除幻觉的戏剧观''三一律戏剧观''第四堵墙戏剧观''话剧的戏剧观''戏曲的戏剧观'等等。这种理论在戏剧界产生了广泛的影响。这影响有好的一面，即带来了演出风格、流派及形式上的多样化，但与之俱来的消极后果也是明显的。第一，它多年来掩盖了人们对真正的戏剧观理论的讨论，造成了一定程度上的理论偏见。……第二，为了开阔眼界，我们在引进布莱希特戏剧样式的同时，也引进了布氏的

---

① 马也：《戏曲的实质是"写意"或"破除生活幻觉"的吗——就"戏剧观"问题与佐临同志商榷》，《戏剧艺术》1983年第4期。

② 马也：《戏曲的实质是"写意"或"破除生活幻觉"的吗——就"戏剧观"问题与佐临同志商榷》，《戏剧艺术》1983年第4期。

③ 马也：《戏曲的实质是"写意"或"破除生活幻觉"的吗——就"戏剧观"问题与佐临同志商榷》，《戏剧艺术》1983年第4期。

戏剧观。……几乎把布氏戏剧、布氏戏剧观抬到世界戏剧的最高峰。"[1] 对于戏剧观，马也认为："戏剧观就是人对戏剧艺术的根本看法，再简单些即'戏剧是什么'。具体说来可分为两个层次：第一个'戏剧是什么'——是艺术。它与一切艺术一样，在人类社会生活中具有不同于哲学、政治、宗教的地位、作用和职能，这也即戏剧的本质。第二个'戏剧是什么'——是不同于电影、小说等文艺的一种艺术样式。它有着自身的特殊的发展规律，艺术家应按这种特殊的规律去创造真正的戏剧作品。"[2]

再次，马也对"戏曲的实质是破除生活幻觉"也提出了质疑。他从何谓幻觉、广义的艺术幻觉、狭义的艺术幻觉、艺术错觉等概念出发，"一切艺术的欣赏都离不开积极的联想，一切艺术幻觉都是主动联想的结果，一切艺术都可以产生幻觉；艺术幻觉是无法扑灭的，彻底破除幻觉就是破除艺术本身；说戏曲艺术是'非幻觉''破除生活幻觉''从来不追求逼真的幻觉'的艺术，是不科学的"。[3]

对于"生活幻觉"，马也有一段特有针对性的论述，他提到黄佐临曾引用布莱希特看完梅兰芳表演后的一段感受，来说明戏曲是"破除生活幻觉"的，这段话如下："一个年轻的女子，渔夫的女儿，在舞台上站立着划动一艘想象中的小船。……这个女子的每一动作都宛如一幅画那样令人熟悉；河流的每一转弯处都是一处已知的险境；连下一次的转弯处在临近之前就使观众觉察到了。观众的这种感觉只是通过演员的表演而产生的；看来正是演员使这种情景叫人难以忘怀。"马也认为这"恰恰反证了戏曲的幻觉特性"。[4] 原因在于对"幻觉"的不同理解，在黄佐临看来，"生活幻觉"指的是不必真实地再现

---

① 马也：《话剧何以缺少旷世之作——戏剧观杂谈》，《戏剧报》1985年第3期。

② 马也：《话剧何以缺少旷世之作——戏剧观杂谈》，《戏剧报》1985年第3期。

③ 马也：《戏曲的实质是"写意"或"破除生活幻觉"的吗——就"戏剧观"问题与佐临同志商榷》，《戏剧艺术》1983年第4期。

④ 马也：《戏曲的实质是"写意"或"破除生活幻觉"的吗——就"戏剧观"问题与佐临同志商榷》，《戏剧艺术》1983年第4期。

生活场景，马也对"幻觉"的理解是联想、想象。

杜清源认为"戏剧观"概念的内涵和外延（包括"写意戏剧观"），"存在着不确定性、缺少精确界限的问题。这也许与'戏剧观'提出者的某种先天不足有关"。《戏剧艺术》在其专栏"编者的话"中指出了这一情况："当然，佐临终究不是专门从事理论思维的，在表达时，难免在定义界说、逻辑实证，甚至遣词用句上出现疏漏和不够严密之处；因此有待于科学的阐述和论证，以求得充实与丰富"，"循着这样的内涵来运用'戏剧观'术语，但却又有不同的阐发和引申"。

类似于"戏剧观"概念界定的偏狭或空泛，同样也反映在"写意戏剧观"概念上。杜清源认为黄佐临提出的传统戏剧四种内在特征"难以把握'写意戏剧观'特有的内涵，难以捉摸到它同非'写意戏剧'的明确的界限。它给人的印象，更多的是艺术对生活审美反映的共同规律"。因而，"借助于别的艺术门类（戏曲、绘画、音乐等）的审美特性来审视、探索话剧艺术，固然是必要的，但不能代替话剧自身艺术特性的研究和考察。'写意戏剧观'的概念的内涵、界说之所以给人一种浮泛、不确定性之感，一个重要原因，在于它的理论概括对话剧艺术特性揭示得不够清楚，更多的是属于艺术共性的阐发。固然，'动作''语言''舞美'是构成话剧艺术的基本的重要的因素，但赋予它们以'更高意境''诗体的语言''高度艺术水平的设计'，仍不足以把它们同非'写意戏剧'区分开来。'写实'戏剧的剧作和舞台演出，同样也可以追求或达到这样的艺术境界"。[①]

杜清源认为，"'写意'的'意'，主要是指主观方面，尽管这个主观是来之于客体的暗示或对客体的认识、感受，尽管'写意'的意境是主客观的统一体；但'写意'的风格，却更着意于主观情意的抒写"，"对特定对象的研究和理论上的论证概括在概念的选择上是否准确和严密，却也标志着对研究

---

① 杜清源：《"戏剧观"的由来和争论》，《戏剧艺术》1984年第4期。

对象的本质和特征是否达到科学的认识和掌握。何况，由于'戏剧观'概念的不确定性、不严密性而引起的不同理解和争议，已在当前的戏剧创作实践和理论研究中产生了一些混乱"。①

对于与"写意戏剧观"相关联的"假定性"等概念，杜清源提出了自己的看法："'假定性'与'舞台幻觉'、'写实'与'写意'、'间离'与'移情'、'表现'与'再现'……常常被视为不同'戏剧观'的分野。有的同志为了推崇某一方面的特长和审美功能，往往把它们推到绝然对立的程度。认为运用'四堵墙'的演出方式、制造生活幻觉，就必然排斥'假定性'；反之，承认'假定性'，强调'写意''表现'的审美能动作用，也必然要排除生活幻觉、摈弃'写实''再现'的艺术形式。这种在'戏剧观'讨论中出现的抑此扬彼、简单化、绝对化的艺术主张和戏剧观念，不仅不能说明艺术的固有属性，而且也不能揭示这些不同艺术因素的审美特性和各自的价值。"②他认为"假定性"和"舞台幻觉"不存在排他性，"写实"和"写意"也是这样。

丁罗男从黄佐临的"写意性"（essentialism）出发，认为黄佐临以"本质"论概括写意戏剧的实质和内涵，澄清了"写意戏剧既不同于西方传统戏剧在'形似'中蕴含对象本质，也不同于西方某些现代主义戏剧那样完全脱离'形似'而追求抽象的纯形式"这一问题。"写意戏剧虽然注重形式上的加工、提炼、美化，但决非无视本质的形式主义"，丁罗男对写意重新进行了阐释："如果把从画论中借用的'写意'一词解释为戏曲写意也是创作主体的主观抒发，显然不尽准确。我们不否认戏曲的唱、做、念、打融合了不少抒情表现艺术的因素，与写实话剧风貌迥异，但戏曲毕竟要叙事、写人，基本上仍属于再现型艺术的范畴，也可以说离不开广义上的对生活的摹仿，只是摹仿的形式不同。正如上文所述，中国戏曲的演员和观众并不完全抛弃对客观真实性（包括某些外部真实）的要求。这一特性决定了写意戏剧的创作主体，只能将主

---

① 　杜清源：《"戏剧观"的由来和争论》，《戏剧艺术》1984年第4期。

② 　杜清源：《"戏剧观"的由来和争论》，《戏剧艺术》1984年第4期。

观意绪的抒发灌注到客观对象的具体再现之中。事实上，戏曲的抒情主要抒角色而非剧作家或演员之情。从这点上说，佐临把写意归结为'本质'，是准确把握和表达了根本特征的。他认为戏曲写意之'意'，指的是所要表现的客观对象的本质——当然，这一本质的展示过程不是由冷冰冰的理性主宰的，而是渗透浓烈的情感因素和令人赏心悦目的形式美感的。""佐临指出的写意性，即指在舞台上以超越（不是完全抛弃）外部形象真实的形式美，来揭示生活本质的功能。这种写意戏剧是形与神、情与理、表（形式）与里（内容）高度统一和谐的艺术"。[1]

对于"戏剧观"概念的讨论，杜清源总结道："对于'戏剧观'的内涵随意引申、升降以及无限夸大它的作用，无助于戏剧艺术实践的科学总结，也无助于问题探讨的深入。"[2]

许多学者都提出了黄佐临"戏剧观"概念的不严谨，林克欢认为"写意戏剧观"概念的"理论边框仍是一片模糊"。[3]丁罗男认为作为导演的黄佐临"不是一位专门从事理论研究的人，多年来正面阐述写意戏剧的文章也不多，甚至在逻辑上有时不尽缜密和妥帖，这都是事实"[4]。周捷也谈道："在写意戏剧观的传播、探讨过程中，由于理论追踪的不力，以及文艺评论环节的薄弱，既对戏剧观的内涵有不同的阐发和引申，又对写意戏剧观没有确定性的界说，甚至对'写意'的含义也存在歧义。"[5]

孙惠柱、龚伯安在《黄佐临的戏剧写意说》一文中，指出"'写意'是黄

---

①　丁罗男：《构建中国式话剧的新格局——论佐临写意戏剧观的形成及其民族特色》，上海艺术研究所话剧室编：《佐临研究》，中国戏剧出版社1990年版，第117—121页。

②　杜清源：《"戏剧观"的由来和争论》，《戏剧艺术》1984年第4期。

③　林克欢：《黄佐临的史与诗》，上海艺术研究所话剧室编：《佐临研究》，中国戏剧出版社1990年版，第145页。

④　丁罗男：《构建中国式话剧的新格局——论佐临写意戏剧观的形成及其民族特色》，上海艺术研究所话剧室编：《佐临研究》，中国戏剧出版社1990年版，第105页。

⑤　周捷：《从〈中国梦〉看写意戏剧的审美特征》，《佐临研究》，中国戏剧出版社1990年版，第218页。

佐临同志在对中国古典戏曲与西方传统话剧进行比较之后对戏曲的实质所做的概括，更重要的是，它是整个佐临戏剧观的核心"，"那时（广州会议时，笔者注）佐临还未能用确切的语言来阐释'写意'这一中国古典概念的内涵，他常常是举出艺术作品的实例——如截然不同的中画与西画——来使人意会。这样，各人所会之'意'不尽相同，佐临写意说的'意'也就一直蒙上了一层迷雾"。[1] 他也没能对写意戏剧和非写意戏剧明确地加以区分，在写意戏剧观概念的把握上，存在着不确定性。

古远清说黄佐临在 1962 年后所讲的"'写意'的'意'，属于艺术的对象，而非作者的主观表现。但由于'写意'一词是从中国画的技法术语中借用过来的，因而牵涉到'写意'这一中国古典艺术概念的内涵时，他并没有做出令人满意的阐释。……由于黄佐临先生对'写意'解释出现疏漏和不够严谨之处，没明确指出'写意'就是'写其大意''得意忘形''不求形似'等意思，因而读者理解时难免仁者见仁，智者见智，有的甚至与他本人的原意有极大的出入"。[2] 立木认为佐临"为此而提出的'写意戏剧'的主张，已在戏剧界产生了广泛的影响；只是由于'写意'一词含义的宽泛、多义，人们还较难具体、准确地把握住它的实质，也不易看清它与布氏史诗剧之间事实上存在的血缘关系"[3]。

多年后，黄佐临谈起自己的写意戏剧时说明 1962 年自己的目的："我的意图是：我们不能'一边倒'。在梅兰芳与布莱希特的基础上，我建议我们创造出一套有民族特色的话剧，然而不是只在形式上入手，而是从整个美学学说上着手。我将这类戏剧称之为'写意'，与西方惯用的'写实'对比。"[4] 对

---

① 孙惠柱、龚伯安：《黄佐临的戏剧写意说》，《戏剧艺术》1983年第4期。

② 古远清：《佐临的"写意戏剧观"》，《戏剧之家》2003年第2期。

③ 立木：《中国式史诗剧的一次尝试——观〈生命·爱情·自由〉想到的》，《戏剧艺术》1984年第1期。

④ 黄佐临：《从传统·创新·政治看中国与全世界各地华人的话剧情况》，《上海戏剧》1993年第1期。此文1992年12月底在纽约出版，原稿为英文，由作者自译成中文。

其提出的"写实"与"写意"进行了辩解："一般地说，我从来不愿在写意戏剧观上唠叨，除非是作这次'笔谈'或 1988 年在德国国际戏剧研讨会上我给过一篇论文《〈中国梦〉——全球两种文化交流的成果》。'写意戏剧观'是个理想，现今仍缺乏普遍性。我宁愿让它自然发展，自生自灭。甚至在我们自己的剧院，我都不愿将此观念强加于人，放手让我的同事们按照他们自己的意愿、个性去自由发挥。……对外国人、同行，我也不愿意用'写意'这个费解词汇。"①

黄佐临在《漫谈"戏剧观"》中将"戏剧观"概括为两种，斯坦尼斯拉夫斯基式的制造生活幻觉的"写实"与布莱希特式的破除生活幻觉的"写意"，并认为梅兰芳的戏剧观是写实与写意的混合。这种提法又引起了人们对于"幻觉"与"非幻觉"、"写实"与"写意"的论争。黄佐临认为中国戏曲具有"破除生活幻觉"的作用。对此，马也表示怀疑，他认为一切艺术都可以产生"幻觉"，彻底破除"幻觉"就是破除艺术本身。② 对于黄佐临"戏曲的实质是写意的"说法，马也也提出了不同意见。耘耕随后发表文章支持马也的看法。童道明、吴光耀等人从戏剧美学的特定内涵出发，认为舞台上制造"幻觉"的目的在于逼真、以假乱真，因而"幻觉"与"写实"可以通用。③

布莱希特从梅兰芳表演的戏曲中受到启发，提出了"陌生化效果"概念，建构起"叙述体戏剧"理论体系；黄佐临则从布莱希特的戏剧理论中感受到了"陌生化效果"，提出了"写意戏剧观"。造成这种情况的原因是复杂的，由于中国社会和西方社会极不相同的历史经验，双方的生活经验很难为他们提供精确地理解对方理论至关重要的参照坐标。对此，一位论者指出布莱希特"对中国古典戏曲的误读以及中国戏剧理论家对他的理论的有意识误读，

---

① 黄佐临：《从传统·创新·政治看中国与全世界各地华人的话剧情况》，《上海戏剧》1993年第1期。

② 马也：《戏曲的实质是"写意"或"破除生活幻觉"的吗——就"戏剧观"问题与佐临同志商榷》，《戏剧艺术》1983年第4期。

③ 童道明：《再谈戏剧观——兼与马也同志商榷》，《戏剧艺术》1984年第1期。

与其说是东西方文化差异的结果，不如说是一种对外来文化有意识的选择过程，这种过程中的'误读'，正是外来文化本土化的一种显现"①。黄佐临的《漫谈"戏剧观"》更多是"借他人酒杯，浇自己块垒"，根本目的是打破斯坦尼斯拉夫斯基的戏剧表演方法，借鉴梅兰芳、布莱希特的戏剧理论，从中国戏曲和布莱希特戏剧中汲取营养，为戏剧注入新的观念。

有学者称布莱希特戏剧理论"历经了曲折迂回和错综复杂的中国之旅：输入与抵制、吸收与涂改、依附与混合、误解与消化、模仿与创造、批判与借鉴等悖论形态始终交替、盘旋"。②黄佐临对布莱希特戏剧及其理论的接受与传播，在20世纪80年代后引起了很大反响，这与当时的意识形态、时代背景和审美变迁有密切关联。爱德华·萨义德曾提出"旅行理论"的概念，用以动态描述、追踪、研究人文社会科学领域内思想理论的传播和演化："某一观念或者理论，由于从此时此地向彼时彼地的运动，它的说服力是有所增强呢，还是有所减弱，以及某一历史时期和民族文化中的一种理论，在另一历史时期或者境遇中是否会变得截然不同。"③布莱希特的戏剧理论在20世纪80年代的中国是有所增强的，80年代初斯坦尼体系在国内戏剧占据主流地位，突然而来的戏剧危机让戏剧界开始迷茫和反思，黄佐临所提倡的布氏戏剧理论契合了当时的社会现实和审美期待，成为摆脱危机的重要理论武器，布氏戏剧理论的改造和借鉴得以强化。一种外来戏剧理论如此契合国内社会现实，影响如此深远，这在中国戏剧史上是罕见的。

对于黄佐临对布莱希特戏剧理论的误读，周宪提出了"中国之境中的布莱希特"的概念进行解释，认为布莱希特在中国现代社会的政治和文化语境中，之所以被建构成某种'镜像'，这与其说是本原意义上的布莱希特，不如

---

① 邹琰：《布莱希特：误读与被误读》，《四川戏剧》2008年第6期。

② 卢炜：《从辩证到综合——布莱希特与中国新时期戏剧》，浙江大学出版社2007年版，第26页。

③ ［美］爱德华·W. 萨义德：《世界·文本·批评家》，李自修译，生活·读书·新知三联书店2009年版，第400页。

说是中国特定文化语境中所聚焦的冲动、意念、问题和焦虑向布莱希特之镜的投射。[1] 他从文化人类学的研究视角切入，指出异质文化相遇或接触时，关于"自我"的看法实际上决定了对"他者"的看法。在此基础上，周宪认为，布莱希特在时代背景上恰好提供了一个"打破第四堵墙"的新路径，扮演了一个颠覆传统现实主义的戏剧角色："布莱希特作为戏剧形式革新者的中国镜像，其去政治化的建构的关键之处不在于布莱希特做了或说了什么，而在于我们需要布莱希特为我们做什么和说什么。"[2] 从理论跨文化旅行的角度来看，或许这正是黄佐临和国内戏剧界以布莱希特戏剧理论"为我所用"的内在根源。

二、戏剧理论的总体研究

随后，讨论集中于艺术手法的新变化。就当代戏剧观的新变化问题，陈恭敏与谭霈生的分歧是争论的焦点。陈恭敏认为，在新的时代环境中，当代戏剧观已经出现了四种新的变化：即从诉诸情感转向诉诸理智、从重情节转向情绪、从突破旧规则转向建立新规则、从外延分明转向外延模糊。这四种新变化下的"形式创新"是新时期话剧的发展趋势与正确方向。[3] 对此，谭霈生则提出了一系列反对性意见。古今中外的话剧都是情与理结合的产物，情节本身即包含了情绪活动，戏剧的许多规则无所谓新旧，戏剧本是综合艺术等，并指出清除庸俗社会的影响是话剧发展的当务之急。[4]

戏剧观的讨论都与话剧危机有关，但着眼点和解决方法不同。但学者们都认为，戏剧思想内容的虚假与浅薄，艺术样式的陈旧是危机产生的原因，

---

[1]　周宪：《文化间的理论旅行》，译林出版社2017年版，第300页。

[2]　周宪：《文化间的理论旅行》，译林出版社2017年版，第310页。

[3]　陈恭敏：《当代戏剧观念的新变化》，《戏剧报》1985年第10期。

[4]　谭霈生：《〈当代戏剧观念的新变化〉质疑》，《戏剧报》1986年第3期。

要走出危机，就要突破公式主义，从内容和形式上拓展，恢复戏剧艺术的独立审美品格。

李钦在分析 80 年代初的话剧创作趋向时，认为话剧创作呈现出两种发展趋向。一是返璞归真，即"遵循现实主义的创作原则，追求生活细节的真实性与人物、情节、语言的生活化，即'去其外饰，还其本真'；剧作要求真实、深刻地反映社会矛盾，按照生活的本来面貌，塑造各种各样的个性鲜明的人物群像；在乡土气息浓烈的日常生活场景的描写中，显露出思想的渗透力和艺术的感染力。像《左邻右舍》《小井胡同》《昨天、今天和明天》《红白喜事》等"。二是标新立异，即"不拘囿于传统的现实主义的写实手法和一般'封闭式'的结构形式，而采取立意新奇的艺术构思和别开生面的艺术表现，深入探索生活的真谛和挖掘人物的内心世界；剧作追求形象的哲理性、寓意性、抒情性，并大胆借助和运用假定性，破除舞台幻觉的逼真性，尽力消除演员与观众之间的空间距离与心理距离。像《屋外有热流》《血，总是热的》《绝对信号》《街上流行红裙子》等"。[1] 他认为这两种趋向都摆脱了公式化、概念化而进行的有审美价值的重大突破。他指出了不健康的创作倾向："重形式、轻内容，重技巧、轻生活，重艺术、轻思想；在学习外国现代派表现技法的同时，多少受到其哲学思想、戏剧主张、艺术趣味和情调的影响，不同程度地脱离了我国人民的审美要求与民族的欣赏习惯；还有的作品单纯从理念出发，思想大于形象，形式大于内容，而理念、思想本身又往往是朦胧的、混乱的。这样，作品的形式新奇掩盖不了内容的贫乏或谬误，而脱离生活，单从理念出发，又必然导致新的概念化。"[2] 他认为好戏都是内容和形式达到了完美的统一，"有人把艺术的创新仅仅理解为形式的花样翻新，而忽略思想内容的新意；也有人只看题材好，思想内容好，而忽略艺术形式的反作用，这都

---

① 李钦：《话剧创作的两种发展趋向》，《戏剧报》1984年第10期。

② 李钦：《话剧创作的两种发展趋向》，《戏剧报》1984年第10期。

不符合艺术的辩证法"[1]。

吴方探讨了话剧中"追求哲理性表现，在越来越多的话剧作品中出现了"，"戏剧表现哲理并不意味着图解观念和宣讲教义。但是任何深刻的戏剧都必然具有较大的思想深度和意识到的历史内容，从而产生哲理的启迪"，"就哲理表现而言，话剧及其观念的历史也呈现了不同的演变阶段。第一个阶段是以情节为重心的阶段，戏剧主要是演故事，着重外部事件的摹仿和传奇色彩。……第二个阶段重心转到人物，注意展示环境和刻画性格，揭示人物命运的发展与各种矛盾冲突，特别是内心的冲突。……第三个阶段是审美多元化的阶段。其突出的标志是由外向内，也可以说'思考大于欣赏'"。[2]

杜清源谈到了话剧的变化：

> 为了表达他们对生活的独特感受、哲理的思考和展示现代人心灵世界的复杂的辩证运动，发挥戏剧艺术的功能，它们借鉴、融合了不同艺术门类的审美因素和表现手段，兼顾和包容政治学、哲学、伦理学、心理学和民俗学等的中介作用，开拓了戏剧审美活动中多种心理的审美机制和协同综合运用审美因素的新途径。于是，多场景、无场次、叙述体、时空交错与灵活转换，倒果为因的"逆向"逻辑序列，多层透视的表现形式以及哲理化、抒情性、散文化、内向化……多种风格相继出现，舞台形象类型化、心灵外化、艺术抽象、象征手段与形象借喻的部分运用发展到整体结构的直喻，也丰富了舞台语汇。这种生动活泼的戏剧现象，既体现了戏剧艺术形式由简到繁，由平面到立体，由单线到复线，由平列到交错的演变过程，又显示出对凝固、封闭的戏剧思维方式的冲击力量。这是一种更为深层的变革。它为话剧的发展提供了一种潜在的活力。[3]

---

① 李钦：《话剧创作的两种发展趋向》，《戏剧报》1984年第10期。
② 吴方：《话剧哲理性追求漫议》，《文艺研究》1985年第1期。
③ 杜清源：《戏剧思维辨识》，《戏剧艺术》1985年第4期。

杜清源认为"打破传统戏剧观的统治地位，还传统戏剧观百家中之一家的本来面目"是有一定道理的。

李海泉从内容方面提出了自己的意见："只用单一的政治观点，简单化地去观察生活，生活中的人物也就简单化成政治的化身，于是创作的路子越走越隘窄，刻画的人物越来越干瘪，以至变成了一个模式，一种套数。"① 他提到了陈焜《西方现代派文学研究》一书中有一篇《摆脱陈旧的戏剧观》的文章。

王世德对"思考大于欣赏"提出了商榷，他提出："'第四堵墙'使演员和观众有生活真实幻觉，也不应一概否定"，"戏有假定性，又有非假定性（生活幻觉），是两者的辩证统一"。② 对于斯坦尼和布莱希特的戏剧观念，王世德认为"布莱希特的主张，符合审美活动要有'心理距离'的美学原理；斯坦尼的主张，符合审美活动要有'体验''移情''共鸣'的美学原理。两者各有适用的范围。它们有时各执一词，走向极端，没有具体分析适用范围和限度，不能恰当认识两者对立统一的辩证关系的某些地方，有片面性。我们应该克服这种片面性，不要变本加厉地发展这种片面性，推崇一方，否定另一方，甚至认为这种片面性就是当代戏剧的新方向、新观念"。他提出了新的戏剧观："新的戏剧观应该是开放的，多方面、多层次的，不应该是某一方面的一种主张、观点、技术、手法、形式，排斥其他。它应该继承、发扬前人各派各说的可取之处，综合成符合当今时代发展要求（包括群众多样丰富的审美要求）的新观念。"③

高鉴对戏剧的受众面向知识分子小圈子提出了异议，认为戏剧是属于大众的，他对戏剧危机进行了解释："近年来在话剧新形式的探索中，人们注重发挥舞台假定性的功能，形式实验成一时风气。有些剧目创造，把主要力量

<hr>

① 李海泉：《戏剧创作的出发点是什么》，《戏剧报》1985年第7期。

② 王世德：《探讨"思考大于欣赏"说——关于"戏剧观"的美学研究之一》，《戏剧》1986年第1期。

③ 王世德：《探讨"思考大于欣赏"说——关于"戏剧观"的美学研究之一》，《戏剧》1986年第1期。

用于形式的翻新上，为搞意识流，而肢解了情节；为搞散文化，而刻意淡化冲突；为搞哲理化，而抽去了人物的个性，出现了形式和内容游离的现象，同时也离开了我们民族的某些欣赏习惯。……人们对它的热情迅速减退了。然而一些戏剧工作者却误以为是形式还不够新，所以招不来观众，提出戏剧的出路在于把舞台假定性的运用推向极致，在于形式的更大胆地更新。而形式的创新，主要是借鉴国外近年来的戏剧手法，对于民族审美传统和传统的话剧审美方式很少顾及。使剧目创作严重地脱离了群众的审美趣味。于是群众也冷落了话剧。"①

童道明："这就是说，如果孤立起来，无论是斯坦尼斯拉夫斯基、布莱希特、梅耶荷德……都不可能给戏剧艺术家带来充分的创作自由，但如果把所有这些大戏剧家的理论加以综合，形成戏剧观念的多样化，便可以给他们提供相当充分的选择余地。而越有选择的余地，便越有创作的自由"，"有了戏剧观念的多样化，就一定会在表现手法上摆脱'非此即彼'的选择"。②

蓝纪先讨论了创作主体的观念，认为其包括"戏剧家的思想观念、道德观念、伦理观念、各种社会观念、哲学观念、美学观念、文艺观念、戏剧观念、价值观念等"。其中哲学观念、美学观念、戏剧观念的更新居于首位。"戏剧艺术的创新不是盲动的，在强化创作主体现代意识中求得戏剧思维和戏剧艺术的多元化发展——首先表现在戏剧观的多元化，风格流派的多元化，戏剧艺术的样式、形式、手段的多元化。"③

王东局从"生态平衡"谈到"艺态平衡"，提出了"艺态学"："研究各类艺术之间以及社会存在的平衡发展、兴衰的表现形态的科学。"④ 他认为新中国成立后的十七年阶段是戏剧电影的黄金时期，因为其他娱乐活动少，而新时

<hr>

① 高鉴：《戏剧文化的整体生存模式》，《戏剧》1986年第1期。

② 童道明：《我主张戏剧观念的多样化》，《戏剧报》1986年第3期。

③ 蓝纪先：《戏剧美学思维的开拓》，《戏剧艺术》1986年第3期。

④ 王东局：《艺态平衡刍论——正确对待"戏剧危机"兼谈建立艺态学》，《剧海》1986年第4期。

期后"人们的文化艺术生活已在向多方面扩展，单一的戏剧电影的艺术生活已一去不复返了"，"即使所有的剧目都有相当高的质量，对目前沉寂的机体可能有所复苏"，但也恢复不到新中国成立初期的上座水平。"从艺态学的观点看，目前我国有些大城市剧团太多，人员过剩，超过正常状态下观众的承受力，所以有人提出当务之急，不是'振兴戏剧'，而是'消肿'。这个消肿的实质也就是为着保持艺态的相对平衡"。①

林克欢认为："当人们从多方面苦苦地去探究剧作形式、舞台风貌单一化、模式化、雷同化的原因，力图打破写实主义——幻觉主义戏剧的独尊局面时，戏剧假定性问题的提出以及假定性的美学地位的确立，可以说是剧作观念、演剧观念的一大突破。"②

胡伟民谈道："开放的戏剧观念意味着在坚持现实主义方向的同时，向各种戏剧流派、各种演剧方法全面开放。"③他认为开放式的戏剧，其主要特征和表现是："开放式的戏剧从整体来看，是对当代生活思考的深刻性，对传统戏剧法则的冲击，以及创造新的舞台语汇的强烈探索精神"，"开放性的戏剧，在对待现实主义的态度上，采取了更加开放的观点"，"开放的戏剧的再一个特征就是表现为现实主义的话剧传统对于自己民族古典戏剧传统的重视、吸收和利用"。"再一个特征就是中国的话剧舞台上出现了一些在结构上讲，简直不像戏的戏"。"开放式的戏剧更多地注意发挥戏剧的综合优势，改变话剧单纯姓'话'的观念，开始出现了音乐、舞蹈和戏剧不仅是简单地相加，而且是化合、渗透的局面，其他艺术门类的优越作用在演出中间已大量地被运用，这也是十分可喜的现象"。"中国的话剧目前出现了越来越重视观众的参与"，"戏剧理论的研究正在往纵深发展"。"话剧舞台上实验性的演出层出不

① 王东局：《艺态平衡刍论——正确对待"戏剧危机"兼谈建立艺态学》，《剧海》1986年第4期。

② 林克欢：《戏剧的超越》，《文学评论》1986年第6期。

③ 胡伟民：《开放的戏剧（之一）》，《文艺研究》1985年第2期。

穷，中国的话剧舞台从来没有出现这种多样化的局面"。①

高行健对戏剧无限的可能进行了展望："戏剧是在剧场这样一个现实的直观的世界里，再现由艺术家虚构的并且由观众的想象力加以完成的一个非现实的世界，在有限的空间和时间内去展示原则上无限的空间和时间，过去、现在与将来，人世、天堂与地狱，现实、幻想与思考都可以呈现在观众面前，这就是戏剧的魅力。戏剧家们没有理由捆住自己的手脚，只限于在舞台上吃力不讨好地去模拟一个弄得苍白、贫乏的现实环境。现代戏剧只有从笨重的布景、道具构成的那个直观的环境中跳出来，首先回到像京剧中那样的光光的舞台或是像摆地摊耍把戏的江湖艺人的那片空空的场地上来，才能重新赢得艺术表现的这种自由"，"现代戏剧重新捡回面具的时候，自然而然地也将把歌舞、哑剧、木偶，乃至于武术和魔术这些戏剧的传统手段统统捡回来，这时它也就不再只是话剧了，但它也不必像京剧那样一切都程式化"。"中国传统戏曲中的表演早已展示了这种自由，过去与未来，现实与梦境，活人与冤魂，演员与他扮演的人物，就在光光的舞台上，不靠任何布景、灯光与音响效果，当着观众的面，瞬间就变化了，而且来来去去，极其自由"。②

蔡体良也赞同戏剧的多媒介因素介入："创新不约而同地又创到一条道上来了，衍生成一种新的模式和框架，一种创而不新的局面。例如，内容上散文化，淡化和模糊主题；形式上多焦点的局面，时空随意地交叉、打乱；艺术功能上纳入歌舞、戏曲、面具等多媒介因素。"③

高行健认为东西方戏剧艺术观念的不同有三点："中国的戏曲，广而言之，被欧洲人视为远东的日本的能乐和歌舞伎，乃至于更为东方的印尼的巴厘戏剧，都是将歌舞说唱，用中国戏曲的说法叫作唱念做打，融为一体，是一种综合的表演艺术。而西方戏剧，主要诉诸语言，介绍到中国来，也就不无道

---

① 胡伟民：《开放的戏剧（之二）》，《剧艺百家》1985年第2期。

② 高行健：《要什么样的戏剧》，《文艺研究》1986年第4期。

③ 蔡体良：《"极端化"与观众的口味》，《剧坛》1986年第3期。

理地被称为说的戏剧，即所谓话剧"；"其二，西方戏剧在艺术上追求真实感，不仅现实主义和自然主义戏剧是如此，即便在梅特林克的象征主义戏剧中，也依然力图去制造一种幻觉的真实。而东方戏剧从来就明白无误地表明是在做戏，不必在舞台再现生活的真实环境，也不去制造让观众信以为真的幻觉，在几乎是光光的舞台上，假戏认真去做，就靠虚拟的表演调动观众的想象力，用的是他们的技艺将观众折服。……也就是说，当西方戏剧在剧场里努力追求真实感的时候，东方戏剧却堂而皇之地强调舞台艺术的假定性"；"其三，东方戏剧的结构是叙述性的，归根结底，都来自说唱艺人的角度，这种叙述角度不仅贯穿在剧作中，还渗透在演员的表演里，因此便自然而然有足够的余裕和极大的自由，不必顾及时间和地点的客观性以及由此而来的这种统一。而西方戏剧为了遵守这种时空的客观性和统一，在剧作法上不得不分幕分场，在表演上总囿于此时此地，凭空添了许多的限制"。[①] 高行健所追求的现代戏剧，"一、戏剧是一种综合的表演艺术，歌、舞、哑剧、武打、面具、魔术、木偶、杂技都可以熔于一炉，而不只是单纯的说话的艺术。二、戏剧是剧场里的艺术，尽管这演出的场地可以任意选择，但归根到底，还得承认舞台的假定性。因而，也就无需掩盖是在做戏，恰恰相反，应该强调这种剧场性。三、一旦承认戏剧中的叙述性，不受实在的时空的约束，便可以随心所欲建立各种各样的时空关系，戏剧的表演就拥有像语言一样充分的自由"[②]。未来的戏剧是一种绝对的戏剧："未来的戏剧会是一种完全的戏剧，一种被加强了的演员与演员、演员与角色、角色与演员与观众交流的活的戏剧；一种不同于在排演场里完全排定了的近乎罐头产品的戏剧，一种鼓励即兴表演充满着强烈的剧场气氛的戏剧，一种近乎公众的游戏的戏剧；一种充分发挥着这门艺术蕴藏的全部本性的戏剧，它将不是变得贫乏了的戏剧，而是得到语言艺术家们的合作不至于沦落为哑剧或音乐歌舞剧的戏剧；它将是一种多视象交响的戏

<hr>

① 高行健：《对一种现代戏剧的追求》，《文艺研究》1987年第6期。

② 高行健：《对一种现代戏剧的追求》，《文艺研究》1987年第6期。

剧，而且是把语言的表现力推向极致的戏剧；一种不可以被别的艺术所替代的戏剧。"[1]

三、假定性

吴光耀较早谈到了"幻觉"和"非幻觉"，在谈到 1982 年前的几部戏时说："这些布景充分调动了舞台上的各种假定性手段，目的在于加强戏剧演出的连贯性，不在于使观众相信物质环境的真实性。这种布景常常被称为非幻觉布景，而一般重在如实表现时间地点和环境气氛的布景则常常被称为幻觉性布景。"[2] 在对国外戏剧舞台设计进行梳理后，他提出了几点看法："我们过去对于现实主义的理解过于偏狭了，在舞台美术方面，常常局限于使用幻觉性的一种手法，把这看成是正统的、唯一的手法，而把非幻觉手法目为形式主义而一概加以否定。幻觉与非幻觉是戏剧演出中的两种表现手法，现实主义可以使用它们，其他的什么主义也可以使用它们"，"提倡一下非幻觉手法绝不意味着要排斥幻觉性手法"。"拘泥于生活，缺乏想象，幻觉主义布景会出现雷同化。同样，假使脱离生活，而一味去套用某些形式，非幻觉主义布景也会出现雷同化；或者体现出来的布景形象会非常肤浅和乏味"。[3]

高行健从戏剧的剧场性提出戏剧的假定性："如今舞台上再现生活中的真实环境，较之电影，无论怎样卖力，都显得虚假。戏剧应该有这点自知之明，不必拿己之短去同电影之长较量。因此，戏剧不如坦率承认自己舞台的假定性，并且把自己的这一特点变为自己的长处，用以发扬自己的艺术魅力"，"戏剧艺术特点除了剧场性，还有其独特的舞台假定性。这也是个被人遗忘了的戏剧传统的老概念。本来谁都知道，所谓演戏，就是假戏真做，而且做得令

---

① 高行健：《对一种现代戏剧的追求》，《文艺研究》1987年第6期。

② 吴光耀：《谈谈"幻觉"和"非幻觉"》，《戏剧论丛》1982年第2辑。

③ 吴光耀：《谈谈"幻觉"和"非幻觉"》，《戏剧论丛》1982年第2辑。

观众信服。所以说，表演是戏剧艺术的根本。倘要克服戏剧面临电影、电视的挑战造成的危机，必须从这门艺术本身去找寻自救的手段。"①在这里，高行健是把假定性看成一种自救的手段，应对电影、电视所造成的挑战，以破除话剧危机。

薛殿杰先是定义了幻觉主义戏剧："现实主义一定要写实，就是要在舞台上制造幻觉……接着这种观点创造的戏剧，就是幻觉主义戏剧。"他认为假定性，"其实就是舞台的局限性，或者说，也就是舞台的特性"，"尽管幻觉主义戏剧是排斥舞台假定性的，但它最终也无法摆脱假定性。因而幻觉主义戏剧对假定性的承认和运用有严格的限度"。"幻觉主义戏剧只能在箱式舞台（或称镜框式舞台）上演出，以台框为界，台框内的景物要严格保持生活的自然状态，舞台只有一面向观众开放，通常我们称之为'第四堵墙'，不去掉这第四堵墙，观众就无法看戏。这是幻觉主义戏剧所无法回避的舞台假定性"。幻觉主义戏剧和非幻觉主义戏剧这两种戏剧观对立的表现是"对舞台假定性的回避与强调"，"摆脱幻觉主义的束缚就是强调舞台假定性，充分利用舞台假定性，发展舞台的假定性，寻找和创造多种多样的舞台假定性手段，为此就离不开向中外的戏剧及其传统借鉴，特别要重视向幻觉主义戏剧出现之前的漫长的戏剧发展史曾经有过的各种舞台假定性手段借鉴，也要向现代中外舞台上已经大量应用的，实践证明是为广大观众所接受的各种舞台假定性手段借鉴"。薛殿杰从舞台美术角度来谈假定性。"舞台美术创作摆脱了幻觉主义框框束缚之后，它的任务也就不限于给演员提供生活的直接环境。我以为，舞台美术的任务是处理整个演出空间"，"舞台美术创作中运用具象的东西，前面提到可以调动姊妹艺术中从绘画到工艺美术、雕塑、建筑等诸种手段，运用各自本身所独有的艺术特点，包括提炼、概括、夸张、变形，同上述提到的运用抽象的东西相结合，便可以滋生出多种多样的舞台假定性手段来"。②

---

① 高行健：《论戏剧观》，《戏剧界》1983年第1期。

② 薛殿杰：《摆脱幻觉主义束缚　大胆运用舞台假定性》，《舞台美术与技术》1981年第1期。

耘耕提出："所谓舞台假定性，通常所讲的并不是指狭义的舞台上有无写实的布景，而是指的舞台上演出的整个实质和全部活动。"他认为舞台艺术有两种极端主张："目前戏剧界对舞台艺术有两种各趋极端的主张。一种是'唯恐不真'，这在话剧史上有其悠久的历史渊源。另一种是'唯恐不假'，这是现代兴起的一种新的戏剧主张，包括西方流行的各种现代流派，特别是布莱希特提倡的'非幻觉主义'戏剧，主张不用布景，有意使观众知道这是舞台而不是生活（即间离效果），这种手法，近来在我国话剧舞台上也有不少影响"，"两种极端都是不足取的"。他对概念进行了梳理："提倡'非幻觉主义'的同志把写实的手法跟幻觉主义等同起来，而把非幻觉主义当作舞台假定性（或写意的手法）的同义语，这显然是不正确的。舞台的实质是一种生活的假定，而任何假定性都是为了创造幻觉——使观众信以为真。写实的舞台是假定性，写意形式的舞台（象征性的装置、装饰性的图案或空无所有的舞台）同样是一种假定性——代表一定的戏剧环境。舞台艺术的目的就是通过不同的途径即不同的假定性去创造舞台的幻觉。所以把幻觉性同假定性对立起来的看法，是导致舞台艺术走上两种不同极端的形式主义的重要原因"。"幻觉的意义是什么？就是要使观众相信舞台上的一切都是真的，不论布景、道具、人物以及人物的动作、语言，甚至人物动作中所表现出来的景与物（如中国戏曲中那样）等等，都是造成逼真的感觉，使观众信以为真。有些人认为用写实的布景就是幻觉主义，而不用布景，或者如戏曲那样用写意的手法，则称为'非幻觉主义'，我认为这是不确切的。舞台上的一切艺术手段都是为了创造幻觉——使观众信以为真。创造幻觉的途径可以有不同，有用写实的手法，有用写意的手法，但创造幻觉的目的则是一致的"。[①]

耘耕认为"要消灭舞台幻觉，提倡'非幻觉主义'，简直是不可能的"，并且提出，布莱希特的理论与中国戏曲艺术的规律并不完全相同，硬把它们

---

① 耘耕：《舞台假定性与舞台幻觉》，《戏剧论丛》1982年第2辑。

拉在一起，是不符合实际的，"比如中国戏曲舞台上的一桌二椅和张幕为城等手法，它不是一种固定的舞台装置，它的原则很明确：随时装拆，为表演服务。它是在舞台物质技术条件都还相当落后的时代里出现的一种历史局限下不得已而为之的假定性，这同目前有些同志在布景上主张的'唯恐不假'完全不同。至于戏曲中以桨代舟、以鞭代马等则已直接成为演员表演的一部分，它本身就是艺术，这又当别论。北京上演的《伽俐略传》中有意把布景的金属棍骨架暴露在外，这就是一种人为的、有意的假定性，它同我国戏曲舞台上虚实结合为表演服务的原则毫无相同之处。同这种'洋守旧'相比较，我国戏曲舞台上的'土守旧'不是一种固定装置，它同演员表演的写意风格并无矛盾"，"在虚实关系上，布莱希特的主张与中国戏曲艺术的规律也不尽相同。布莱希特的舞台原则是大虚小实……这里大的方面是指布景，小的方面是指道具、服装。中国戏曲不仅大的方面只求差不多，小的方面也不要求逼真，只要差不多就行了"。①

耘耕认为"莎士比亚的古典形式跟中国戏曲的写意形式在假定性上也不是等同的。两者在舞台上都是空无所有，不用布景，这一点有相似之处。但它们之间有一个根本性的区别，即中国戏曲舞台上的实景主要是通过演员的动作表现出来的（以及用象征性的布景和道具），它的假定性同演员的表演有着直接的、不可分割的关系，所以戏曲舞台的假定性形成一种自己特有的统一风格，使自己有别于其他形式的假定性。莎剧的古典形式在舞台上的景物主要依靠语言来表现，如果用上了写实的布景，它同演员的表演几乎没有什么矛盾（虽然比原来分场的形式有较大的局限），所以它的演出后来逐渐向新的舞台形式发展，乃是顺理成章的事情"，"中国戏曲艺术这种舞台假定性，是它通向艺术真实性的一种形式，而写实的话剧传统手法，是由舞台假定性通向艺术真实性的另一种形式，它们的作用都不容怀疑"，"假定性与真实性

---

① 　耘耕：《舞台假定性与舞台幻觉》，《戏剧论丛》1982年第2辑。

是演剧艺术中一对矛盾着的统一体。舞台上的演出始终在这一对矛盾体中进行，它通过不断克服矛盾而达到演出的完美与统一。克服矛盾的过程就是假定性与真实性统一的过程"。话剧"向戏曲学习"，也"不应当排斥吸收借鉴西方流派中的某些优点"。[1]

徐晓钟在 1982 年肯定了话剧的生机："对于曾经出现于导演创作中的复制生活的自然主义现象，演剧观念的狭窄与单一，演出形式的刻板和导演艺术语汇的陈旧，进行了勇敢的冲击。"他认为戏剧有三个基本特性：一是舞台假定性；二是活人的精湛表演；三是观众不仅欣赏创作的成果，而且参与创作的过程，影响并反作用于演员的创作，演员与观众之间有着活生生的交流与感应。"反映在演员与角色、演员与观众以及舞台和观众席三个方面，形成各种不同的关系（比如在什么性质和程度上信任观众的想象力，使他们参与演员的创作；比如舞台与观众席之间是联结一气，可以直接交流，还是隔上一层看不见的第四堵墙），这就构成了各种不同的演剧观念、不同的风格流派。重视戏剧本性，提出破除幻觉的假定性，不是为了打破某一种演剧观念，要打破的，是演剧观念狭窄、单一的局面"。[2]

胡伟民提出要突破一些旧观念："想突破七十多年来中国话剧奉为正宗的传统戏剧观念，想突破我们擅长运用的写实手法，诸如古典主义剧作法的'三一律'，以及种种深受'三一律'影响的剧作结构；演剧方法上的'第四堵墙'理论，以及由此派生的'当众孤独'；表导演理论上独尊斯坦尼斯拉夫斯基体系一家的垄断性局面。简言之，想突破主要依赖写实手法，力图在舞台上创造生活幻觉的束缚，倚重写意手法，到达非幻觉主义艺术的彼岸。"他认为假定性是戏剧艺术的本质，提出了走向舞台假定性的途径：一是"东张西望"，"向东看——从东方戏剧，尤其是从祖国古典戏剧遗产中吸收养料；也向西看——对世界各国的戏剧流派进行研究分析，从中择取对自己有用的

---

① 耘耕：《舞台假定性与舞台幻觉》，《戏剧论丛》1982年第2辑。

② 徐晓钟：《在自己的形式中赋予自己的观念》，《戏剧报》1982年第6期。

东西"；二是"得意忘形"，"中国诗词、绘画、戏剧的艺术长廊中，陈列着形神兼备的佳作，也展示出许多离形、变形、舍形、忘形的珍品"；三是"无法无天"，艺术创造领域"尽管有某些规律性的东西必须遵守，然而，在创作手法上，却颇为需要点'无法无天'的勇气，这是由艺术创造的本质所决定的"。[1] 他"将黄佐临的戏剧观的主张做了引申和发挥"[2]。

林克欢从演员和观众的角度探讨第四堵墙："戏剧的观念与技法发生了显著的变化，但其中一个最显著的特征，几乎都是致力于推倒第四堵墙，将演出建立在演员与观众近距离交流的基础上"，"努力消除演员与观众之间有形的与无形的障碍，改变观众在剧场中的消极被动状态，把第四堵墙从台框移到观众席后面或干脆打碎第四堵墙，恢复戏剧活动应有的炽热的创造气氛，使剧场回归到演员与观众彼此交融、浑然一体的理想境界，已成为无数戏剧革新家梦寐以求的目标"，"近年来，不少戏剧演出，都敞开大幕，把演区前移，或者突破镜框式台框的限制，增设假台口，使台唇也成了演出场地，甚至将演区扩展到观众席、休息厅……目的无非是想尽量缩短舞台与观众的距离，让观众更真切地感受到演员的表演和情感变化"，"演员与观众的相互关系，不仅表现在戏剧以观众的存在为前提，而且表现在戏剧活动是一种演员与观众的共同创造。演出的空间结构，必然涉及他们彼此之间的相互感染、相互影响的特性与审美过程的心理机制。空间的接近，有助于增强观众的参与意识；空间的疏远，较容易造成戏剧幻觉。观众区的集中，有助于增强观众的集体意识；反之，观众区的分散，增强了观众的自立意识。演区的集中，有利于观众注意力的统一；演区的分散，容易导致观众注意力的分散"。[3]

多年后，穆海亮认为戏剧观论争中对"假定性"的认识是似是而非的：

① 胡伟民：《话剧艺术革新浪潮的实质》，《戏剧报》1982年第7期。
② 田本相、宋宝珍、刘方正：《中国戏剧论辩》（上），百花洲文艺出版社2007年版，第455页。
③ 林克欢：《演员与观众》，《文艺研究》1985年第2期。

最具代表性的意见，是把假定性与写实主义、舞台幻觉对立起来，以布莱希特反对斯坦尼，如高行健把假定性视为戏剧应对电影、电视的挑战的途径，胡伟民也把假定性视为突破斯坦尼写实体系的不二法门，甚至认定假定性是"戏剧艺术的本质"。这是以狭义的假定性代指了其全部内涵。其实，广义而言，假定性本是各种艺术的共同属性，而舞台假定性用以描述戏剧舞台演出对现实生活的自然形态所做的艺术加工和改造，以及观众对此改造的理解和认同。从两个极端来看，假定性是要解决剧场中两个根本问题。一是情感上的"以假当真"，舞台上一切都是假的，但演员和观众并不以为假，仍然投入感情去创作和欣赏它，没有这个前提，戏剧活动无法进行；二是理智上的"名真实假"，即舞台上不管多么逼真于现实生活，它也不是生活，只是对生活的艺术再现，这也是必须坚持的创作和欣赏原则。因此，实际上并不存在斯坦尼反对假定性、布莱希特提倡假定性的问题，他们的差异只不过在于对假定性的处理原则不同。[1]

谭霈生认为："这种'幻觉主义'的原则在十九世纪现实主义戏剧（例如易卜生式的戏剧）中高度发展，几乎成为普遍的法则。我国话剧艺术基本上继承的是这个传统，把它视为正宗，形成在艺术形式上一统天下的局面。实际上，由于片面强调'逼真性'，就使话剧艺术在空间和时间上的容量受到很大限制"，"与电影等艺术形式相比，戏剧本来就具有更大程度的'假定性'，可以说，这是戏剧艺术的本质属性之一"。[2]

"假定性"是"戏剧观"论争中最重要的话题。它甚至像胡伟民在《话剧艺术革新浪潮的实质》中所认为的，被很多人看作是"戏剧艺术的本质"[3]。胡

---

① 穆海亮：《戏剧观论争的理论偏颇及其消极影响》，《文艺争鸣》2010年第5期。
② 谭霈生：《"话剧民族化"意味着什么》，《人民戏剧》1982年第6期。
③ 胡伟民：《话剧艺术革新浪潮的实质》，《戏剧报》1982年第7期。

星亮认为这种戏剧观的来源，一是"戏剧家首先是从西方现当代戏剧突破写实传统的艺术创新，去思考话剧的'假定性'本质的"；二是从西方现当代戏剧的艺术变革中，中国戏剧家发现"民族戏曲的'假定性'丰富了西方戏剧的艺术语汇和表现力"。[1] 徐晓钟发现："梅耶荷德、布莱希特以及六十年代的格罗托夫斯基，他们都从中国戏曲中得到了启迪，找到了力量，帮助他们摆脱统治欧洲戏剧近百年的舞台幻觉主义的束缚，在他们自己的剧场里恢复了戏剧的一个基本特性——舞台假定性。"[2] 徐晓钟是从中国传统戏曲中发现话剧的本质。

胡星亮对"假定性"讨论做了探讨，认为其分歧有三：第一，戏剧"假定性"是不是论争的新发现？第二，戏剧"假定性"是否能取代戏剧的"逼真性"？第三，"假定性"能否视为"戏剧的本质"？有人对"假定性"是戏剧特性"新发现"的说法提出质疑，认为"任何艺术形式都是一种假定性，都是给欣赏者提供对象的幻觉。没有艺术的假定性，也就没有艺术的真实性"。[3] 薛殿杰也认为"假定性"是所有戏剧的特性，不但荒诞、变形、写意是假定性，写实戏剧的"第四堵墙"等也是"假定性"。[4] 关于这个问题的争论，主要是各自"假定性"概念指向不同。

林克欢："假定性可以说是一切以人为表现对象的造型艺术的本质属性"，"戏剧假定性手法的发展几乎是没有限度的，既可以有保留表象真实的假定，也可以有夸张、变形等破坏表象真实的假定，还可以有抽象、荒诞等离开表象真实、完全是戏剧艺术自身所创造的假定……事实说明，戏剧艺术数千年的发展，是一部假定性手法层出不穷的发展史，是一部舞台表现力无限扩张的发展史"。[5]

---

① 胡星亮：《新时期"戏剧观"论争的反思与批判》，《学术月刊》2009年第2期。
② 徐晓钟：《在自己的形式中赋予自己的观念》，《戏剧报》1982年第6期。
③ 耘耕：《舞台假定性与舞台幻觉》，《戏剧论丛》1982年第2辑。
④ 薛殿杰：《摆脱幻觉主义束缚　大胆运用舞台假定性》，《舞台美术与技术》1981年第1期。
⑤ 林克欢：《戏剧的超越》，《文学评论》1986年第6期。

羽军认为第四堵墙是推不倒的，各派戏剧都不可能完全摆脱或彻底推翻第四堵墙：

"第四堵墙"这个戏剧理论或方法，总的来说，它是为了创造"生活幻觉"，要求戏剧演出尽可能达到"三个逼真"：

一、环境逼真——布景、道具、灯光、音响等等。

二、形体逼真——演员的形体、动作、服装、化装、语言等等。

三、情感逼真——演员的内心体验、情绪、感情变化等等。

这就是"第四堵墙"的三大因素和主要内容，第三条"情感逼真"则是其核心。[1]

以此出发，他提出了中国戏曲中是有"情感逼真"的。"正是戏剧艺术的'真'和'假'结合而成的本质，决定了观众看戏时，既不可能像前期斯坦尼斯拉夫斯基所要求的那样，完全忘乎所以，完全投入生活幻觉或规定情境；也不可能像布莱希特所要求的那样，时刻不忘自己是在看戏，始终清醒地意识现实环境；当然，也不会像皮兰德娄所希望的那样，既能完全'意识现实环境'，又能完全'投入规定情境'"，"'假定性'既是指艺术作品的形式方面，指一切用以表现生活真实的方式或手段，那么，'第四堵墙'就应该属于'假定性'的范围，因为'第四堵墙'本身仅仅是一种表现方法或手段。它不同于其他方式或手段之处，仅仅在于它是一种'求真'或'逼真'的方法，它本身仍然是'假定性'的东西"。[2]

---

[1]　羽军：《试论"第四堵墙"与假定性》，《戏剧报》1984年第3期。

[2]　羽军：《试论"第四堵墙"与假定性》，《戏剧报》1984年第3期。

四、剧场性

1983 年高行健在《论戏剧观》一文中，回顾了现当代国外戏剧流派，从明星制时的戏剧谈到导演制时的戏剧，在导演制时代，"不同的戏剧观念自然导致了不同的剧作法"[1]。然后高行健介绍了西方导演制戏剧的一些代表人物，重点介绍了现代戏剧的另一种倾向："主张戏剧就是表演，强调戏剧的剧场性，反对在舞台上去再现生活的本来模样。"[2] 这一倾向的代表人物，从苏联的梅耶荷德、英国的戏剧家克拉革、法国的戈波、德国的韦特金特、波斯卡多尔和布莱希特，还有在 60 年代重新发现的法国导演阿尔托、波兰的格罗托夫斯基，荒诞派的贝克特和尤奈斯库、惹奈和阿达莫夫，到意大利的达里奥·福等，都持有这样的戏剧观念。一番回顾之后，高行健认为要解决这一世界性的戏剧危机，需要找到电影或电视所不具备的、戏剧艺术的特点，他认为是"剧场性"："戏剧艺术之所以有其特殊的魅力，则在于所谓剧场性。戏剧是剧场里的艺术，这就是它同冷漠的银幕和冰冷的荧屏的区别。我们从事戏剧工作的同志，之所以特别热衷于戏剧这一行，往往都是被那种强烈的效果吸引过、激动过。台上的演员，受到台下观众反应的感染，越演越有味道。那种呼应交流，在影视屏幕前面是从来不可能有的。"[3] 为此，他强调戏剧的剧场性。认为："在当前的戏剧创作中，不少剧因为受了斯坦尼斯拉夫斯基的第四堵墙的影响，竟然把戏剧的这个艺术特点丢掉了。这第四堵墙把台上台下一隔断，台上的演员关在屋里，哪怕再激动，台下观众照样打哈欠。"[4] 也就是说，高行健认为斯坦尼斯拉夫斯基的戏剧是没有剧场性的，只有打破第四堵墙的戏剧，才有剧场性，这显然失之偏颇。

高行健在论述荒诞派戏剧时认为："所谓剧场性指的就是台上的演出同台

---

① 高行健:《论戏剧观》,《戏剧界》1983年第1期。

② 高行健:《论戏剧观》,《戏剧界》1983年第1期。

③ 高行健:《论戏剧观》,《戏剧界》1983年第1期。

④ 高行健:《论戏剧观》,《戏剧界》1983年第1期。

下的观众的这种交流。戏曲中是从来不存在那第四堵墙的，也不受时间空间的限制，还可以有即兴的表演。"[1] 他进而对剧场性下了定义："所谓剧场性，指的是戏剧乃是剧场里的艺术，而剧场可以是任何一个公众场所。……正是这种剧场性决定了戏剧首先是一种需要同观众交流的表演艺术。"[2] 定义重在交流层面，一些学者认为，戏剧的实时演出并和现场观众进行交流，赋予戏剧区别于电影、电视的独特魅力。

辩论中双方认为：斯坦尼体系同样是重视"剧场性"，其对于表演的重视，无疑就是对于剧场性的重视，把一切都归罪于"第四堵墙"，无疑也是片面的。[3]

五、动作性

高行健质疑戏剧文学，认为："文学剧本仅仅为演出提供了一个基础，戏到底如何，得立在舞台上看"，"不同的戏剧观念便会产生不同类型的戏剧。然而有一条却是古往今来的戏剧必须遵循的原则，那就是动作。不构成动作的戏剧绝对没戏。一切戏剧矛盾冲突的基础都是动作，这也是所有的戏剧理论都公认的常识。因此，要对戏剧这门艺术的本质做一个概括的话，不如说是动作语言的艺术，更为贴切"。[4] 为此，高行健进行了具体说明：

> 作为一个剧作家，除了有塑造人物、描写环境、刻画心理的本事，还要会写成为戏。即在台词背后赋予动作。更确切些说，人物的台词是来源于人物的动作。动作即台词的灵魂。不妨举个简单的例子来说明：

<hr>

① 高行健：《论戏剧观》，《戏剧界》1983年第1期。
② 高行健：《要什么样的戏剧》，《文艺研究》1986年第4期。
③ 田本相、宋宝珍、刘方正：《中国戏剧论辩》（上），百花洲文艺出版社2007年版，第456页。
④ 高行健：《论戏剧观》，《戏剧界》1983年第1期。

甲：（对乙）嗳！

乙：（对甲）嗯？

甲：（眨眨眼）

乙：啊！

这个小品只有三个感叹词，落到有经验的演员手里，从规定的两个角色这层人物关系中，可以发掘出多少戏来。倘进一步明确这种规定情境或在会议室里，或者在大街上，或是两人比肩而立，或是两人遥遥相望，凡此种种，又可以有多少不同的表演。再加上对人物的性别、年龄、职业、性格的其他规定，那就又变化无穷了。这个例子多少说明了在戏剧艺术中动作与语言的关系。贝克特做过个极端的试验，写了一本《无词的戏》，提供了一系列无台词的戏剧小品，是供演员做基础训练的颇好的教材。这种试验表明戏剧语言的基础是动作。当前的戏剧作品，有的往往舍本求末，先去追求台词表面的修辞和诗意，后有内在的动作。到了舞台上，就只好靠演员朗诵的本事去支撑。而现代剧作中，有时台词只有那么几声语气词，或者读起来似乎朴实无华，乃至于语句破碎，上了舞台，通过演员的表演，却十分动人，这就是现代剧作对戏剧语言的新的认识。[1]

高行健从导演的角度阐释了戏剧性并不依赖戏剧文学。即使对传统的剧作法否定最彻底的荒诞派戏剧，高行健认为"有一个最基本的戏剧原则反不掉，那就是动作"。

孙惠柱提出了自己的看法："动作，作为戏剧的基本特征，自亚里士多德提出迄今，已变成了一个具有极丰富涵义的概念。……通行的英译 Action 又作行动、情节、布局解；既可指全剧的情节——表现出动作统一性的全部舞

---

① 　高行健：《论戏剧观》，《戏剧界》1983年第1期。

台动作的有机结构，又可指具体的舞台动作，包括内部的心理动作与外部的形体、言语动作。这是生活动作的摹仿，但又有一定距离；在不同的戏剧样式中，距离不一样，动作的形式也不一样。""斯坦尼体系对戏剧动作的要求突出一个真字。他要演员尽可能与角色接近，舞台动作尽可能与生活动作接近，在极其明确的具体的规定情境之中，达到惟妙惟肖的逼真，让观众得以通过撤去的第四堵墙，好像隔着窗户窥伺到室内人们的生活。他总结出一整套心理——形体动作方法，力图使演员在排练中通过'由内到外'或'由外到内'的途径，与角色缩小距离直至合为一体，演出时能够从内部动作到每个外部动作都与规定情境中的角色一模一样，甚至通过意识达到下意识，忘记自己是在演戏，从而给观众一种完全身临其境的真实感。他规定角色的动作必须从头贯串到底，不允许有中断或偏离，因此把过去剧中常用而生活中不常见的独立和旁白都取消了。"[①] "布氏戏剧表演的外部动作尚未与生活相去太远，还没有中国戏曲这种程式，但内部动作却很不'真实'。演员心理要与规定情境中的角色心理尽可能拉开距离，就像事故受害者为了向周围观众求助而表演事件经过一样，绝不进入角色，甚至要批判地演，表演的目的只在于使人根据表演者的意图得出一定的评判。为了将这种方法体现在舞台上，布氏提出三条辅助措施：采用第三人称、采用过去时态、兼读舞台指示，这样来使舞台动作呈现出一种与生活中真实的动作貌合神离的状态。""布莱希特还在戏剧的整体结构中设计许多动作中断，如直接向观众说话，插入歌唱、字幕、幻灯、电影等，故意破坏戏剧动作的顺畅发展，使之与生活动作的距离更加拉大。"布氏和梅氏有两点比较相像："都不赞成现实的逼真再现而要修正生活，戏剧动作与生活动作距离较大；都采用自由分场的史诗式结构，比较松散，动作也常中断。"[②]

---

① 孙惠柱：《三大戏剧体系审美理想新探》，《戏剧艺术》1982年第1期。

② 孙惠柱：《三大戏剧体系审美理想新探》，《戏剧艺术》1982年第1期。

六、戏剧危机及其他

新时期戏剧危机开始让学界关注起"观众"，王永敬等提出了观众在戏剧艺术中的地位问题，认为"观众学首先要研究观众在戏剧艺术中的地位"[1]。王宗楠认为：没有观众，戏剧就没有存在的价值；戏剧是为观众服务的；观众是戏剧的第三度创作者；观众是戏剧唯一公正的检验者；戏剧如何与观众结合。他把观众分为基本观众和流动观众两类。[2]

为了解决戏剧危机，有学者提出了"观众学"概念。1983 年，魏汝明谈道："近年来，话剧观众已越来越远离了剧场，一些好戏也唤不进观众，已经成为说不清、摸不透的奇怪现象"，"有了电视，观众不轻易上剧场看戏了，他们对话剧（也包括其他戏）的要求越来越高；而另一方面，话剧艺术的队伍越来越大，经济越来越紧，质量越来越差，使话剧艺术这一富有品赏艺术特征的鲜花越来越萎谢。"[3]

姜明吾提出了"观众学"这一概念，认为它要解决的是"在不同的情况下，观众将有哪些不同的反应呢？在不同的时期，不同的观众对艺术欣赏有哪些不同需求、不同特点、不同欣赏习惯呢？"研究观众学，"首先要对各个剧种以及各个表演团体的基本观众进行分类研究，研究他们的欣赏习惯，研究他们的欣赏要求，只有这样，才能对症下药，做出进一步的研究"。重点是研究"艺术创造与观众的关系"问题。他提出了"三度创作"概念，认为"'三度创作'则是属于艺术欣赏中的积极心理活动的范畴的，它是'观众学'研究范围中一个极其重大的课题"。[4] 他对观众学概念进行了探讨："'观众学'是一门介于艺术创造与艺术的社会功能之间的中间学科。'观众学'是研究观众的科学。具体地说，'观众学'就是研究观众欣赏的一般规律及其性质、特

---

① 王永敬：《戏剧观众学雏议》，《剧艺百家》1985年第1期。

② 王宗楠：《观众学浅谈》，《艺圃》1985年第2期。

③ 魏汝明：《琐议"观众学"》，《戏剧界》1983年第2期。

④ 姜明吾：《试论"观众学"研究之范围》，《当代文学思潮》1983年第4期。

点和意义；探索不同时代、不同地域、不同经历的观众的不同欣赏习惯和审美观念；研究艺术鉴赏的继承与变异的规律；探讨观众欣赏的多样性以及当代观众的需求；研究解决艺术团体同广大观众的关系，认识欣赏情境与艺术创造的关系；探寻艺术作品通过观众鉴赏而产生社会作用的内在的基本途径的科学。"[1]

解决戏剧危机的问题就是要解决观众的问题。吴保和认为："危机问题的实质是观众问题；又如民族化问题，民族化以什么为标准呢？以观众为标准，以观众是否接受、是否喜爱为标准，民族化问题的实质也是观众问题；又如'墙'的问题，墙对谁而言呢？对观众而言，墙的问题的实质也是观众问题；再如社会效果问题，效果从哪儿看出来呢？从观众的反应看出来，社会效果问题的实质又是观众问题。此外，如戏剧观的问题、上座率的问题、剧目的质量问题等，也莫不可以归入观众问题的范围"[2]。他还认为："观众学，正是这样一门以观众为研究对象的新兴学科"，"观众学，就是以观众的现状和历史为对象，研究其需要、构成、心理、结构、选择、交流、方式及其变化规律的一门学科，是综合文艺学、美学、心理学、社会学、人类学、数学等学科的一门交叉学科。这里所说的作为研究对象的观众，可以有两种含义：一种是广义的观众，泛指一切观赏的人们，如电影观众、戏剧观众、电视观众、曲艺观众、书法美术观众、杂技马戏观众乃至体育观众等；另一种是狭义的观众，专指文艺观赏领域中集体性观赏的人们，如电影观众和戏剧观众"。观众学的研究内容包括："关于观众观赏需要的研究""关于观众构成的研究""关于观众观赏水平的研究""关于观众心理的研究""关于观众观赏结构的研究""关于观众选择的研究""关于观众观赏方式的研究""关于观众观赏效果的研究""关于观众史的研究""关于观众未来的研究"。文章认为，观众学研究的作用表现在：一、可以为我们提供大量准确的事实和信息，使我们

---

① 姜明吾：《试论"观众学"研究之范围》，《当代文艺思潮》1983年第4期。
② 吴保和：《观众学——一门新学科》，《上海戏剧》1984年第3期。

对于观众的现状、观众的观赏需要、观众的心理等方面有较为准确的认识和较为自觉的把握。二、可以为我们正确了解观赏的效果提供客观的依据。三、为演出团体选择剧目、安排场次、演出地点等提供可资参考的客观依据。四、还可以帮助我们了解观众中正在发生的变化，以及变化的趋势、速度、范围。①

基于此，戏剧的民族化也成为讨论的重要话题。高行健明确提到了借鉴国外戏剧理论，走出适合本民族的戏剧传统："可以看到近一个世纪以来，西方也包括苏联和东欧的戏剧艺术，做了众多的探索。而每一个流派和倾向，都强调了戏剧艺术的某一方面或某几个方面，企图扩大或加强戏剧艺术的表现力。这些探索有的纯然是形式主义的；有的虽然有形式主义的成分，倒也发掘了有用的戏剧艺术手段；有的则卓有成效，可供我们借鉴。做这样一番回顾，显然有助于我们开阔眼界，结合我们本民族的戏剧传统，去研究我国戏剧艺术发展的道路"。②

高行健提出，除了剧作之外，还要丰富表演手段："话剧既作为一种表演艺术，就不能把戏剧本身传统的表演手段念、唱、做、打都丢掉，剥夺了这门艺术所拥有的表现力，把自己弄得贫乏不堪，倒应该去努力发展和丰富自己的表演手段才对，为自身的生存和发展开辟新的道路。"③这明显受到西方戏剧观念尤其是布莱希特戏剧理论的影响。"原始宗教仪式中的面具、歌舞与民间说唱，耍嘴皮子的相声和拼气力的相扑，乃至傀儡、影子、魔术与杂技，都可以入戏。"④

谭霈生认为："一般地说，话剧的'民族化'应该包括两个方面：民族的内容和民族的形式。"⑤他还认为："所谓'民族的内容'，指的是：中国的话剧艺术应该着重反映中国人的生活，表现中国人的生活方式、风俗习惯、思想

---

① 吴保和：《观众学——一门新学科》，《上海戏剧》1984年第3期。

② 高行健：《论戏剧观》，《戏剧界》1983年第1期。

③ 高行健：《论戏剧观》，《戏剧界》1983年第1期。

④ 高行健：《我的戏剧观》，《戏剧论丛》1984年第4期，

⑤ 谭霈生：《"话剧民族化"意味着什么》，《人民戏剧》1982年第6期。

感情和心理素质。当然，历史在前进，人们的生活方式、风俗习惯、思想感情也在不断变化，各民族之间也在相互影响。但是，不管这些影响多么深，也并不意味着'民族性'的取消。反映当代中国的社会生活，也应该努力表现出这一时代中国人所特有的生活方式、风俗习惯、思想感情和心理素质，再现出这一时代的民族精神"，"所谓'民族的形式'，主要指的是建立在民族美学基础之上的艺术形式和艺术风格。在这方面，话剧创作和表演艺术中都有很多特殊的问题值得探讨"。1985 年，谭霈生在《关于话剧民族化的问题》一文中再次谈到了话剧民族化问题，对于把"形式"的民族化看作重心的现象进行了批判，认为重点在于"内容"的民族化。[①] 丁罗男也认可借鉴布莱希特的戏剧理论，认为"佐临对民族新戏剧形式的探索，首先借助了布莱希特研究，这是一个与众不同的进入方式"[②]。

《人民戏剧》杂志从 1981 年 11 月开始用一整年时间就这个问题专门开辟"关于话剧民族化问题的讨论"栏目广泛征求各家各派的意见。话剧是要民族化还是要现代化、是要传统还是反传统，民族化是否只注重形式上的戏曲化就足够了等问题引发了人们不同的言论。

"关于话剧民族化问题的讨论"栏目，1981 年第 11 期发表杨田村《话剧的民族化与多样化》、李门《话剧不需要民族化吗？》；1982 年第 1 期发表胡伟民《话剧要发展，必须现代化》，第 3 期发表夏淳《关于话剧民族化的几点体会》，第 4 期发表海泉《"必由之路"质疑》、姚时晓《民族化与群众化不可分割》，第 5 期发表陈健秋《困惑与疑虑》，第 6 期发表赵铭彝《不提民族化的口号为好》、谭霈生《"话剧民族化"意味着什么？》。

赵铭彝在《不提民族化的口号为好》一文中说道："现在许多同志提出了民族化问题，似乎这是当前话剧工作的最大问题。难道目前观众对话剧感到

---

① 谭霈生：《关于话剧民族化的问题》，《戏剧创作》1985年第1期。

② 丁罗男：《构建中国式话剧的新格局——论佐临写意戏剧观的形成及其民族特色》，上海艺术研究所话剧室编：《佐临研究》，中国戏剧出版社1990年版，第106页。

不满意，是由于话剧不民族化吗？我认为问题不在这里"，"民族化的含义是相当广泛的，它涉及民族的历史、文化传统、风俗习惯、生活、心理和语言等等方面，是一个复杂的大问题，要做全面的研究，不能拿戏曲作为唯一的学习对象。因此，我认为不提民族化这个口号为好，而主张话剧创新，主张话剧群众化"。他进一步指出，话剧的探索应该在实践中寻求出路，转向生活、转向人民群众才是最关键的，因此他提倡话剧的"群众化"。[1]

应群从话剧创新的角度进行了探讨，认为创新思潮有：一是第四堵墙的突破，台上台下的交流。表现在剧场形式上的探索，"打破了传统镜框式舞台的观念，开拓了舞台艺术的新领域"；舞台界限的改变。二是"三一律"的极度否定，时空的大幅度跳跃。表现在场次增加、地点增多、时间加长；演区的增加、场景的流动。三是深层次心理的探讨，内心活动的形象化。四是摆脱传统结构模式，建立新的结构形式。表现在片断组接式结构的盛行；多声部结构的诞生。[2]

应群对话剧改革的创新思潮进行了展望，认为向前发展的标志有：

一、剧场形式的进一步革新。现在简易的中心舞台已经出现（用排练厅改建的），具有国际水平的现代化剧场也已经建成（北京中央戏剧学院的实验剧场），今后，中心舞台剧场、伸出型舞台剧场、各种舞台剧场集合的艺术中心以及其他新式剧场还将不断建立和使用，中国话剧也将会有更多的具有世界水平的剧作和演出诞生。

二、时空观念还将发生变化。突破舞台时空的局限，寻求更自由、更生动地再现纷繁的现实生活的途径，是当今具有世界性的探索。灯光分割舞台、布景道具分割舞台，更高的平台演区及暗转都会被更多地使用，更为流畅的戏剧样式也将出现。

---

① 赵铭彝：《不提民族化的口号为好》，《人民戏剧》1982年第6期。
② 应群：《话剧创新思潮初探》，《当代文艺思潮》1983年第6期。

　　三、更新式的戏剧结构将诞生。与新舞台工具和新时空观相适应，戏剧结构也将与团块式结构相去更远，层次更多、跳跃穿插更错落的戏剧结构样式将普遍使用，无高潮的水平方向发展的波浪式结构也将诞生。

　　四、舞台布景的较大改变。一方面，将更多地使用幻灯、电影等手段代替布景规定剧情的环境，展现人物内心的思想感情；另一方面，富有多元意义的或者具有更大的抽象性的写意布景将被广泛使用，象征性舞台布景也将出现。①

　　杜清源的《戏剧创新三题——时代、思维、哲理》，对《戏剧创作的出发点是什么》《"形式革新"小议》的一些观点提出了不同看法："否定和降低形式革新的意义，不仅无助于鉴别、剔除、淘汰混合于革新中的杂质，更无益于把形式革新和新形式的创造纳入有价值的正确轨道。"②

　　与民族化相关联的是戏剧创新问题。陈恭敏主张戏剧创新，1981年，他批评了文艺创作中的机械主义倾向，认为把文艺直接说成是阶级斗争的工具，显然是对文艺为政治服务的一种简单化、机械化的理解，是不符合艺术的规律的。"许多人只强调文艺是政治宣传，是阶级斗争的工具，常常把人物当作时代精神的简单的传声筒，或者就是自己主观概念的图解，忘记或是忽略了文艺描写人，主要是研究人的社会心理，展示其内心体验。他们把阶级斗争变成一种公式，人为地制造矛盾，'激化'矛盾，人为地设置人物之间正、反、主、次的关系。写工业，必定是方案之争代表两条路线，写农业，必定是中农动摇，地主复辟，而且，都少不了暗藏敌人的破坏；写军事题材，只见炮火连天，硝烟弥漫，看不到战斗者的内心世界和情感体验。"③ 陈世雄看到了陈恭敏的批判从内容向形式的转变："陈恭敏在这篇文章中改变了他在《工具论

---

①　应群：《话剧创新思潮初探》，《当代文艺思潮》1983年第6期。

②　杜清源：《戏剧创新三题——时代、思维、哲理》，《戏剧报》1985年第11期。

③　陈恭敏：《工具论还是反映论——关于文艺与政治的关系》，《戏剧艺术》1979年第1期。

还是反映论——关于文艺与政治的关系》一文中的看法，不仅批判把文艺当作阶级斗争工具的'工具论'以及由此产生的公式主义，而且加上了对自然主义的批判……实际上，这篇文章比起《工具论还是反映论——关于文艺与政治的关系》一文，批判的重点已经从公式主义转向了自然主义，从内容转移到了形式，着重从形式上而不是从内容上去探讨话剧危机的根源。"①

1981年，陈恭敏在《戏剧观念问题》中认为："戏剧现代化，又必然打破传统的戏剧观念。戏剧必须是现代的。"②他从戏剧改革层面，对黄佐临所提戏剧观进行理论支持。1985年，陈恭敏接连发表了三篇与戏剧观有关的文章，认为"危机"中包含着转机："'危机'迫使戏剧寻找新路，迫使我们更新观念，戏剧的老面孔必须改一改。几十年来的老面孔，实在是陈旧了，僵化了，凝固了，实在到了应该突破旧框框的时候了！"③他仍然从话剧现状出发，来肯定戏剧观的积极意义。在这篇文章中，陈恭敏认为戏剧观念的新变化表现在四个方面：一是从诉诸情感向诉诸理智转化。这是突出的变化，"随着戏剧观念的这个变化，从结构方法上出现了多层次的结构，它不同于过去那种抓住一个中心事件，然后把这个事件铺展开来，按照'起、承、转、合'进行剪裁的结构方法"④。"新的戏剧观念要求作品反映生活有一定的历史深度，要对生活有深刻的思考，不是抓住一个戏剧事件组织情节就行的，在结构上要求就更高了。现在戏剧要创新，就在于它的多层次：或者是把现实与哲理的思考结合起来，形成一个多层次；或者把现实和历史结合起来，就是对现实事件做历史的考察和对比，探讨这个事件的历史的深刻根源，形成现实和历史结合的多层次；或者把现实和神话、和民间传说相结合，反映民族精神，寻找我们民族的根，探讨民族性格和文化心理结构。"⑤二是戏剧从重情节向重情

---

① 陈世雄：《三角对话：斯坦尼、布莱希特与中国戏剧》，厦门大学出版社2003年版，第306页。

② 陈恭敏：《戏剧观念问题》，《剧本》1981年第5期。

③ 陈恭敏：《当代戏剧观念的新变化》，《戏剧报》1985年第10期。

④ 陈恭敏：《当代戏剧观念的新变化》，《戏剧报》1985年第10期。

⑤ 陈恭敏：《当代戏剧观念的新变化》，《戏剧报》1985年第10期。

绪转化。"有的新戏不是以情节取胜，它追求的是表达一个总的情绪，时代的情绪，一种高度概括的情绪。它以情绪变化来组织情节线索。这样情节就淡化了。我们过去历来强调情节的重要性，但是，现在的一些剧作家轻视情节，甚至有反情节的现象。"[①] 他认为像《车站》《野人》《山祭》都是如此，"这些戏不是单纯在形式上，而是在实质性方面有所突破，这属于在戏剧观念上更新了的作品。作品的主题朦胧、模糊，并不意味着作者没有创作意图，那是不可能的"，"由于戏剧创作从重情节向重情绪转化，于是，中外'三一律'就被彻底打破"。[②] 三是从规则向不规则的转化。"现在有不少的剧本在突破旧规则创造新规则，过去分场分幕的规定已经不灵了，独幕剧、多幕剧的分界也不那么清楚了，根本就没有场次，你说它几幕几场？中国的戏曲程式规范是非常严格的，但是它的防线也在被突破，因为不突破就不能适应戏剧观念的变化。"[③] 四是戏剧的外缘、轮廓线开始模糊不清，开始和其他的姐妹艺术互相渗透。

1985 年发表于《戏剧艺术》的《当代戏剧观的新变化》，是陈恭敏对《戏剧艺术》杂志读者所提问题的回答，除了提到的四个新变化外，还谈到了发生变化的原因。

1986 年，谭霈生对陈恭敏所谈问题，逐条进行了质疑。[④] 关于从诉诸情感向诉诸理智转化，谭霈生认为陈恭敏的"新观念"并没有从根本上否定情与理的联系和统一，因此谈不上"转化"，他认为"转化"应是"由此及彼，即由一事物转变为另一事物"。谭霈生认为陈恭敏提出的由情感向理智转变，是以曲解"旧戏剧"为前提的，"过去的戏剧是诉诸情感的"这一结论并不准确。"作者把'过去的戏剧'固有的'诉诸理智'的功能一笔抹掉，同时又举

---

① 陈恭敏：《当代戏剧观念的新变化》，《戏剧报》1985年第10期。

② 陈恭敏：《当代戏剧观念的新变化》，《戏剧报》1985年第10期。

③ 陈恭敏：《当代戏剧观念的新变化》，《戏剧报》1985年第10期。

④ 谭霈生有两篇文章进行质疑，一篇是《〈当代戏剧观念的新变化〉质疑》，《戏剧报》1986年第3期。另一篇为1986年第2期《剧艺百家》上发表的《关于"戏剧观念的新变化"之我见》，两篇文章内容基本相同。

起'从诉诸情感向诉诸理智转化'这面'新观念'的旗帜，其目的并不在于研讨情与理辩证统一的途径，而只是为了给'诉诸理智'做护法。这个'新变化'的实质，正在于轻视情感而强调理智"。[1]谭霈生认为陈恭敏"重情轻理"的依据也不能成立：一是"因为当代有许多问题是需要思考的"不能成立，二是提出评价作品质量的"新"标准，即"一个戏提供的思考达到一个什么层次、什么深度，就决定了这个戏质量的高低"不能成立；三是曲解地借鉴了布莱希特的重理性主张。

对于第二个转变，谭霈生首先谈到了陈恭敏对"情节"和"情绪"两篇文章的定义不一，认为陈恭敏按照自己对"情节"的解释，用"重情节"（事件过程）涵盖"过去的戏剧"，而把"重情绪"（心理过程）说成是当代的"新观念"，是缺少根据的。"人物的主体性恰恰就是戏剧情节的依托。按照恭敏同志两篇文章的说法，把'情绪'的依据看作是'心理过程'，它主要也应该是剧中人物的'心理过程'。在这个意义上，'情绪'与'情节'本来就不是对立的"。[2]

对于第三个转变，认识一下陈恭敏说法矛盾，"如果说众多剧本确实是'突破旧规则创造新规则'，那就只能说是'从一种规则向另一种规则转化'，而绝不是什么'从规则向不规则转化'"[3]，"如果说十七世纪法国人曾经把'三一律'（顺便说一句，所谓中国的'三一律'是不存在的）作为不能违反的规则，它早就被打破了；如果说现在根本不能再按照'三一律'写戏才叫'彻底打破'，这种'新规则'却未必合理。如果说过去有人主张写剧本必须'抓住一个中心事件'构成情节，这种规则也早就被打破了；如果说只有把'中心事件'根本丢掉才叫'新变化'，这种'新规则'也未必是适当的"。[4]

---

① 谭霈生：《〈当代戏剧观念的新变化〉质疑》，《戏剧报》1986年第3期。

② 谭霈生：《〈当代戏剧观念的新变化〉质疑》，《戏剧报》1986年第3期。

③ 谭霈生：《〈当代戏剧观念的新变化〉质疑》，《戏剧报》1986年第3期。

④ 谭霈生：《〈当代戏剧观念的新变化〉质疑》，《戏剧报》1986年第3期。

关于第四个转变，谭霈生认为"渗透"不是"混合"，而是一种"融合"。他认为"危机"中的话剧"寻找出路"，首先应该集中精力"突破"一些旧框框，"公式主义的'形象图解'"作为戏剧创作中长期难于克服的倾向，其重要根源是忽视戏剧艺术的规律。"所谓'庸俗社会学'在戏剧中的主要表现，正是不承认艺术自身的规律，而把社会学的内容和目的，直接作为戏剧的内容和目的，把戏剧作品变成社会学的'形象图解'。"①谭文指出了陈文论证不严密之处。

谭霈生谈道："佐临的《漫谈'戏剧观'》一文在 1962 年发表以后，曾经引起国内外戏剧界的重视。在当时，由于政治局势的影响，文艺界普遍关注的是'文艺与政治的关系'这类课题，围绕'戏剧观'的讨论也就不可能广泛而深入地展开。"②

对于争鸣中的问题，谭霈生认为："'戏剧观'这个概念在理论上是否可以成立？如果它能够成立，这一概念的含义又是什么？我个人认为，要使这场讨论能够深入下去，有必要对这些问题做出回答。同时，'戏剧观'这一概念属于戏剧美学、戏剧理论的范畴，讨论这个范畴的任何问题，都不能只停留在解释概念、下定义的层次上，而是应该紧密联系戏剧艺术实践，并以推动戏剧艺术的发展为归宿。本文试图联系戏剧的现状，针对'戏剧观'的讨论提出一些问题，作为参与这场争鸣的发言。"他还认为："所谓'观'，指的是人对事物的看法。所谓'戏剧观'，或曰'戏剧观念'，当然是指某个人或某些人对'戏剧艺术'的看法。"③要被公认为是一种"戏剧观"，"至少有两个条件：其一，对戏剧艺术一些重要的看法自成系统；其二，他们的系统看法应有独到之处，能够成为'一家之言'"，"戏剧观作为对戏剧艺术的系统的看法，它所涉及的内容十分广泛。对'戏剧本质'的解释，应该是戏剧观的基本问题；

---

① 谭霈生：《〈当代戏剧观念的新变化〉质疑》，《戏剧报》1986年第3期。
② 谭霈生：《戏剧观与艺术实践》，《戏剧学习》1985年第2期。
③ 谭霈生：《戏剧观与艺术实践》，《戏剧学习》1985年第2期。

实际上，戏剧观包容的其他问题，大都与这个基本问题有直接或间接的联系。对'戏剧性'的理解，对'戏剧的社会功能''戏剧与观众的关系'等等问题的看法，也是重要课题。除此以外，诸如对戏剧艺术的表现方法、表现方式、表现手段的看法，对戏剧艺术'假定性'的看法，也都可以归入戏剧观的范畴。与此相关的是，人们对'悲剧'的看法形成'悲剧观'，对'喜剧'的看法形成'喜剧观'，对演员表演艺术的看法形成'演剧观'……这一切，都可以看作是'戏剧观'的内涵和外延。总之，'戏剧观'可能是一系列看法的总和，也可能只限于对其中某些重要问题的真知灼见"。谭霈生欣赏马也的质疑文章，认为其中确实"有不少真知灼见"。他谈到曹禺的《戏剧创作漫谈》一文，着重批评了一些剧作存在"公式化""概念化"倾向，试图从"创作方法"上追究其原因。谭霈生认为："'公式化''概念化'的倾向虽然在'社会问题剧'中表现得最为突出，但它并非此类剧目所独有，而是渗透在各种类型的剧目之中，成为一种普遍性的问题。同时，这种倾向并非始于 70 年代和 80 年代，而是从新中国成立以后一直延续下来的，而且一直没有得到彻底克服。"[1]

谭霈生对形式革新进行了否定，他认为："新戏剧—新观念—新形式。也就是说，新时代的戏剧应该有新的观念，而所谓'新的戏剧观念'，主要又是指对戏剧表现形式的新的探求"，"不应丢掉这些问题孤立地考虑表现形式的革新。原因在于：其一，把'形式革新'看得高于一切，很可能在形式探索的热潮中掩盖了这些具有根本性的问题。其二，由于忽视这些根本性问题的存在，孤立地考虑表现形式的革新，很可能在探索新形式的过程中，使这些具有根本性的倾向继续发展下去。这些，对振兴戏剧艺术都是不利的"。[2]

赞同黄佐临倡导写意戏剧观的论者，多从丰富戏剧手段着眼。1981 年陈恭敏说："我国的话剧，从剧本创作到演出形式，七十多年来主要是恪守易卜生社会问题剧的传统。受镜框式舞台与三面墙的限制，追求'生活的幻觉'，

---

① 谭霈生：《戏剧观与艺术实践》，《戏剧学习》1985年第2期。

② 谭霈生：《"形式革新"小议》，《戏剧报》1985年第8期。

存在自然主义的倾向，缺乏深刻的哲理与诗意。形式呆板，手法陈旧。"① 黄佐临打破斯氏话剧在中国占主要表演的局面，契合了部分戏剧人的社会心理需求。

高行健也主张打破斯坦尼体系的演剧方法："我不必把相当于同治、光绪年间的一位外国剧作家的戏剧观，当作不可逾越的剧作法典来束缚住自己的手脚。"② 杜清源也积极评价了黄佐临倡导戏剧观的积极意义："佐临从改革话剧以探求具有中国民族特色的社会主义话剧这一总的目标出发，提出了一个系统的纲领。尽管这个纲领只勾画了一个粗略的轮廓，留待有志之士做广泛而有效的实验和理论上的充实与丰富；但他针对话剧形式日趋僵化、陷入自然主义的倾向所做的尖锐批评，为冲破古典戏剧的'三一律'和资产阶级客厅剧的'四堵墙'，要求'哲理性高深、戏剧观开阔'的呼吁，至今仍具有振聋发聩的现实意义。"③

1984 年，童道明在《戏剧艺术》上发表《再谈戏剧观——兼与马也同志商榷》一文，回应马也对黄佐临的质疑。童道明肯定了黄佐临首先在中国给布莱希特争取了"百分之一"的地盘，认为黄佐临"提出'戏剧观'问题，也就是摆出多种戏剧观并存的客观事实，也就是指出由某一种戏剧观一统剧坛的不合理性"，认为黄佐临"有力地推动了中国话剧界思想解放的进程"。④ 黄佐临打破斯氏在中国一统剧坛的重要因素，"表现为戏剧视野的扩大，对戏剧观单一化的否定和对现实主义戏剧流派多样化的肯定，而这又和对布莱希特戏剧体系的介绍密切有关"。童道明反驳了马也认为"佐临同志对'戏剧观'的概念的限定不单是矛盾的也是混乱的"，认为"佐临说的'戏剧观'是个内涵深广的戏剧美学概念"，"对于佐临和顺着佐临的戏剧观理论的脉络观察戏剧现象的人来说，的确连'三一律''第四堵墙'也是一种'戏剧观'的

---

① 陈恭敏：《戏剧观念问题》，《剧本》1981年第5期。

② 高行健：《论戏剧观》，《戏剧界》1983年第1期。

③ 杜清源：《"戏剧观"的由来和争论》，《戏剧艺术》1984年第4期。

④ 童道明：《再谈戏剧观——兼与马也同志商榷》，《戏剧艺术》1984年第1期。

鲜明反映"。[1]同时又认为马也和黄佐临的论争"不是在使用同一个概念","在戏剧术语中的'幻觉'往往和舞台布景直接关联"，认为马也的"写意"论述"过于拘泥于语义学的诠释"。最后，他指出了黄佐临提出写意戏剧观的目的"不仅仅在于总结戏曲美学，而且更重要的还在于启发一代中国戏剧新人去借鉴戏曲美学，去打破话剧舞台的时空局限，去发掘新的话剧舞台的艺术潜力。佐临戏剧观理论的生命力就在于他的理论不是仅供坐而论道的空洞理论，而是能推动别人去思考、去创造的物质力量"。[2]马也论证了新理论发展的三个过程和必然性。马也之所以批判新理论，因为它"离开了中国文化的整体背景，离开了中国文化的土壤，离开了观众和中国观众，离开了中国戏剧运动的实际状况，离开了艺术的规律，离开了艺术种类的规律，在四个是理论也是实践的重大问题上做了完全错误的解释：第一中国戏剧目前最缺少的因而也是最需要的是什么；第二中国戏剧危机的根本原因是什么；第三单纯的形式革新、花样翻新，在戏剧艺术中、在戏剧发展中、在戏剧革新中的位置有多大；第四'无规则''无外延'理论将给中国艺术带来什么"。[3]

从理论上来看，戏剧观论争后期涉及的范围、内容拓展和深化了，涉及剧本创作、导表演、舞台美术、戏剧理论和戏剧发展史等，从美学、哲学、心理学等不同艺术门类进行探讨。林克欢探讨了论争有增无减的原因："一是争论的问题早已超出黄老所界定的'戏剧观'的范围，涉及对戏剧本性，戏剧与政治、生活、观众诸关系的认识，尤其是涉及对戏剧变革与创新潮流的不同认识与评价；二是概念的纠缠，加剧了理论的混乱。其关键是，戏剧的发展超越了某些思维定式，充满进取精神的舞台实验，溢出了传统戏剧观念的涵盖，以不变应万变的戏剧理论出现了危机""对一个有着明确限定、约

---

① 童道明：《再谈戏剧观——兼与马也同志商榷》，《戏剧艺术》1984年第1期。
② 童道明：《再谈戏剧观——兼与马也同志商榷》，《戏剧艺术》1984年第1期。
③ 马也：《理论的迷途与戏剧的危机——对当代中国话剧的思考》，《戏剧》1986年第1期。

定俗成并已流传开来的概念，偏偏要望文生义地在'观'字上纠缠不休，也是大可不必的"。[1]林克欢认为"戏剧观念不是一个简单的定义，而是人们对戏剧现象诸方面的审察、理解、要求……所构成的一种形而上的普遍认识与整体把握。对戏剧现象的不同审察、认识和要求，各有不同的背景理论。戏剧观念也不是一个封闭的理论体系，而是一个不断嬗变、交错、更替的历史过程"，"把无数的舞台变革仅仅归结为花样翻新，实际仍然是把艺术形式当作某种纯外部标志的肤浅认识。从本体论角度看，艺术形式是一种由长期的劳动实践和审美活动所形成的历史文化心理建构，一个各层次持续运动与变化的多层次结构系统。从此看来，艺术形式的存在形态，也就是艺术内容形成过程与表现过程的运动性实在"。[2]

---

① 林克欢：《戏剧观念的多元发展与交错更新》，《戏剧报》1986年第4期。

② 林克欢：《戏剧观念的多元发展与交错更新》，《戏剧报》1986年第4期。

第三章

小剧场戏剧的发展与讨论

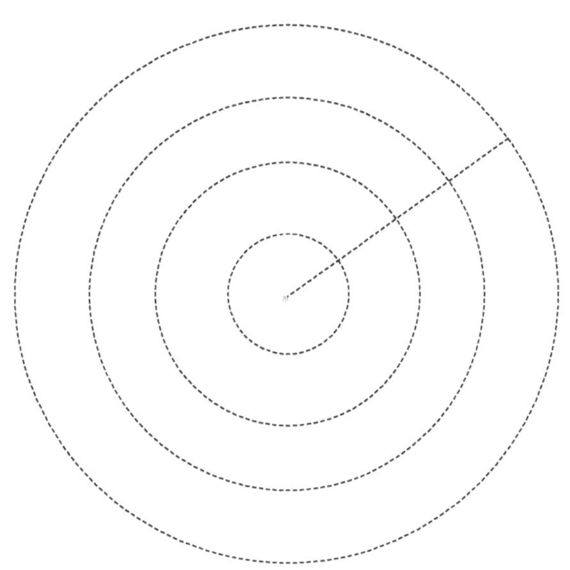

新时期戏剧论争内容虽涉及戏剧理论和实践的方方面面，但小剧场戏剧并未迎来新的发展，小剧场戏剧依然停留在探索的层面，与此同时，戏剧危机仍然存在，大剧场戏剧观众仍然在减少，全国戏剧演出团体面临巨大的生存压力。

20 世纪 90 年代，不少剧院都建成了专门的小剧场，如北京人民艺术剧院、中央实验话剧院、中国青年艺术剧院等都建有自己的小剧场。此外，商业背景下民营剧场也成立了不少，如牟森、孟京辉等人的"蛙实验剧团""戏剧车间""穿帮剧社"等。

20 世纪 90 年代后，随着小剧场戏剧独立制作人的出现，小剧场戏剧开始对降低成本、争取观众、票房收入加以重视，有的制作人把小剧场戏剧作为一种营利手段，突出小剧场戏剧的娱乐功能，艺术探索的功能不可避免地降到次要地位，这与大众文化的兴起不无关系。

大众文化是以大众传播媒介（机械媒介和电子媒介）为手段按商品市场规律去运作的、旨在使大量普通市民获得感性愉悦的日常文化形态。20 世纪90 年代以来，随着中国市场经济的确立和发展，中国的经济、政治和文化都参与了全球一体化的进程，戏剧本身的文化商品属性得到加强，娱乐性得到重视，大众文化开始兴起，势头迅猛，小剧场戏剧也迎来了新的发展和变化。

在 20 世纪 80 年代的中国，以实验性为代表的形式革新的小剧场话剧曾有过短暂的繁荣，但一直没有进入大众消费领域。90 年代以来，在大众文化及消费文化的强势冲击下，人们对戏剧的关注度大大降低，戏剧危机进一步显现。另一方面，由于大众文化的兴起，小剧场戏剧开始呈现娱乐化、商业化倾向，某些方面也带动了小剧场戏剧的发展。丁罗男曾言："到了 20 世纪 90 年代，中国社会文化又面临了一次空前的大转型，它促使当代戏剧发生极为深刻的变化。这种变化可以用三句话来概括：从精英文化到大众文化的转变；从审美文化向消费文化的转变；从现代主义向后现代主义的转化。"[1]

在中国小剧场戏剧史上，有"一次论争"和"三次讨论"与小剧场戏剧息息相关。"一次论争"是 20 世纪 80 年代中期的戏剧观念论争，此次论争涉及戏剧理论的方方面面，不仅仅与小剧场戏剧有关。"三次讨论"的内容主要涉及小剧场戏剧，第一次是 1989 年南京小戏剧节学术研讨会，讨论的相关文章主要集中于 1991 年南京大学出版社出版的《小剧场戏剧研究》一书中；第二次是 1993 年中国小剧场戏剧展暨国际研讨会，相关讨论文章集中于 1996 年文化艺术出版社出版的《中国话剧研究》（第 9 辑）中；第三次是"2000 年国际小剧场戏剧节"的讨论，相关文章见于 2002 年中国戏剧出版社出版的《小剧场戏剧论集》一书中。

---

[1] 丁罗男：《大众文化与当代戏剧》，《云南艺术学院学报》2015年第4期。

第一节　南京小剧场戏剧节

20世纪90年代戏剧的一个明显标志，就是随着时代的发展，小剧场戏剧出现了以往所未有的某些特征。丁罗男认为与80年代相比，小剧场戏剧有了发展和变化："一为以小剧场形式重新表现和阐释的外国经典和现代作品的引入；二为其已形成一套策划、筹资、宣传、票房等经济运作的制作，而非过去那种单纯的艺术'创作'。"[1]在我国小剧场戏剧的历史上，可以看到每当戏剧的发展出现危机，需要进行改革、探索新的方向时，小剧场戏剧便空前地活跃起来，以较大的规模相互呼应，争取和培养适合自己的新一代观众，从而将戏剧推向一个新的历史阶段。

1989年4月，在南京举办了中国首届小剧场戏剧节，参加者有全国10个院团，上演剧目有《绝对信号》《童叟无欺》《屋里的猫头鹰》《火神与秋女》等13台之多，同时还展开了理论研讨，这是关于小剧场戏剧理论的一次全方位的讨论。20世纪80年代末南京小剧场戏剧节是一次有规模的小剧场戏剧会演，是新时期小剧场的第一次集体亮相。一些演出的剧目在观众参与的形式和程度上进行了探索，如《屋里的猫头鹰》演出时让观众带上猫头鹰面具，穿上黑披风，走进暗屋子；《魔方》中"主持人"当场采访观众；在《爱情迪斯科》剧中，演员邀请观众下场跳舞等。

---

① 丁罗男：《"后新时期"和小剧场戏剧》，《戏剧艺术》1999年第1期。

1989 年南京小剧场戏剧节后的研讨会上，有专家介绍了世界各国小剧场运动的情况，[1] 更多的是对小剧场戏剧的来源、概念及其特质的解释和看法。

首先，对小剧场戏剧概念的界定，尤其引起学界普遍关注。徐晓钟先是说明了小剧场戏剧带来观演方式的变化，然后界定了小剧场戏剧："现在小剧场的变化主要是观演关系的变化、开拓。物质空间的属性带来了观演关系心理空间属性的变化。若给小剧场下个定义的话，是否可以说，它是相对传统的镜框舞台的大剧场而言的一种观众席与表演区比较贴近的、观演空间灵活多变的小型室内剧场。主要特征是空，并非构建一个固定的舞台。"他认为小剧场在空间结构有四个特点："流动空间结构有四个特点：（1）贴近；（2）参与感；（3）交流；（4）观剧心理十分活跃和兴奋。"[2] 马兰对于小剧场戏剧界定着眼于"小"："小剧场是指相对于传统镜框舞台剧场（大剧场）而言的一种小型室内剧场。在这种剧场里演出的戏剧称小剧场戏剧"[3]，和传统大剧场进行了比较。

这些概念界定都涉及了小剧场戏剧因剧场"小"所带来的观演方式的改变。小剧场独有的性能和建构方式，使得剧目选择、导表演舞台形式和观演空间关系的组合，都与物理空间"小"有着直接的关系。

其次，对于小剧场戏剧的来源进行了探讨。童道明谈到西方小剧场艺术的历史渊源众说纷纭，有学者把斯坦尼斯拉夫斯基在 20 世纪初创办的"莫斯科艺术剧院第一研究所"视为小剧场运动的滥觞；有学者把德国戏剧家莱因·哈特看作小剧场运动的拓荒者。在介绍西方小剧场戏剧的历史后，他认

---

① 如郭继德的《论美国小剧场运动》《加拿大小剧场运动的兴衰》、林荫宇的《苏联的小剧场实验戏剧》、马力的《小剧场演出在日本》、余云的《台湾小剧场戏剧今貌》等，后整理成文收入南京市文化局艺术研究所、南京市话剧团编的《小剧场戏剧研究》（南京大学出版社，1991年）一书中。

② 陈白尘、黄佐临、徐晓钟：《振兴话剧的一条出路》，南京市文化局艺术研究所、南京市话剧团编：《小剧场戏剧研究》，南京大学出版社1991年版，第7页。

③ 马兰：《小剧场戏剧美学特征初探——兼谈南京"小剧场戏剧节"》，南京市文化局艺术研究所、南京市话剧团编：《小剧场戏剧研究》，南京大学出版社1991年版，第29页。

为："中国的真正意义上的小剧场运动，也是和新时期的戏剧艺术探索同时起步的。所以我们乐于把两位戏剧新人——高行健、林兆华的《绝对信号》在北京人艺的演出，称作中国的第一台小剧场演出。"① 童道明认为《绝对信号》是我国第一台现代意义的小剧场演出，与其对小剧场戏剧概念的界定有密切关系，他认为"每一个小剧场演出都是观演关系的一次重新结构"。《绝对信号》使演员和观众处于同一个戏剧空间，"缩短了观演之间物理空间距离，而且也缩短了心理空间距离"。②

再次，对小剧场戏剧的艺术特性进行了探讨。林克欢提出了小剧场戏剧的两个艺术特性。一是反叛性："它反传统、反体制、反模式，探索戏剧活动新的空间和新的手段；从审美的高度，对不合理的社会和不完善的人性持严厉的批判态度；打碎偶像，否认权威，不承认霸权也不谋求霸权，不承认有某种永恒的戏剧；不断地自省，不断地超越，在不断的建构中开拓戏剧艺术表现生活的无限可能性。"③ 二是超前性："小剧场艺术总是从不同的角度、不同的层面，对多种多样的戏剧样式、舞台形态、叙述方法、艺术表现进行广泛的实验，不断探索舞台表现生活的无限可能性和戏剧表现无限的艺术可能性。它总是探索新的词汇、新的手段、新的媒介、新的综合、新的视听呈现方式，探索演员与观众、作家与作品、艺术家与时代的新的关系。"④ 反叛性和超前性与小剧场戏剧的探索性不无关系。

赵家捷重在从观演方式上界定小剧场戏剧的特性："小剧场的根本特性，

---

① 童道明：《关于小剧场戏剧》，南京市文化局艺术研究所、南京市话剧团编：《小剧场艺术的价值和生命力》，南京大学出版社1991年版，第53页。

② 童道明：《关于小剧场戏剧》，南京市文化局艺术研究所、南京市话剧团编：《小剧场艺术的价值和生命力》，南京大学出版社1991年版，第56页。

③ 林克欢：《反叛与超前——谈小剧场的艺术特性》，南京市文化局艺术研究所、南京市话剧团编：《小剧场艺术的价值和生命力》，南京大学出版社1991年版，第57—58页。

④ 林克欢：《反叛与超前——谈小剧场的艺术特性》，南京市文化局艺术研究所、南京市话剧团编：《小剧场艺术的价值和生命力》，南京大学出版社1991年版，第60页。

在于它建构了不同于传统戏剧的一种新的观演关系，也即演出与观众的关系，在于它艺术实践上的实验性，在于它的非商业化倾向。"[1]他进一步阐释道："首先，由于剧场面积小，演区和观众席的距离大大缩短了，演员与观众近在咫尺，彼此伸手可及，这种面对面的贴近表演，使观众能够看清演员的相貌、表情、细微的动作和瞬间的情感变化，甚至可以感受到彼此的气息，以往那种在大剧场中运用声光效果而造成的多种舞台幻觉也都不复存在了。而且，在多数的小剧场戏剧中，根本没有固定的舞台或表演区，演剧空间和观众的视听空间往往融为一体。因此，这种物理空间的变化，一方面，直接影响到多种舞台技术的变化，更重要的，是影响到演员的表演方法和表演尺度，影响到演员和观众的心理反应，影响到观众的接受态度……所有这一切，就使戏剧发生了某些本质性的改变。舞台技术，表导演以至于剧作技巧，全都面临新的挑战和新的检验。相对于传统的大剧场戏剧，小剧场戏剧排斥'教化'而更适于对人生主题的平等讨论和共同探求；排斥被动接受而更适于观众的主动参与；排斥题材和风格上与现实生活的距离而要求贴近普通人的普通生活。这绝不仅仅是改变了舞台技术和创作技巧，而是改变着一个时代的戏剧观念。我们或许可以反过来说，小剧场戏剧乃是一种戏剧观的产物。"[2]赵家捷着重从小剧场的"小"来说明它所带来的表演方式、观演方式的变化。为此，他将小剧场戏剧与大剧场戏剧进行了对比："与大剧场相对固定的演出格局相比，小剧场戏剧的每一次演出都是观演关系的一次重新建构。以往那种'三面墙'构成的演出空间和'出将入相'式的格局传统被打破了，每一次演出，导演和舞美设计者都必须根据不同的剧作去寻求不同的表现方法，没有常规可循。"[3]在此基础上，赵家捷认为："创新精神和实验性"是小剧场戏剧的重

---

[1]　赵家捷：《小剧场艺术和主流戏剧》，南京市文化局艺术研究所、南京市话剧团编：《小剧场戏剧研究》，南京大学出版社1991年版，第11页。

[2]　赵家捷：《小剧场艺术和主流戏剧》，南京市文化局艺术研究所、南京市话剧团编：《小剧场戏剧研究》，南京大学出版社1991年版，第12页。

[3]　赵家捷：《小剧场艺术和主流戏剧》，南京市文化局艺术研究所、南京市话剧团编：《小剧场戏剧研究》，南京大学出版社1991年版，第12页。

要特征之一。① 联系到戏剧危机，赵家捷提出戏剧"要走出困境，戏剧首先必须改变自己，要重新造就自己，同时也造就新的观众。如要达到这个目的，实验乃是必由之路，尽管其中必然充满种种的艰辛。小剧场戏剧由于场地小，成本低，生产周期短，这就为戏剧实验提供了十分有利的条件"②。

赵家捷还论述了小剧场戏剧的实验性所带来的先锋性："由于立足于创新和探索，小剧场戏剧在它产生和发展的过程中不可避免地带有某种超前的性质，其中某些作品进入了先锋文化的范畴。对于传统的戏剧，它往往不是趋同，而是求异；对于一般观众，不是一味寻求适应，而往往是对观众的价值取向、伦理观念、艺术趣味的某种挑战，从而与大多数人的习惯性期待产生距离。它的场地的限制和它的品位，使它的观众面大大受到限制，因而它不可能成为大众戏剧或所谓的主流戏剧。在许多情况下，它的实验、它的欣赏者和评判者，始终局限在戏剧界或文化人的圈子里，使它自觉不自觉地笼罩了某些沙龙文艺的色彩。"③

学者们都意识到了小剧场戏剧的实验性和探索性。非阳认为，小剧场戏剧是伴随着戏剧改革的实验而出现的，属于实验戏剧、探索戏剧的范畴。国外没有小剧场戏剧这一术语，被称为"艺术戏剧""实验戏剧"，可以看出小剧场戏剧的实验性、探索性、革新性："小剧场戏剧的实质即是它这种不断求新、求变的革新精神、创新意识及追求与观众的强烈交流。它不断超越自己，永远是未完成的过程。"④ 即使拥有两三千观众的戏，只要它富于创造意识，同

---

① 赵家捷：《小剧场艺术和主流戏剧》，南京市文化局艺术研究所、南京市话剧团编：《小剧场戏剧研究》，南京大学出版社1991年版，第13页。

② 赵家捷：《小剧场艺术和主流戏剧》，南京市文化局艺术研究所、南京市话剧团编：《小剧场戏剧研究》，南京大学出版社1991年版，第13页。

③ 赵家捷：《小剧场艺术和主流戏剧》，南京市文化局艺术研究所、南京市话剧团编：《小剧场戏剧研究》，南京大学出版社1991年版，第13—14页。

④ 非阳：《小剧场戏剧之我见》，南京市文化局艺术研究所、南京市话剧团编：《小剧场戏剧研究》，南京大学出版社1991年版，第68页。

样可视为小剧场戏剧。"小剧场戏剧在审美上的特点是观演空间同一，观赏关系灵活多变，富于强烈的交流意识、参与意识，舞台样式不拘一格"。[1] 徐勇则直接提出"小剧场戏剧是一种探索戏剧"，并认为"小剧场戏剧是话剧危机的产物"。[2]

林兆华不同意小剧场戏剧的"反传统"性，并与当时的国情结合起来："我们的小剧场与国外不一样，这里有一个国情问题。国外的小剧场很多是反戏剧潮流的。……中国的小剧场运动这种色彩不浓。我与高行健开始搞时，就不是从反戏剧传统出发。"他认为中国小剧场的任务有三："一是小剧场形式有利于戏剧的普及。小剧场发挥了戏剧的本质，即密切活人之间的交流的特点"；"二是小剧场可以给一些戏剧家提供实验阵地。……大剧院有经济压力，失败了还要赔钱，剧团领导不易通过。而费钱用人都不多的小剧场就可成为他们探索的场所"；"三是小剧场还可以搞中外古今名著欣赏。……我们应多演名著，甚至中国的传统戏曲也可以改编。莎士比亚、老舍、曹禺的戏都可做重新解释、全新的处理"。[3]

的确，和西方不同，中国小剧场戏剧第二次浪潮兴起的动因与目的，不是因为戏剧受到了"票房控制""商业化"，更不像西方因经济介入带来的粗制滥造所产生的危机，而只是为了艺术的探索和创新，所以小剧场戏剧在国内，"不以政治功利为目的，不以'救渡'经济困境为出发点而滑向'票房'"[4]，小剧场戏剧的第二次浪潮，为艺术而出现！在南京小剧场戏剧节上获得广泛好评的《天上飞的鸭子》的作者赵家捷，也认为"要想在小剧场演出中营利，几乎是不可能的，至少在眼下的中国如此。……所以，它一开始就不以营利

---

① 非阳：《小剧场戏剧之我见》，南京市文化局艺术研究所、南京市话剧团编：《小剧场戏剧研究》，南京大学出版社1991年版，第67—68页。

② 徐勇：《建设新时代的戏剧文明——南京小剧场戏剧节评述》，南京市文化局艺术研究所、南京市话剧团编：《小剧场戏剧研究》，南京大学出版社1991年版，第128页。

③ 王育生、林克欢、林兆华：《小剧场三人谈》，《中国戏剧》1988年第9期。

④ 《中国小剧场戏剧的两次浪潮》，《戏剧文学》1990年第6期。

为目的，因而排斥商业性的剧目和商业性的演出。假如在小剧场的实验中又想搞一点商业性，其结果往往是偷鸡不着反蚀一把米，两者兼而失之。由于并非着眼营利，小剧场戏剧的剧目和演出，包括它的艺术探求，都是很严肃的，相对来说，它的艺术水准也是比较高的"。[1]

黄佐临对于"反商业化"提出了不同意见："在讨论中（指1989年小剧场戏剧讨论——笔者注），有的同志提到小剧场的目的是反商业化。这是西方剧坛的普遍现象，而在我国倒不算作关键性问题。目前我们的话剧正处于低潮，实际情况是'多演多赔，少演少赔，不演不赔'，我认为，即使是能'商业化'了，就已经算是好'兆头'了！"[2]他也不认同小剧场戏剧的特点是让观众参与，要"贴近""感同身受"，而是认为"剧本、剧本，一剧之本。我认为这应该是小剧场的主要特征"。[3]的确，西方小剧场戏剧是在商业经济充分发展的基础上产生的，而20世纪80年代我国的市场经济并未发展起来。

学者们还对小剧场戏剧的价值和功能进行了讨论。洪家尧认为小剧场艺术的价值和生命力表现在：小剧场艺术是时代发展的必然产物，小剧场艺术顺应了现代审美潮流，小剧场艺术有利于审美信息的传播，小剧场艺术具有旺盛的生命力。[4]黄爱华探讨了小剧场戏剧的功能，认为其特征有：社会道德教育功能失去霸主地位，审美教育功能代之而起；感官娱乐功能渐趋减弱，审美娱乐功能相对增强；认识功能、启迪功能进一步强化；补偿功能、劝导功能获得独立地位；启蒙功能、预测功能得到新发展。[5]可以说是预言了市场经

---

① 赵家捷：《小剧场艺术和主流戏剧》，南京市文化局艺术研究所、南京市话剧团编：《小剧场戏剧研究》，南京大学出版社1991年版，第14—15页。

② 黄佐临：《小剧场戏剧研究·序》，南京市文化局艺术研究所、南京市话剧团编：《小剧场戏剧研究》，南京大学出版社1991年版，第1页。

③ 黄佐临：《小剧场戏剧研究·序》，南京市文化局艺术研究所、南京市话剧团编：《小剧场戏剧研究》，南京大学出版社1991年版，第3页。

④ 洪家尧：《小剧场艺术的价值和生命力》，南京市文化局艺术研究所、南京市话剧团编：《小剧场戏剧研究》，南京大学出版社1991年版，第36—51页。

⑤ 黄爱华：《小剧场戏剧功能新探》，南京市文化局艺术研究所、南京市话剧团编：《小剧场戏剧研究》，南京大学出版社1991年版，第129—138页。

济后小剧场戏剧的发展倾向。

通过论争，作为小剧场的外部特征，特别是物理空间特点得到强调，由此产生的观演关系被学者们普遍认可。正因为外部空间的"小"，才带来小剧场戏剧内容上的实验性和先锋性。

此外，还探讨了小剧场戏剧兴起的原因。林克欢认为："近数十年来，小剧场（little theatre）在世界各地普遍涌现，直接原因可能略有不同，但反对戏剧的商业化倾向，反对僵化的、脱离时代的戏曲模式，始终是一批又一批立志献身艺术的戏剧家投身小剧场实验演出最主要的原因。"[1] 吴戈认为"反商业化""反票房控制"归结 20 世纪初的欧、美各国小剧场戏剧的产生原因，概括这一大气候对中国戏剧文化"小气候"的影响并形成中国小剧场戏剧的第一浪潮的情形，是有道理的、准确的。但他不认为这是第二浪潮的原因："到本世纪六十年代，欧、美小剧场戏剧，已不再是早年'反票房控制'的戏剧运动，而是发展成为无论从口号还是从实践都着眼于艺术实验、艺术探索的戏剧文化建设的努力，小剧场戏剧成了戏剧文化中与大剧院戏剧并驾齐驱、互相区别又互为补充的独特花朵。一句话，艺术创新是小剧场戏剧的动因和目的。中国小剧场戏剧在第二次浪潮泛起时，其外部条件不是'票房控制''商业化'，不是经济原因带来的戏剧产品在艺术上的粗制滥造所产生的'危机'。"[2]

---

① 林克欢:《反叛与超前——谈小剧场的艺术特性》，南京市文化局艺术研究所、南京市话剧团编:《小剧场戏剧研究》，南京大学出版社1991年版，第57页。

② 吴戈:《中国小剧场戏剧的两次浪潮》，南京市文化局艺术研究所、南京市话剧团编:《小剧场戏剧研究》，南京大学出版社1991年版，第23页。

第二节　九十年代小剧场戏剧的发展与探讨

1993 年 11 月，由中国艺术研究院话剧研究所、中国话剧艺术研究会、天津市文化局和天津市剧协联合发起举办了 "'93 中国小剧场戏剧展暨国际学术研讨会"，演出剧目共 14 台，出席会议的代表 100 余人，其中中国港澳台代表 26 人，来自日本、法国、美国、比利时和韩国的代表 28 人。这次研讨的内容多收录在《中国话剧研究》（第 9 辑），这一辑为 "'93 中国小剧场戏剧展暨国际学术研讨会" 专集。

本次参展的小剧场戏剧有 14 台：《灵魂出窍》《雷雨》（中国青年艺术剧院）、《思凡》《疯狂过年车》（中央实验话剧院）、《留守女士》（上海人民艺术剧院）、《夕照》（辽宁人民艺术剧院延生艺术团）、《大西洋电话》（上海青年话剧团）、《长乐钟》（天津人民艺术剧院）、《泥巴人》（广东省话剧团）、《夜深人未静》（河北省话剧院）、《大戏法》（哈尔滨话剧院）、《长椅》（沈阳话剧团）、《情感操练》（北京市戏剧家协会所属 "火狐狸剧社"）。参演剧目中，现实主义戏剧成为主流，随着市场经济的兴起，商业戏剧开始出现，但参演剧目的先锋性和实验性不强，市场经济影响下的小剧场戏剧开始有了新的特质。在理论研讨会上，学界对于小剧场戏剧的理论探讨，从 1989 年的注重其先锋性、反叛性的探讨，转向了中国小剧场戏剧在发展中所呈现的新的特质及与西方不同的艺术特点。

这次研讨会是在市场经济刚刚兴起之际召开的一次会议，曹禺在研讨会致辞中说："目前中国的小剧场戏剧运动正处于发展时期，故不应求全责备。我们要学习西方戏剧的经验，更应要注意考虑到中国的实际情况，在探索种种戏剧形式的同时，对于戏剧艺术实践的各种商业性演出的尝试也是非常重要的，要使社会与经济效益相结合。"①

这次研讨的许多议题延续了1990年的南京小剧场戏剧节的讨论话题。首先，关于实验剧场和小剧场戏剧的概念进行了辨析。熊源伟认为国外没有"小剧场戏剧"概念，"国外的实验戏剧大多在小的剧场里发生，我们顺手给'小剧场戏剧'贴上了'实验戏剧'的标签"，所以"'实验戏剧'在小的剧场里演出，并不能以'小剧场戏剧'去涵盖、替代'实验戏剧'的概念"。学者们想给"小剧场戏剧"的"实验戏剧说"自圆其说，"百般阐释'小剧场戏剧'的实验性；或从'小'字出发，生发出由'小'带来的审美心理变化、观演关系变化、表演状态变化等等；或打出'中国特色'牌，把'小剧场戏剧'说成是中国戏剧生存状态的自救之举"。但是，"小剧场戏剧"就是小剧场戏剧，"实验戏剧"就是实验戏剧，不必再以"小剧场戏剧"去涵盖、替代"实验戏剧"。还是回到"小剧场戏剧"的原来概念——仅仅是一个空间的概念，但凡有关"实验性"的概念，一概由"实验戏剧"去表述。② 其次，熊源伟认为小剧场戏剧仅指在小剧场里演出的戏剧，他对实验戏剧做了界定："实验戏剧的本质特征是它的实验性。实验性可以是内容方面的，也可以是艺术表现的。无论是内容的还是形式的，总是要对现存的秩序有所颠覆，要对现存的戏剧形态有所破坏，要对现存的社会观念有所跨越，要对现存的生存状态有所挑战。没有这种本质特征的戏剧演出，哪怕剧场再小，也只是量（剧场体量、观念数量）的改变，不存在质的变化，算不上实验戏剧。"③ 他认为我国"各地

----

① 田本相：《近十年来的中国小剧场戏剧运动》，王正、田本相主编：《小剧场戏剧论集》，中国戏剧出版社2002年版，第9页。

② 熊源伟：《深圳实验戏剧定位》，王正、田本相主编：《小剧场戏剧论集》，中国戏剧出版社2002年版，第55页。

③ 熊源伟：《深圳实验戏剧定位》，王正、田本相主编：《小剧场戏剧论集》，中国戏剧出版社2002年版，第55—56页。

上演的小剧场戏剧绝大部分都不能属于实验戏剧"①。胡妙胜也持类似的观点：
"实验戏剧一般都是小剧场戏剧，而小剧场戏剧并不都是实验戏剧。"②

康洪兴认为20年代的"爱美剧"运动，"不能算作是真正的小剧场戏剧运动"，因为"它的演出虽然是在较小的空间中进行的，但是，其演出方式、观演方式、表演方法等等，都与传统的镜框式舞台大剧场的演出没有什么两样"。他也认为1982年《绝对信号》是真正的小剧场戏剧。③康洪兴对小剧场进行了分类："小剧场可分为两种，即正规小剧场和非正规小剧场。所谓正规小剧场，就是指那些专门为戏剧演出所建造的、演剧所需之设备条件比较完善的小型室内剧场。它可以是中心式舞台剧场、伸出式舞台剧场，也可以是可变式舞台剧场，等等。可变式舞台剧场，其舞台和观众席的位置是不固定的；中心式、伸出式等舞台剧场，其舞台和观众席的位置是固定的。所谓非正规小剧场，则是相对于正规小剧场而言的一种可供戏剧演出用的、一个具有一定立方体积的小型室内空间，但它一般不具备固定而完善的剧场设备。它可以是工厂的某一间小厂房、废旧仓库的一角，或者是医院的病房、学校的教室，甚至是咖啡厅、酒吧间、舞厅，乃至剧团的排练厅、绘景间等等各种场所，只要临时搬进一般演剧所需的东西，便可成为一个小型剧场。"④他还对各话剧院、团演出的小剧场戏剧做了区分，"所用的剧场基本上都属于非正规小剧场"。⑤

① 熊源伟：《深圳实验戏剧定位》，王正、田本相主编：《小剧场戏剧论集》，中国戏剧出版社2002年版，第56页。

② 胡妙胜：《小剧场与剧场小》，《中国话剧研究》（第9辑），文化艺术出版社1996年版，第18页。

③ 康洪兴：《中国当代小剧场戏剧的美学品格及审美特性》，《中国话剧研究》（第9辑），文化艺术出版社1996年版，第107页。

④ 康洪兴：《中国当代小剧场戏剧的美学品格及审美特性》，《中国话剧研究》（第9辑），文化艺术出版社1996年版，第108页。

⑤ 康洪兴：《中国当代小剧场戏剧的美学品格及审美特性》，《中国话剧研究》（第9辑），文化艺术出版社1996年版，第108页。

　　在争鸣中，学者们都是通过自己对小剧场戏剧的界定，引申出自己的理解和判断。

　　童道明认为小剧场戏剧的美学特征有三点："一、由于在现代小剧场里没有框式舞台，因此也就没有诸如台口、脚灯、乐池一类的东西把舞台与观众席断裂开来，因此，小剧场戏剧的演员与观众是处于同一个戏剧空间；二、由于小剧场戏剧没有固定不变的舞台，也没有固定不变的观众席，因此，每一个小剧场演出都是剧场空间和观演关系的一次新的构建；三、由于在小剧场戏剧演出中，演员与观众相距近在咫尺，因此戏剧所固有的演员与观众之间的活人交流的特点表现得尤其突出。"[1] 在他看来，"真正意义的小剧场戏剧并不是在一个窄小的场所演了出什么戏"[2]。他认为，如果把明确的艺术动机的产生作为检验小剧场戏剧运动的一个标志，"小剧场戏剧最早出现在 19 世纪末、20 世纪初的欧洲"[3]。他认为 19 世纪末的莱因·哈特、斯坦尼斯拉夫斯基的小剧场并不是现代小剧场，现代小剧场是"20 世纪 50 年代开始的欧洲戏剧革新浪潮的产物"[4]，两个里程碑式的事件，"一、1950 年尤奈斯库的《秃头歌女》在法国巴黎的一家名叫'梦游者剧场'的小剧场演出，开始了荒诞派戏剧的黄金时代。二、1959 年，格鲁托夫斯基在波兰的奥波莱市主持名叫'十三排剧院'的小剧场，开始了'贫困戏剧'的著名戏剧实践"[5]。于此，童道明认为"中国现代小剧场戏剧的第一个戏是 1982 年北京人艺演出的《绝对

---

① 童道明：《小剧场戏剧的心理深入的可能性——在'93中国小剧场戏剧国际研讨会上的发言》，《中国话剧研究》（第9辑），文化艺术出版社1996年版，第90页。

② 童道明：《小剧场戏剧的心理深入的可能性——在'93中国小剧场戏剧国际研讨会上的发言》，《中国话剧研究》（第9辑），文化艺术出版社1996年版，第90—91页。

③ 童道明：《小剧场戏剧的心理深入的可能性——在'93中国小剧场戏剧国际研讨会上的发言》，《中国话剧研究》（第9辑），文化艺术出版社1996年版，第91页。

④ 童道明：《小剧场戏剧的心理深入的可能性——在'93中国小剧场戏剧国际研讨会上的发言》，《中国话剧研究》（第9辑），文化艺术出版社1996年版，第91页。

⑤ 童道明：《小剧场戏剧的心理深入的可能性——在'93中国小剧场戏剧国际研讨会上的发言》，《中国话剧研究》（第9辑），文化艺术出版社1996年版，第92页。

信号》"①。

其次，对小剧场戏剧持肯定态度，认为它是话剧走出危机的一种重要方式。田本相提到，1989年之后，话剧"几乎到了山穷水尽的地步。在1992年底，即使北京都几乎快找不到话剧演出了"②。小剧场戏剧80年代发展缓慢，田本相在1993年时说："目前小剧场戏剧的地位还没有被普遍承认，似乎不登大雅之堂，不入正宗之列。因之，评奖、会演、政府和戏剧部门也未能把它纳入议事日程之内，剧院也不能把它列入正式演出计划。"他还建议把小剧场戏剧"纳入规划，给予指导，给予扶持，给予资助，即把它作为整个话剧建设的一个组成部分"③。80年代的小剧场戏剧是在自发的状态下发展的，董健说它是"悄悄的革命"，"一没有政府的大力号召和推动，二没有大规模会演和评奖活动的鼓励，三没有打出什么诱人的旗号，它是全凭着一批痴迷于戏剧艺术的人士的热情苦干精神而偷偷地兴起的"。④

所以，田本相对中国小剧场戏剧提出了期望："应当确立更适合中国国情、更切合中国观众需要的小剧场戏剧观念，使之更开阔、更开放、更灵活；从而鼓励更多的实验、更多的探索、更多的路数和办法，在大量的实践中，才能发展中国的小剧场戏剧艺术。"⑤

值得注意的是，在这次小剧场戏剧展上，民营院团开始出现。演出《情感操练》的火狐狸剧社，就是由几个青年戏剧家跨部门自由组合而成。他们自筹资金、自编、自导、自演，自己管理演出事宜。《灵魂出窍》和《疯狂过

---

①　童道明：《小剧场戏剧的心理深入的可能性——在'93中国小剧场戏剧国际研讨会上的发言》，《中国话剧研究》（第9辑），文化艺术出版社1996年版，第93页。

②　田本相：《近十年来的中国小剧场戏剧运动》，王正、田本相主编：《小剧场戏剧论集》，中国戏剧出版社2002年版，第8页。

③　田本相：《大力开展小剧场戏剧运动》，《中国话剧研究》（第9辑），文化艺术出版社1996年版，第11页。

④　董健：《小剧场大希望》，《中国话剧研究》（第9辑），文化艺术出版社1996年版，第20页。

⑤　田本相：《大力开展小剧场戏剧运动》，《中国话剧研究》（第9辑），文化艺术出版社1996年版，第11页。

年车》的编剧苏雷，同时又是演出的"执行制片人"，剧团自筹资金，自聘导演、演员和其他演出人员，自负盈亏。

　　1993 年之后，小剧场运动在全国各地蓬勃兴起，其中北京和上海成为中国小剧场戏剧的中心。1998 年，中国青年艺术剧院举办了"'98 中国青年艺术剧院小剧场剧目展演"。除了剧院的《绿房子》《花芒姑娘》和北京彼岸工作室的《窒息》外，还邀请了香港疯祭舞台的《元州街茉莉小姐不再在这里》、香港城市当代舞蹈团的《创世纪》、台北莎士比亚的妹妹们的剧团的《2000》、东京榴华殿的《FLASH（虚假）》。中央戏剧学院邀请展有 8 项活动，共 5 台演出：日本新宿梁山泊剧团的《人鱼传说》、英国基尔德霍尔音乐戏剧学院和温布尔顿设计学院的《第十二夜》、英国大卫·格拉斯剧团的《失去的孩子》三交响曲第一部《汉森和格瑞泰机器》及学院研究所的《在路上》、表演系的《仲夏夜之梦》。1998 年，上海戏剧学院和加拿大多伦多大学联合主办了"'98 上海国际小剧场戏剧节"，在一周的时间内，来自加拿大、美国、德国、挪威、荷兰、日本、新加坡等 7 个国家的剧团，共演出中外剧目 12 台，有来自美国斯坦福大学的《当鲨鱼咬人时》、加拿大卡泊·提姆剧团和德国切米尼兹剧院的《崩溃》、日本的《FLASH（虚假）》、挪威巴克·特鲁本剧团的《真棒》和《Super-per》、新加坡"破难航队"的《欲望的天使》、上海戏剧学院的《生存还是毁灭——谁杀了国王》、上海话剧艺术中心的《办公室秘闻》和《拥护 /母语》、北京的《在路上，佛主保佑我》等。田本相将此视为"第三次中国小剧场戏剧节"①。

---

①　田本相：《近十年来的中国小剧场戏剧运动》，王正、田本相主编：《小剧场戏剧论集》，中国戏剧出版社2002年版，第9页。

第三节　广州小剧场戏剧研讨

2000 年 11 月，由广东省文化厅、广东省戏剧家协会、中国艺术研究院话剧研究所、广州市文化局联合在广州举办了小剧场戏剧研讨会，戏剧展上包括解放军艺术学院的学生演出的《列兵们》、日本话剧人社演出的《一朵小小的花》、广州市话剧团演出的《押解》《安娜·克里斯蒂》、香港演艺学院演出的《半掩黄昏雨》、香港众剧团演出的《单身女人宿舍》、北京京剧院演出的小剧场京剧《马前泼水》、中央戏剧学院戏剧研究所演出的《切·格瓦拉》、上海话剧艺术中心演出的《去年冬天》、深圳大学艺术系演出的《故事新编之出关篇》、广东省话剧院演出的《无话可说》、广州市文化局策划并演出的《西关女人》等。

《小剧场戏剧论集》是 2000 年小剧场展演国际学术研讨会的论文汇编，文章来自各地与会代表的会议论文，也收录了部分当时反映小剧场戏剧发展的基本面貌和理论走向，并在戏剧界有学术见解和影响的文章。

王正谈道："在以往许多年里，戏剧这门艺术被赋予了它自身难以承受的重任，这更加重了剧作家处境的艰难。整个国家以及各个领导部门都把戏剧当作主要的宣传工作，在政治上对它倍加关注，这就形成了一套从上到下层层严格把关的制度。剧本创作成了领导者和所有热心于政治的人注视的热点，谁都可以对它提出这样那样苛刻的要求。剧作家的头脑本来就是被重重教条所束缚，在如此被动的创作过程中，他实际上只是一个容纳各种意见，并在

"

巨大风险中寻求稳妥方案的执行者。那个时期，剧本多为集体创作，即使是个人署名的作品，也大多是在领导的干预和集体的约束下写出来的""文化消费者（欣赏者）有了广阔的选择空间。以往全民看戏（甚至只看一个戏）的盛况，是永远不会出现了。那种盛况也许曾经令我们这些从事戏剧工作的人陶醉，而实际上那只是社会文化贫乏现象的一种折光反映"。[1]

刘平认为2000年左右北京的小剧场戏剧演出特点："一是创作上风格多样，显露出强劲的探索、实验的势头；二是演出动作的方式灵活，多以自由组团演出为主，票房收入可观。"[2]

小剧场戏剧演出的戏剧也可以是现实主义风格的。吴戈提到，在1989年南京首届中国小剧场戏剧节上，有些剧目在人与人的活动的关系、观演交流方式上较大剧场戏剧做了很大的调整，演出风格追求的是真实、自然、细腻的内心情感表现。如《火神与秋女》《社会形象》《家丑外扬》等。他称之为"小剧场里的现实主义回流，与试验剧目的'非主流'相对"[3]。吴戈谈道："在小剧场里演出的商业戏剧，也可以作为小剧场戏剧的流变来考察，而不必因历史上的小剧场戏剧反商业、反主流文化特征而拒绝承认小剧场里演出的商业戏剧。"[4]他以孟京辉为例，其早期的小剧场戏剧坚持实验性、先锋性，后来走向商业戏剧之路，吴戈说："小剧场戏剧发展到今天，先锋与前卫居然从历史上的商业、票房冤家，变成了商业、票房的策略，这历史真会开玩笑。"[5]进而他认为："小剧场戏剧从反商业走向商业化；从非主流戏剧走向融入主流戏

① 王正：《总序》，王正、田本相主编：《小剧场戏剧论集》，中国戏剧出版社2002年版。

② 刘平：《在探索与实验中行进——近年来北京舞台上小剧场戏剧创作与演出》，王正、田本相主编：《小剧场戏剧论集》，中国戏剧出版社2002年版，第61页。

③ 吴戈：《中国小剧场戏剧的演进》，王正、田本相主编：《小剧场戏剧论集》，中国戏剧出版社2002年版，第25页。

④ 吴戈：《中国小剧场戏剧的演进》，王正、田本相主编：《小剧场戏剧论集》，中国戏剧出版社2002年版，第26页。

⑤ 吴戈：《中国小剧场戏剧的演进》，王正、田本相主编：《小剧场戏剧论集》，中国戏剧出版社2002年版，第27页。

剧；从一度的'小众艺术'走向'大众趣味'，这变化演进在历史、社会与生活的风风雨雨中显得颇有戏剧性。……画地为牢，作茧自缚，恰恰不是小剧场戏剧突出鲜明的先锋性、实验性、探索性应有的品格。近年这种演进，这种在小剧场戏剧名义下的宽泛发展与无拘无束的创造，正是从根本上继承了小剧场戏剧的精神，不断创新与发展，丰富了小剧场戏剧这一文化种群的生态景观。小剧场戏剧不应该有对某种美学尺度或观念'从一而终'的贞洁禁忌，小剧场也不一定属于探索、实验、非主流的先锋戏剧。在一个泛文化时代，小剧场不再意味着非主流的、反商业反票房的实验戏剧空间，而是一种杂合的戏剧文化状态存在的场所。只是，在提及小剧场戏剧这一概念时，我们应清晰这一概念的历史演进、落差与现实语义。"[1]

对于小剧场戏剧概念的认知，也决定了中国小剧场戏剧的起源和历史。吴戈提到，有人认为中国 20 世纪 20 年代的小剧场运动不符合实验性的小剧场戏剧特征，所以中国小剧场戏剧是改革开放后出现的。如康洪兴认为："在我国，有人认为在本世纪 20 年代曾出现过第一次小剧场戏剧运动，即所谓'爱美剧'运动。但是，以我之见，'爱美剧'运动不能算作是真正的小剧场戏剧运动。因为它的演出虽然是在较小的空间中进行的，但是其演出方式、观演关系、表演方法等等，都与传统的镜框式舞台大剧场的演出没有什么两样。所以，我认为，我国真正的小剧场戏剧运动，是从当代开始的，具体地说，是从 80 年代初逐渐兴起的。"[2] 吴戈不同意此说，他认为："以在历史演进中某一阶段的小剧场戏剧特征与价值取向作为尺度去衡量一切戏剧现象，以此定调定性，把它作为'真正的小剧场戏剧'的标准，是极其荒谬的。"[3] 刘志杰认

---

① 吴戈：《中国小剧场戏剧的演进》，王正、田本相主编：《小剧场戏剧论集》，中国戏剧出版社2002年版，第28页。

② 康洪兴：《中国当代小剧场戏剧的美学品格与审美特性》，《中国话剧研究》（第9辑），文化艺术出版社1996年版，第107页。

③ 吴戈：《中国小剧场戏剧的演进》，王正、田本相主编：《小剧场戏剧论集》，中国戏剧出版社2002年版，第16页。

为 20 世纪 20 年代的南国社和辛酉社用小剧场的形式演出过，但这些演出"基本都属于写实戏剧，没有先锋性和实验性，还算不得小剧场戏剧"，他还认为："在中国，小剧场戏剧的真正出现应该说是在 20 世纪 80 年代初，它是伴随新时期戏剧改革而出现的。其标志是 1982 年在北京上演的《绝对信号》和上海演出的《母亲的歌》。"①

刘志杰认为小剧场戏剧的观演关系和审美特征是"小""黑""空"。"小"最根本的目的是要缩短观演两者之间的空间距离和心理距离，"打破了以往'你演我看''我演你看'这种传统的观演关系，使观演之间拆除心理樊篱，融为一体，这样就建立了一种具有交流性和对话性的新型的平等的观演关系"。"黑"的目的有两个：一是"收拢观众的注意力，使观众能把目光全部集中在灯光照耀的表演区里，这无形中就等于放大了表演区的空间比例，使观众能最大限度地看清演员的表演"。二是"具有神性和幽深感"。"空"可以随意设计和变化表演场地，给创作者提供一个自由想象的空间，没有庞大布景和道具。②

宋宝珍对小剧场戏剧的特征进行了概括："小剧场戏剧的美学特点则在于它的先锋性和实验性，这不仅表现为戏剧思想的前瞻性，而且表现为艺术手法的新锐性。"③通过对展演剧目的观摩，她认为"'93 年小剧场戏剧节"上的戏剧在发展中融入了新质，呈现了中国化的艺术特点："其一，对高蹈的艺术性和形而上的问题的探索，已经让位于探索现实的社会人生的热点问题，如'出国潮'、'婚外情'、亲情的隔膜、人与人理解的艰难等等。其二，反商业化的特点，已经让位于顺应市场经济、强化自身的竞争力的机制。寻找市场

---

① 刘志杰：《小剧场戏剧的观演关系与审美特征》，王正、田本相主编：《小剧场戏剧论集》，中国戏剧出版社2002年版，第100页。

② 刘志杰：《小剧场戏剧的观演关系与审美特征》，王正、田本相主编：《小剧场戏剧论集》，中国戏剧出版社2002年版，第100—101页。

③ 宋宝珍：《小剧场戏剧发展的历史脉络》，王正、田本相主编：《小剧场戏剧论集》，中国戏剧出版社2002年版，第30页。

定位，调整艺术市场的供需关系，成为话剧艺术无法回避的现实问题。其三，在艺术形式上追求前卫、先锋的锐气有所减弱，而艺术创作手法中出现了明显的现实主义回归的趋势。其四，形象创构中的心理刻画趋于更加真实和细腻，但由于剧作大都把反映视角集中在'二人情感世界'的有限范围内，故而出现了艺术表现的狭仄化倾向。"[1]

在 2001 年北京当代小剧场戏剧研讨会上，田本相提出了关于小剧场戏剧的界定："在 80 年代，其基本内涵，还被理解为实验戏剧或前卫戏剧。而经过最近 10 年的实践，显然这个概念的内涵扩展了。一、小剧场戏剧仍然保持了其实验戏剧、前卫戏剧的内涵；二、可以理解为是在小剧场演出的戏；三、是指在一个小的空间演出的特定的戏剧形式。"[2] 可以说，这是小剧场戏剧概念的"中国化"："看起来是概念的变化，而实际上是中国人对小剧场戏剧观念的一大拓展，它既是对小剧场戏剧发展实际的一个描述，也可以说是理论上的一个概括。中国人把小剧场戏剧观念中国化了。"正因概念内涵的扩展，田本相提到，在"'93 中国小剧场戏剧展暨国际学术研讨会"上，与会的比利时国际剧评家协会主席丹姆斯·卡洛斯对于当时演出的剧目《留守女士》等，认为不是小剧场戏剧。

---

[1] 宋宝珍：《小剧场戏剧发展的历史脉络》，王正、田本相主编：《小剧场戏剧论集》，中国戏剧出版社2002年版，第42页。

[2] 田本相：《近十年来的中国小剧场戏剧运动》，王正、田本相主编：《小剧场戏剧论集》，中国戏剧出版社2002年版，第10页。

结　语

　　20 世纪 90 年代以来，商业化、大众文化、消费文化开始在中国盛行，对于发展中的中国戏剧来说是一把双刃剑。如何避免商业化、消费文化给戏剧带来的不利影响，是值得探讨的一个紧迫性问题。戏剧的发展既要在戏剧形式上进行创新，又要在内容上注重艺术性。在商业化、消费文化的冲击下，小剧场戏剧要将戏剧形式的创新和戏剧内容的变革有机地结合在一起，走多元化发展道路，拓展戏剧的发展空间。

　　与此同时，先锋戏剧也在发生变化。1997 年左右，孟京辉改变了之前的先锋策略，放弃了以前"觉得越牛、越没人懂、越过分才好""玩品格、玩个性"，[1] 开始考虑观众的接受，导演了《一个无政府主义者的意外死亡》《恋爱的犀牛》《盗版浮士德》等颇具市场号召力的作品，打破了"先锋"必定要"小众"的定式，尤其是《恋爱的犀牛》获得了商业上的巨大成功。

　　正如张健所指出的那样："戏剧肯定不是一个赚钱的行当。戏剧存在商业性的因素，但它不可能是纯粹商业性的操作。对于所有的剧院和人才都由国家提供资金的体制而言，戏剧更多的任务是传达主流的意识形态。因此，和西方国家不同，反商业化并不是先锋戏剧的主要目标，先锋戏剧所面临的主

---

[1]　孟京辉：《对着凶险继续向前进》，魏力新：《做戏——戏剧人说》，文化艺术出版社2003年版，第93页。

要任务是，破除舞台陈规及其背后的思想惰性。"① 在当下的中国，先锋的小剧场和大众的小剧场之间不存在必然的矛盾。但不可否认的是，戏剧走向大众就意味着要牺牲一定的先锋精神，"经由大众文化的特殊处理，雅俗的界限自然而然地消失了，原来不流行不通俗甚至具有相当先锋性的文化对象，也就变成为大众易于接受的消费的文化产品了"②。新世纪以来，部分先锋戏剧开始有了商业化的考虑。

2009 年，王晓鹰谈到了当下三个层面戏剧并存的情况："近年来，在北京、上海包括一些外省大城市的剧场里，体制外的青年戏剧发展得蓬蓬勃勃，这首先说明我们的管理机制中话剧演出的'准入'门槛降低了，许多年轻戏剧人有了投身话剧舞台、圆艺术梦想的机会。比如在北京的话剧舞台上，有国家话剧院、北京人艺这样的主流戏剧，也有依靠明星效应、华丽制作、轰炸推广的商业戏剧，体制外的青年戏剧则以自己的特有方式形成了'第三种力量'，其中最有代表性的是以蓬蒿剧场为标志的民营剧场和以青年戏剧节名义出现的富于挑战性的新锐戏剧。正是这三个层次戏剧演出的并存，使我国的戏剧形态至少是北京、上海的戏剧形态，开始接近了国外现代都市的戏剧艺术的普遍构成模式。"③ 对于泛娱乐化倾向的戏剧，他提出了自己的意见："话剧艺术的发展与观众的进步直接相关，观众鉴赏水平的提高又与其鉴赏经验的累积直接相关，如果观众只把走进剧场当作简单的'娱乐消费'，话剧艺术发展的外部机制也会出现影响久远的'危机'。"④

进入 21 世纪后，有几篇涉及戏剧观的文章。丁罗男在《重提"戏剧观"》中，先是提到了 20 世纪戏剧观论争："当年佐临先生提出的，曾引起戏剧界

---

① 张健、林蕾:《先锋戏剧: 对谁说话》,《北京师范大学学报 (人文社会科学版)》2001年第1期。

② 周宪:《边界的消解与审美文化的变迁》,《浙江学刊》1998年第4期。

③ 王小鹰:《关于"创新"、"当代性"和"泛娱乐化"——在中国话剧艺术发展论坛上的发言》,《中国戏剧》2009年第11期。

④ 王晓鹰:《关于"创新"、"当代性"和"泛娱乐化"——在中国话剧艺术发展论坛上的发言》,《中国戏剧》2009年第11期。

热烈关注和讨论的'写意戏剧'，在理论学术上还有不少问题值得进一步深入探讨，如今似乎已经被人们淡忘了。"[1] 随后，丁罗男从戏剧本质的再讨论、戏剧功能的再确认两方面提出了重提"戏剧观"的意义。他认为："如果把戏剧看作一个完整的系统，戏剧观应包含对于戏剧的内部本质和外部功能这两个方面的内容。戏剧本质，就是关于戏剧之所以成为戏剧的质的规定性，即什么是戏剧，什么是非戏剧的问题；戏剧功能，就是戏剧与其外部环境（文化、社会等）的关系，即戏剧是干什么的问题。"然而随着市场经济的发展、消费文化的兴起，戏剧发展起了很大变化："在这种'大众文化'的挤压与渗透下，一向以'高雅'和'精英'文化自居的话剧不得不加入流行文化的行列。市场经济的压力，也迫使戏剧人在'创作观众爱看的戏'的口号下，把票房价值作为剧目生产的追求目标。于是，话剧这一曾经被当作政治工具，强调其宣传教育功能的艺术形式，很快走向了另一个极端，变成了以娱乐和消费为主的商品，创作也变成了制作。……这类话剧抛却了艺术上的'探索'和'创新'，无论在情节、情绪或意象上都不追求内在的逻辑和理性的深度，更没有富于力度的人物塑造。它们只是在最广泛的意义上把演出和生活（时尚、休闲）、商品（广告、消费）、科技（信息、电子），以及其他各种流行文化（影视传媒、流行音乐舞蹈）等融为一体，把高雅和通俗、传统与现代、悲剧与滑稽都拼贴在一个平面上。许多剧目对传统和经典采用了一种戏谑、调侃和解构的态度。"丁罗男一方面肯定了大众文化给戏剧带来的生机，认为大众文化顺应了市场的需求和观众的口味，打破了中国话剧长期以来单一化的演出体制，而建立和健全戏剧市场化机制正是挽救话剧危机的根本出路。在雅俗合流与共赏业已成为艺术发展大趋势的今天，把实验性和通俗性在新的基点上融合起来，尤其是借助科技和多媒体的手段使得话剧获得更强大的表现力，将有利于进一步改变中国话剧长期僵化的面貌，真正反映时代和社会的脉动。

---

① 丁罗男：《重提"戏剧观"》，《戏剧艺术》2003年第3期。

但也看到了大众文化所带来的问题："其中最重要的一点，就是人文精神的流失。'文化快餐'式的、没有深度的平面模式'拼贴'，将主题意义'挤干'了。一味追求票房价值的'趋俗'又带来了'媚俗'的弊病。"[1] 这就是新世纪他重提戏剧观的意义。

另一篇文章是陆炜的《我们今日的戏剧观问题——也谈"重提戏剧观"》。陆炜认为"戏剧危机仍在"，因而重提就要"解决戏剧危机、戏剧出路问题"，"重提的意义就不仅是重提当年的初衷，还必须反思当年为什么没有实现初衷"。[2] 他将马也、丁罗男的观点合二为一："丁、马两位先生的论述就一致地告诉我们，戏剧功能上要解决的问题就是恢复现实主义。而按照笔者的理解，这种'现实主义'的含义，主要不在于写实主义的手法，而在于直面现实、反映真实、探索真理的精神，因为只有这种精神传统的恢复，才能解决'假、干、浅'问题。而这种精神不是别的，就是'科学''民主'的启蒙精神。"他认为"中国文艺现实中讲现实主义传统其实就是讲启蒙精神"，正式提出了"戏剧的娱乐观"，"当前要树立的，应该是戏剧是娱乐的观念。戏剧功能定位于启蒙，这不是正确的戏剧观，而正是当前需要突破的戏剧是宣教的旧观念。这一看法的意思不是不要现实主义不要启蒙精神，而是要求树立这样的观念：戏剧的首要的、基本的功能不是启蒙，而是娱乐"。支持娱乐观的理由有两个：一是戏剧的首要功能是娱乐常识的恢复，二是主张娱乐性是戏剧突破现体制的束缚以走向市场化的需要。文章最后的结论是"中国戏剧的发展，现今是又一个历史关头。让戏剧从现体制中解放出来，走向市场，是问题的关键。突破教育、启蒙的戏剧功能观，恢复戏剧的基本功能是娱乐的常识——这就是今日的戏剧观问题"。[3] 陆炜关注到了新世纪戏剧的新变化，在戏剧娱乐功能的基础上重提戏剧观。

---

① 丁罗男：《重提"戏剧观"》，《戏剧艺术》2003年第3期。

② 陆炜：《我们今日的戏剧观问题——也谈"重提戏剧观"》，《戏剧艺术》2003年第4期。

③ 陆炜：《我们今日的戏剧观问题——也谈"重提戏剧观"》，《戏剧艺术》2003年第4期。

时至 2008 年，季玢认为在中国戏剧史上"戏剧观"曾两次被提及，一次是"70 年代末 80 年代初，中西戏剧再次进行了强烈的碰撞与深刻的交流，戏剧理论也因此产生了一种历史性变异"，另一次是"21 世纪初，以丁罗男、陆炜为代表的戏剧理论工作者在戏剧再次步入'黄昏'之境之时，开始对戏剧的本质与功能进行了深刻的反思"。[1] 季玢认为，重提戏剧观"从文学解释学的角度来看，所谓重新提出'戏剧观'，就是将戏剧观'作为不同于过去设定的理念的另外一种新的什么'或'当作新意识到的某种东西'来认识。这首先意味着对过去既定的戏剧观的理念、规范和定义的怀疑和重审，怀疑和重审需要提供理由"。[2] 新世纪戏剧观的提出，是在消费文化影响下的对戏剧现象和理论的重新思考。

---

① 季玢：《重提"戏剧观"的意义》，《四川戏剧》2008年第4期。

② 季玢：《重提"戏剧观"的意义》，《四川戏剧》2008年第4期。

参考文献

[德] 黑格尔：《美学》，朱光潜译，商务印书馆 1997 年版。

[苏] 斯坦尼斯拉夫斯基：《我的艺术生活》，瞿白音译，上海译文出版社 1984 年版。

[苏]T. 苏丽娜：《斯坦尼斯拉夫斯基与布莱希特》，中平译，北京大学出版社 1986 年版。

[德] 布莱希特：《布莱希特论戏剧》，丁扬忠等译，中国戏剧出版社 1990 年版。

[德] 斯丛狄：《现代戏剧理论（1880—1950）》，王建译，北京大学出版社 2006 年版。

[英] 阿·尼柯尔：《西欧戏剧理论》，徐士瑚译，中国戏剧出版社 1985 年版。

[英] 彼得·布鲁克：《空的空间》，邢历等译，中国戏剧出版社 1988 年版。

[英]J. L. 斯泰恩：《现代戏剧理论与实践》，刘国彬等译，中国戏剧出版社 1986 年版。

[法] 安托南·阿尔托：《残酷戏剧——戏剧及其重影》，桂裕芳译，中国戏剧出版社 2006 年版。

[德] 汉斯 – 蒂斯·雷曼：《后戏剧剧场》，李亦男译，北京大学出版社 2016 年版。

［美］艾·威尔逊等：《论观众》，李醒等译，文化艺术出版社 1986 年版。

黄佐临：《我与写意戏剧观》，中国戏剧出版社 1990 年版。

黄佐临：《导演的话》，上海文艺出版社 1979 年版。

上海艺术研究所话剧室编：《佐临研究》，中国戏剧出版社 1990 年版。

上海文艺出版社编：《探索戏剧集》，上海文艺出版社 1986 年版。

田旭修选评：《多声部的剧场：新潮戏剧选评》，花山文艺出版社 1988 年版。

张黎编选：《布莱希特研究》，中国社会科学出版社 1984 年版。

杜清源编：《戏剧观争鸣集（一）》，中国戏剧出版社 1986 年版。

中国戏剧出版社编辑部编：《戏剧观争鸣集（二）》，中国戏剧出版社 1988 年版。

高行健：《高行健戏剧集》，群众出版社 1985 年版。

高行健：《对一种现代戏剧的追求》，中国戏剧出版社 1988 年版。

田本相、宋宝珍、刘方正：《中国戏剧论辩》，百花洲文艺出版社 2007 年版。

田本相：《中国话剧艺术通史》，山西教育出版社 2008 年版。

田本相主编：《中国话剧艺术史》（1—9 卷），江苏凤凰教育出版社 2016 年版。

田本相主编：《中国现代比较戏剧史》，文化艺术出版社 1993 年版。

田本相、宋宝珍：《中国百年话剧史述》，辽宁教育出版社 2013 年版。

宋宝珍：《残缺的戏剧翅膀——中国现代戏剧理论批评史稿》，北京广播学院出版社 2002 年版。

宋宝珍：《心镜情境：中国话剧的人文景观》，北京时代华文书局 2015 年版。

吴戈：《当代戏剧诸象》，中国文联出版社 2001 年版。

吴戈：《中国小剧场戏剧艺术与戏剧教育》，文化艺术出版社 2018 年版。

吴卫民主编：《戏剧发生发展论：戏剧戏曲学教师硕士论文集》，云南大学出版社 2011 年版。

陈白尘、董健主编：《中国现代戏剧史稿》，中国戏剧出版社 1996 年版。

董健、胡星亮主编：《中国当代戏剧史稿》，中国戏剧出版社 2008 年版。

董健主编：《中国现代戏剧总目提要》，中国戏剧出版社 2012 年版。

董健、陆炜主编：《中国当代戏剧总目提要》（修订版），中国戏剧出版社 2013 年版。

徐晓钟、谭霈生主编：《新时期戏剧艺术研究》，中国戏剧出版社 2008 年版。

丁罗男：《二十世纪中国戏剧整体观》，文汇出版社 1999 年版。

孙惠柱：《第四堵墙——戏剧的结构与解构》，上海书店出版社 2011 年版。

周宁主编：《20 世纪中国戏剧理论批评史》，山东教育出版社 2013 年版。

陈世雄：《三角对话：斯坦尼、布莱希特与中国戏剧》，厦门大学出版社 2003 年版。

陈世雄、周宁：《20 世纪西方戏剧思潮》，中国戏剧出版社 2000 年版。

胡星亮：《二十世纪中国戏剧思潮》，江苏文艺出版社 1995 年版。

胡星亮：《当代中外比较戏剧史论（1949—2000）》，人民出版社 2009 年版。

朱栋霖、王文英：《戏剧美学》，江苏文艺出版社 1991 年版。

李扬：《拯救与逍遥：新时期文学发展的精神向度》，上海交通大学出版社 2013 年版。

周靖波主编：《中国现代戏剧论》，北京广播学院出版社 2003 年版。

陈恭敏：《陈恭敏戏剧论文集》，中国戏剧出版社 1989 年版。

王晓鹰：《戏剧演出中的假定性》，中国戏剧出版社 1995 年版。

林克欢：《戏剧表现的观念与技法》，北京联合出版公司 2018 年版。

刘平：《新时期戏剧启示录》，中共党史出版社 2009 年版。

陆军主编：《中国现当代编剧学史料长编》，中国戏剧出版社 2015 年版。

梁燕丽：《20 世纪西方探索剧场理论研究》，上海三联书店 2009 年版。

陈焜：《西方现代派文学研究》，北京大学出版社 1981 年版。

荣广润、姜萌萌、潘薇：《地球村中的戏剧互动：中西戏剧影响比较研究》，上海三联书店 2007 年版。

吴保和：《中国当代小剧场戏剧论》，中国戏剧出版社 2004 年版。

吴保和：《中国当代小剧场戏剧》，上海远东出版社 2016 年版。

孟京辉编：《先锋戏剧档案》（增补版），作家出版社 2011 年版。

程光炜：《文学想象与文学国家——中国当代文学研究（1949—1976）》，河南大学出版社 2005 年版。

孔范今主编：《二十世纪中国文学史》，山东文艺出版社 1997 年版。

杜林：《阿尔托与中西后现代戏剧》，辽宁师范大学出版社 2014 年版。

王正、田本相主编：《小剧场戏剧论集》，中国戏剧出版社 2002 年版。

南京市文化局艺术研究所、南京市话剧团编：《小剧场戏剧研究》，南京大学出版社 1991 年版。

周传家、薛晓金、杜剑锋：《小剧场戏剧论稿》，北京燕山出版社 2006 年版。

黄爱华、李伟：《新潮演剧与中国戏剧的现代性追求》，文汇出版社 2017 年版。

顾春芳：《戏剧学导论》，北京大学出版社 2014 年版。

陈吉德：《中国当代先锋戏剧（1979—2000）》，中国戏剧出版社 2004 年版。

纪宇：《喜剧人生·黄佐临》，山东画报出版社 1996 年版。

陈颙：《我的艺术舞台》，中国戏剧出版社 1999 年版。

黄世智：《中国话剧：形成、传播与常态》，中国广播电视出版社 2017 年。

沙叶新主编：《中国新文学大系（1976—2000）》（戏剧卷 1、2），上海文艺出版社 2009 年版。

陈思和主编：《中国新文学大系（1976—2000）》（文学理论卷 1、2、3），上海文艺出版社 2009 年版。

杨扬主编：《中国新文学大系（1976—2000）》（史料索引卷 1、2），上海文艺出版社 2009 年版。

尹昌龙：《1985 延伸与转折》，山东教育出版社 1998 年版。

陶庆梅：《当代小剧场三十年（1982—2012）》，社会科学文献出版社 2013 年版。

后　记

我最早对小剧场戏剧感兴趣是在 2015 年左右，那时读到多篇关于新时期戏剧观论争的文章，在翻阅资料的过程中，开始关注到 20 世纪 80 年代的小剧场戏剧的兴起和发展。新时期以来，小剧场戏剧在国内重新兴起，在戏剧危机的大背景下，学界关于小剧场戏剧的研究颇多，多关注小剧场戏剧的产生、发展和特征的探讨。在查阅资料的过程中，笔者想到如果把小剧场戏剧的发展和新时期戏剧观念联系起来加以考察，或许更容易把握新时期小剧场戏剧的特质及其流变。

有了这个初步想法后，笔者便开始从图书馆查阅资料。20 世纪戏剧观论争的许多文章都发表在当时的期刊或报纸上，而 80 年代刊物的创刊、更名和停刊现象较多，查阅资料、做笔记，再进行分析和整理，是很耗时间的一项工作。在单调而又枯燥的翻阅中，笔者也发现了许多珍贵的史料，对于 80 年代以来的戏剧史、戏剧理论和戏剧批评有了直观的感受和理解。由于行政事务的繁杂，碎片化的时间无法有效利用，加之自身惰性，成书的过程也很艰难。2020 年调到话剧研究所之后，才有较多时间进行修改和补充。随着写作的进行，笔者对戏剧史、戏剧理论和戏剧批评不断有了新的感悟和理解，这三者是无法剥离的，戏剧理论是基于戏剧史和戏剧批评的理论研究，戏剧史的研究也离不开戏剧理论和戏剧批评。进入戏剧研究领域后，笔者对于戏剧观念和小剧场戏剧发展的认识，经常有新的看法和感受。所以，对于本书所涉及的一些问题，笔者认识到自己在戏剧理论方面的欠缺，有些地方还需深入挖掘和思考，但限于出版周期，书中还存在欠妥之处，敬请专家批评指正。

在此，感谢宋宝珍老师在学术上不遗余力的提携和帮助，学术之路漫长，唯有努力前行。感谢话剧研究所的诸位老师，在温馨的环境中，笔者时时感受到来自大家庭互相帮助的温暖。

最后，感谢北京时代华文书局的责任编辑徐敏峰、陈冬梅、周海燕的辛苦付出，她们的督促使得本书得以按时出版。

毛夫国

2021 年 7 月 20 日